PERO... ¿HUBO ALGUNA VEZ ONCE MIL VÍRGENES?

ENRIQUE JARDIEL PONCELA

PERO... ¿HUBO ALGUNA VEZ ONCE MIL VÍRGENES?

Prólogo
de
Antonio Mingote

BIBLIOTECA NUEVA

2.ª EDICIÓN EN ESTA COLECCIÓN

Almagro, 38 - 28010 Madrid (España)
www.bibliotecanueva.es
editorial@bibliotecanueva.es

ISBN: 978-84-7030-396-8
Depósito Legal: M-40.297-2009

Imprime: Rógar, S. A.

Printed in Spain - Impreso en España

Índice

Tercera Parte

(continuación de la primera)

Donde contemplamos en pleno triunfo al Don Juan que se llama Pedro

Cuarta Parte

Asistimos al fracaso del Don Juan que se llama Pedro

Apéndice

La prensa mundial y el autor ante la muerte del Don Juan que se llamó Pedro

INTRODUCCIÓN

PRÓLOGO QUE ES UNA REMEMBRANZA

Ya no existe la provincia como ámbito intelectual, carácter local, actitud mental. Queda el concepto administrativo, la artificiosidad geográfica. El cine y sobre todo la televisión han acabado con las provincias, y después el automóvil utilitario las ha rematado inmisericorde. Las provincias ya no son más que barrios no demasiado lejanos de las grandes capitales, no sólo de las grandes capitales españolas. Quién no ha ido a París a ver una exposición o a Roma a comprarse un impermeable. Y viceversa.

Pero en los años 20 y primeros 30 la provincia era un lugar lejano de todas partes, lejanía que ahora recordamos con nostalgia, pero que entonces nos parecía un obstáculo –que riqueza menospreciable– para la llegada de los aires de libertad y renovación que sospechábamos en la gran ciudad. Puede usted imaginar, a poca imaginación que tenga, el efecto que en la provincia –España era casi en su totalidad una provincia– hicieron las novelas de Jardiel Poncela, desenfadadas, mundanas, con personajes desenvueltos, hombres libertinos y mujeres desvergonzadas, historias de un mundo inalcanzable, o sea de otro planeta. A los chicos de la provincia nos parecía que aquello pasaba en un planeta tan divertido que no podía ser éste.

Los chicos de la provincia disfrutábamos de la presencia –sólo, ay, de la presencia– de mujeres como las que anunciaban las Pilules Orientales. Y sospechábamos que cuando Bosch dibujaba aquellas mujeres rotundas en su estilización era porque probablemente existía, tal vez en Barcelona. No faltaban en la provincia algunas aproximaciones, incluso habíamos visto, y no sólo en el cine, señoras con collar larguísimo, como la del anuncio del agua Dixor, porque collares no faltaban en la provincia. Más esfuerzo mental nos costaba imaginarnos a nosotros mismos con el frac de sus acompañantes, y no digamos con el monóculo. Imaginarnos a nosotros mismos con monóculo nos habría proporcionado trastornos emocionales difíciles de soportar.

Pero en realidad lo que soñábamos los muchachos de la provincia era un idilio en un banco del Paseo o de la Glorieta con señori-

Anuncio. 1928.

ta virtuosa y discreta que accediera a ser la madre de nuestros hijos; previo reglamentario matrimonio, claro está. (En el prólogo de la primera novela decía Jardiel, refiriéndose a su hija: *Cuando la llevé a bautizar, a nadie le extrañó que yo fuese soltero. Lo que sí extrañó mucho fue el que pretendiese que mi hija se llamase Evangelina.* A nosotros, en la provincia, lo del nombre no nos impresionó gran cosa, pero lo de ser Jardiel padre soltero nos pareció un admirable detalle de audaz mundaneidad y hasta de exotismo.)

En la provincia soñábamos con que la primera mujer que viéramos desnuda, si es que llegábamos a verla alguna vez, fuera como la del anuncio del depilatorio imperial del Dr. Padró, seductora, irresistible, sueño inalcanzable, aventura prodigiosa, la repanocha.

Y entonces llegó Jardiel y nos descubrió que los chicos de la provincia éramos unos solemnes panolis que no sabíamos de la misa a la media. Los muchachos de este tiempo inmediatamente anterior a la guerra civil habíamos leído ya a Fernández Flórez, que nos encarriló en el humor, a Julio Camba, que nos sacó a pasear con humor por Europa y América, a RAMÓN, el inconmensurable, que nos deslumbró con la catarata de su imaginación, su fecundidad, su originalidad.

Pero llegó Jardiel, nuestro contemporáneo –había nacido con nuestro siglo–, contándonos unas historias trepidantes que nos mantenían suspensos entre el regocijo y la estupefacción. Teníamos noticias suyas de «Gutiérrez» –en el «Gutiérrez» de K-Hito y en «Buen Humor» de Silenio había brotado esa generación de humoristas que nos alimentó, sostuvo y alentó a los más jóvenes–, ya habíamos leído *Amor se escribe sin hache,* la novela del amor loco, y *Espérame en Siberia, vida mía,* aventuras imposibles, cuando apareció *Pero, ¿hubo alguna vez once mil vírgenes?,* la novela del donjuanismo, de la seducción incesante, del incansable gozador. O sea, la máxima aspiración, eso de gozar sin pausa ni límites, para un hombre normalmente dotado, según los chicos de la provincia.

No quiere esto decir que nos pareciera verosímil, que nos creyéramos todo lo que leíamos. Los chicos de la provincia no dudábamos, a diferencia de Jardiel, que hubiera habido alguna vez once mil vírgenes. Cuando leímos su temeraria teoría *... y usted convendrá conmigo en que alguna virgen quedaría si hubiera habido alguna vez once mil,* replicamos a coro: ¡Pues claro que quedan! Incluso más de once mil, a juzgar por nuestra experiencia. Pero mientras leíamos la desvergonzada novela se nos antojaba vivir en un mundo de placer donde la virginidad era una simple figura retórica, no el muro que se alzaba cotidianamente entre nosotros y nuestras apetencias, inexpugnable.

Salvo alguna excepción rarísima de la que no teníamos más noticia que algunos tenues indicios y la no tan tenue murmuración, los chicos de la provincia sólo conocíamos chicas decentes, muchachas honradas, cuya vida *que es adorable para el mundo,* dice Jardiel, *y que en un tiempo lo fue para mí propio, me recuerda el sabor insufrible del bacalao a la vizcaína y de los callos a la madrileña. Y en un punto a interés novelesco, encuentro desde luego mucho más interesante las noticias detalladas del avance catastral.* Lo de las noticias detalladas del avance catastral nos pareció una pirueta literaria tan graciosa y audaz que no tuvimos inconveniente en pasar por alto las consideraciones gastronómicas con las que no estábamos, ni estamos ahora, de acuerdo.

Tampoco estamos de acuerdo con Jardiel en detestar el paraguas, como dice que detesta, ni creemos que el violín tenga cinco cuerdas, como asegura en algún otro lugar; desacuerdos que no nos impedían ni nos impiden amarlo. Nos encantaban sus opiniones sobre el campo que asegura detestar. Lo cual, si recordamos sus largas estancias en la sierra del Guadarrama bajo una tienda de campaña, nos parece una sencilla coartada literaria. Ya dice en algún prólogo que le gusta mentir. *Nunca me ha parecido el campo más deleitoso que cuando he pensado en él sentado en un sillón de la ciudad.* Esto, que probablemente es una de sus mentiras nos encantaba a los chicos de la provincia, que estábamos hartos de campo, que en cuanto caminábamos con algún descuido nos encontrábamos metidos en el campo hasta las cejas, un campo que nos rodeaba, que estaba ahí mismo, no como en Madrid que cuando se acaba una calle llegas a una plaza de donde sale una avenida y más arriba te encuentras con una bifurcación y puedes seguir por donde quieras, caminando lo que quieras, sin ver el campo en ninguna parte, y si te empeñas en verlo y sigues hasta el final llegas tan cansado que sólo quieres volver en un tranvía, que eso del tranvía es una delicia de la civilización. En la provincia suspirábamos hasta por el tranvía, imagínese usted la clase de suspirantes que éramos.

Parece que esta novela del donjuanismo está encaminada a demostrar que don Juan era un idiota, y así lo afirma su autor. Entre todas las aberraciones o carencias que pueden achacársele al burlador, incluida su, según Marañón, discutible firmeza viril, esto de la idiotez era lo último que se nos podía ocurrir a los chicos de la provincia. Así que como era algo que no podíamos creer lo creímos en el acto en cuanto Jardiel nos lo descubrió en el ensayo impecablemente razonado, con la graciosa revolera que remata el capítulo dedicado al tema: *Y don Juan se deja rifar por las mujeres. Y les toca a todas; cosa que no ocurre con ninguna rifa del mundo.* Nos imaginábamos a don Juan, idiota perdido, pero el idiota más afortunado del planeta, enjabonándose para el afeitado (jabón Gal, estuche de cartón, 1,25; de metal, 1,50), sujetando la brocha con el dedo meñique enhiesto, como manda el minucioso reglamento de la cur-

Dibujo de Bosch. *Blanco y Negro*, 1930.

Anuncio. 1928.

silería, para ir después, perfumado y elegante, a gozar de su amante 36.858, después de despreciar a la 36.857, que queda suspirando por él, y poco antes de llevarse a la cama a la 36.859, que sería, poco más o menos, como esa señora que, junto a una estatua de Cupido –¿de quién si no?– después de haber atendido a su toilette íntima con Vaginalosa, espera la llegada del galán para ser por él gozosamente transitada.

Pues vaya un idiota, oiga.

¡Y Vivola Adamant! Vivola Adamant, la mujer de los 37.329 amantes, la que perdió y arruinó al don Juan que se llamaba Pedro, era la mujer de nuestros sueños, la que suspiraba *golosamente, como si el aire estuviera compuesto de una mezcla de nitrógeno, oxígeno y lujuria* era para nosotros el colmo de la fascinación. Como aquel su discurso que empezaba: *La virtud envejece y afea horriblemente a la mujer. Es un espantoso tóxico. Es su peor enemigo,* etcétera. Y la réplica de Valdivia, confirmando: *Lo que más se parece a una tortuga glosopédica es una mujer virtuosa.* Los muchachos de la provincia deseábamos que aquellas sabias disquisiciones las leyeran y tomaran en ellas buena nota todas nuestras compañeras del Instituto y las amigas más jóvenes de nuestras madres.

Todas, menos la chica con la que queríamos unirnos para siempre, una chica que –lo sabíamos con la mayor seguridad– era distinta a todas, porque no éramos chicos de los años treinta impunemente. Nadie aprecia mejor las diatribas contra el amor que un jovenzuelo enamorado que pasea bajo el balcón de la chica de sus sueños esperando que aparte el visillo para verla fugazmente, que se sabe la excepción y a salvo de deterioros y perversidades. Algo así como ver los toros desde la barrera.

Nos sorprende ahora –no nos sorprendió en su momento– que en una novela con este argumento, estos personajes y esta llamé-

Idilio con señorita discreta y virtuosa.
Lecturas, 1928.

Anuncio. 1928.

La máxima aspiración para un hombre normalmente dotado.
Dibujo de Penagos, 1920.

Mundo de lujo y de placer en el que Pedro de Valdivia se movía como el pez en el agua. Cartel de Penagos, 1922.

Seductor de 1930 disfrutando del jabón de afeitar GAL y de un amplísimo pantalón chanchullo. Anuncio del jabón GAL.

Dama selecta, probablemente seleccionada por el seductor. Anuncio de 1928.

El gran maestro Penagos dibujó una mujer que no existía en nuestro entorno. Ésta podía haber sido la elegante, misteriosa y arrebatadora Vivola Adamant.

Para los provincianos Madrid era, sobre todo, la posibilidad de la aventura. Dibujo de Penagos. *Cabaret.*

mosla tesis no cayera nunca Jardiel en la pornografía, en la obscenidad. Un exquisito, Jardiel.

Esta de las once mil vírgenes puede parecer una novela machista. Las mujeres según su autor son la parte *más impresionable e irreflexiva de la Humanidad.* (Aunque antes había dicho: *los hombres somos tan brutos que a veces se llega a pensar si quienes tendrán talento no serán las mujeres.)* A los chicos provincianos –y también a los capitalinos– que no sabíamos en qué consistía el feminismo y apenas sospechábamos la posibilidad de su existencia, nos encantaba la idea de un macho triunfante sobre un universo de mujeres rendidas, gozadas, humilladas. Pero ¿donjuanismo en la provincia? Ya Fernández Flórez había contado lo problemático y dificultoso de la aventura amorosa. Todavía en los años 50 de este siglo, un viejo profesor de la provincia, tras una vida de frustraciones eróticas, nos confiaba: «Lo que me atrae de Madrid es la posibilidad de la aventura.» En los años 30 los chicos de la provincia leíamos las mentiras que nos endilgaba Jardiel a lo largo de trescientas y pico páginas, sin creérnoslas del todo, pero asombrados de lo gracioso, listo, mundano y experimentado que era un hombre de apenas treinta años.

Pero ¿es ésta una novela machista? A pesar de su aparente feroz crítica de las mujeres rebosa admiración por la Mujer, simbolizada en esa arrebatadora Vivola Adamant –el apellido era una marca impresa en la blanquísima loza de los urinarios de los cafés en los que Jardiel escribía– mujer irresistible que derrota al don Juan estrepitosamente.

Las novelas de Jardiel nos insuflaron a los chicos de la provincia el deseo de vivir todo lo posible, con la lucidez posible y, sobre todo, riéndonos todo lo más posible. Nos deslumbraron, nos aleccionaron, nos divirtieron. (A los pocos meses del descubrimiento nos metieron en una guerra civil.)

Para un muchacho de hoy, provinciano o no, las reflexiones de un seductor de 1930 pueden resultar incongruentes, incluso herméticas si no se tienen en cuenta las circunstancias en que se desenvolvían hombres y mujeres en una España que hoy puede resultar misteriosa, desconocida, exótica, estrafalaria, un país donde –valga este solo dato– los novios de provincias no podían ir por la calle del brazo, familiaridad excesiva para el tiempo y el lugar, tal vez flagrante impudicia. Esta novela es la obra de un escritor antiguo –no se habla aquí del teatro de Jardiel, que exige otro estudio, otra consideración, otra perspectiva– y que sucede en un país que ya no existe. Es decir, pura arqueología, aunque una arqueología original y sobre todo divertida.

Las novelas, antes que su teatro, nos dieron alegría y felicidad. En mayor medida, por cierto, de las que disfrutó el propio Jardiel. Su desenfado, su cinismo nos ofrecían evasión y regocijo a los muchachos de la provincia. ¿Es que el mundo era así? Si alguien había sido capaz de imaginarlo, aquí estábamos nosotros dispuestos a creerlo verosímil, aunque fuera imposible.

Si la novela es un espejo a lo largo del camino, se entiende mejor cuando se ha quedado antigua y tiene el lector la perspectiva necesaria para abarcar todo lo que se ve en el espejo, situación vedada a los contemporáneos, que tienen el espejo en las narices y apenas se ven a sí mismos, y eso poniéndose bizcos, o sea mal.

Cuando se escribió esta novela –conviene que usted lo sepa– las mujeres llevaban faja, a los viajeros en tren se les metía carbonilla en los ojos y los protagonistas de las novelas vivían de sus rentas; no eran novelables los delineantes, los dentistas, los topógrafos, los viajantes de bisutería fina... Con una renta de 11.250 pesetas, Zambombo, el protagonista de *Amor se escribe sin hache, comenzó a vivir igual que un príncipe de opereta vienesa con música de Leo Fall.*

Jardiel, dice RAMÓN, *pone en solfa todos los amores y todos los confiados sentimientos, cree en el amor y no desea más que la confianza de las almas grandes.*

Por su parte, José López Rubio, compañero de generación, dice: *...hubo un tiempo en que cruzó de Norte a Sur, como un rayo, una alegría fulgurante. Ese tiempo fue el nuestro, y ese fenómeno que pasó a nuestro lado, el de Enrique Jardiel Poncela y su teatro.* Y sus novelas, decimos nosotros.

Pedro de Valdivia, el protagonista de este libro, que, según se hace constar, medía 1,70 de estatura, había nacido en 1889, tendría ahora 107 años. Su biógrafo Jardiel Poncela, algo más bajito –1,60– cumpliría en octubre de este año 95. Ya se ve que ésta es la historia de un hombre del pasado contada por otro hombre del pasado, por mucho que en nuestro corazón el escritor permanezca joven, ingenioso, original, nuevo, deslumbrador.

No puedo resistir la tentación de dibujar una ilustración para esta novela que me hubiera gustado ilustrar, de haber sabido, hace 62 años, cuando la leí por primera vez.

Con mi agradecimiento.

ANTONIO MINGOTE
Madrid, mayo de 1996

NOTA PRIMERA

Para conocer y entender a Jardiel recomiendo al lector dos prólogos y un libro, a saber:

1. El prólogo del propio Jardiel a *Amor se escribe sin hache*, su primera novela y nuestro primer deslumbramiento.

2. El luminoso prólogo de RAMÓN Gómez de la Serna al primer tomo de las obras completas de Jardiel (Barcelona, Editorial AHR, 1958), un libro que incluye todas sus novelas minuciosamente desordenadas, por lo que aconsejo al lector que las ordene para su lectura (si encuentra el libro) según las fechas en que se escribieron: *Amor se escribe sin hache* (1928), *Espérame en Siberia, vida mía* (1929), *Pero ¿hubo alguna vez once mil vírgenes* (1930), *La turnée de Dios* (1932).

3. La excelente biografía que con el título de *Mio Jardiel* escribió Rafael Flórez, el Alfaqueque (Madrid, Biblioteca Nueva, 1966) desde la admiración y la amistad. Gran libro para un gran hombre.

NOTA SEGUNDA

He añadido a mi trabajo algunas ilustraciones. A Jardiel le gustaban las ilustraciones y todas sus novelas las tienen en alguna medida. Si no abundan más es, tal vez, por el temor a que, siendo ya largas, con ilustraciones resultaran larguísimas, lo que no sucede, espero, con mi prólogo.

PERO... ¿HUBO ALGUNA VEZ ONCE MIL VÍRGENES?

Dedicatoria

A Enrique Jardiel Poncela,
mi mayor enemigo, con la adhesión, la simpatía y el afecto de

Enrique Jardiel Poncela.

1930.

LUGAR DESTINADO

A QUE EL AUTOR DEDIQUE EL LIBRO A AQUELLAS PERSONAS QUE NO HABRÍAN DE COMPRARLO NUNCA

TESIS DEL LIBRO

EL PROTAGONISTA.–Pero... ¿hubo alguna vez once mil vírgenes?

EL LECTOR.–Hombre... ¿y por qué no? Pudo haber once mil vírgenes de la misma manera que hubo doce apóstoles, y diez mandamientos, y siete plagas, y cuatro evangelistas...

EL PROTAGONISTA.–Pchss... No es lo mismo. El mundo se repite de un modo inexorable. Fíjese usted en que apóstoles ha seguido habiendo, por ejemplo: Carlos Marx, Tolstoi, Giner de los Ríos... Evangelistas todavía nacen: Lenin y Gandhi, sin ir más lejos... Mandamientos se pronuncian a diario: ahí están las leyes de circulación de automóviles, continuamente renovadas... Y plagas, aún disfrutamos: los libros sobre Rusia, el cante flamenco. Pero... ¿vírgenes? Vírgenes, ¡ay!, no queda ni una sola, amigo mío...

EL LECTOR *(rebuscando entre sus amistades)*.–Una virgen... Una virgen... Una virgen...

EL PROTAGONISTA.–Y usted convendrá conmigo en que alguna virgen quedaría si hubiera habido alguna vez once mil...

APERITIVO CON ACEITUNAS

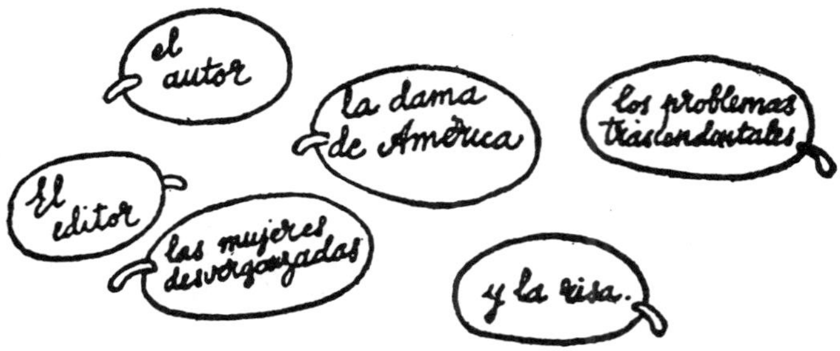

1.–HABLAN EL EDITOR Y EL AUTOR

Una mañana azul y transparente de agosto.

La Granja.

Sentados en un banco de los jardines afrancesados de aquel ex Real Sitio, esos jardines donde uno espera siempre ver surgir la comitiva de madame de Pompadour o la cuadrilla de obreros a las órdenes de Lebrun y de Le Nôtre, don José Ruiz-Castillo, director de Biblioteca Nueva, y yo, charlábamos fumando.

Todo era fino allí: el rumor que la brisa tecleaba en los árboles, los colores de las cosas, la arena que mullía el suelo y la sonrisa de Ruiz-Castillo.

Acababa de darle a conocer *¡Espérame en Siberia, vida mía!*, y la conversación daba vueltas alrededor del libro nuevo; elogios amables, observaciones, recordatorio de algunos pasajes, proyectos para la edición. De pronto, Ruiz-Castillo afinó aún más su sonrisa de anglosajón nacido en España y, con un relampaguear de sus ojos claros, me apuntó el hecho de que todas las mujeres que aparecen en mis novelas son mujeres desvergonzadas.

–¡Es verdad! –repliqué riendo–. Si viera usted que el tipo de mujer honesta «no me sale»...

Y en seguida añadí:

–A lo mejor es que no he conocido a ninguna que lo fuera...

Protestó él, adujo razones y ambos quedamos de acuerdo en que sucedía que –instintivamente– yo no encontraba interés en los personajes morales.

Entonces fui yo el que protestó y –por último– llegamos juntos a conclusiones que resultarían desoladoras para el criterio general humano.

Afortunadamente el auto de Ruiz-Castillo comenzó a crepitar anunciando que la hora del almuerzo era inminente, y nos marchamos y pronto volvió a nosotros el superficial optimismo de la vida, la confianza en los motores de explosión y la fe en el arroz con pollo.

2.–Hablan los demás

Más tarde, todavía en cuatro o cinco ocasiones, he podido comprobar que otras personas habían hecho la misma observación, asegurando, no sólo que las mujeres de mis libros son todas unas desvergonzadas, sino tambien que suelo echar excesivamente a broma cosas muy serias y problemas graves. Y hasta una interesante dama argentina me escribía en el pasado noviembre desde su residencia de Rosario:

«¿Con qué derecho, dado por quién, asentado en qué razones destruye usted sin construir y comete el crimen de tener talento para ponerlo al servicio del mal?»

Un elogio desmedido y una acusación que eriza el vello... Y agregaba en otro párrafo:

«Amigo Jardiel: váyase de Madrid; rompa la cadena que le liga a falsas almas de mujeres y de hombres estragados por esa enfermedad de las ciudades modernas, que es el escepticismo...»

Para concluir preguntando:

«¿Por qué se obstina en no escribir con seriedad y credulidad de las cosas trascendentales?»

3.–Habla el autor

Es verdad que he echado a broma cosas trascendentales, problemas serios, quizá gravísimos. Es verdad, asimismo, que las mujeres de mis novelas son unas desvergonzadas: Sylvia Brums, Mignonne Lecœur, Drasdy, Palmera Suaretti, Musia, Siska, Ann Hills, Vivola Adamant...

Me declaro culpable de ese *pudding* de infamia.

Pero... ¿qué hacer? ¿Cómo escribir de otra manera?

¡Ay, yo bien querría pintar el idilio que la ingenua muchacha enamorada sostiene con el gallardo teniente de Infantería o con el estudioso licenciado en Derecho!... Querría describir sus tiernas escenas de amor en el jardín, sobre el repecho de la ventana enjalbegada por la luz de la luna, o en la acogedora *chaise-longue* del saloncito familiar...

Mas –lo juro–: no puedo. Todo eso me da náuseas. Y ni encuentro interés en la charla por guerrillas del gallardo teniente, ni en las duras oposiciones que va a hacer el estudioso licenciado, ni en los soberbios kilómetros de encaje que fabrica la ingenua muchacha.

La vida de las muchachas honradas, que es adorable para el mundo y que en un tiempo lo fue para mí propio, me recuerda el sabor insufrible del bacalao a la vizcaína o de los callos a la madrileña. Y en un punto a interés novelesco, encuentro desde luego mucho más interesantes las noticias detalladas del avance catastral.

De igual modo querría también escribir en serio –aun a pique de arruinar mi pequeña finca literaria– de cosas graves, y desentrañar con los bisturíes de la serenidad y del buen juicio los todavía tenebrosos problemas de la vida y del alma. Querría fijar en el ánimo del lector una excelente idea de la Humanidad, de la Divinidad, del Mundo, de la Moral, de la Amistad, del Amor y de tantas cosas cuya envergadura nos obliga a utilizar las letras mayúsculas para expresarlas por la palabra escrita. Querría decir que todo es perfecto, bueno y justo; dar soluciones a conflictos políticos y sociales; cantar la honradez, la delicadeza y la nobleza de los seres; plasmar las tremendas penas del Infierno, los deleites exquisitos del Cielo y la idiotez insuperable del Limbo; querría –en fin– afirmar incluso que el Petróleo Gal crea glóbulos rojos y que los Hipofosfitos Salud contienen la caída del pelo.

Pero no puedo hacerlo... No puedo. ¡No puedo!

Y si lo hiciera, mis palabras sonarían tan a hueco como un tambor y sabrían tan a falso como un asiento de rejilla.

Porque... ¡qué narices!; lo menos que se le puede pedir al que escribe es que lo haga con sinceridad. Y uno sabe ya que cuanto se abarca con los sentidos –y hasta lo que cae fuera de ellos– no es sino una sinfonía de mentiras inmensas, extendidas desde el hígado de pato que aseguran darnos en las terrinas de *foie-gras*, a las palabras –llenas al parecer de pureza– de un apóstol social o espiritual, pasando por los estremecimientos fugaces de dos enamorados, que empiezan hoy a recitarse versos para llegar mañana a vomitarse injurias.

---

* Cicerón, *Tratado de los deberes*.

A lo largo de las edades una serpiente venenosa va rodeando el mundo poco a poco, milímetro a milímetro: es el desencanto.

Y ahora los anillos viscosos de la serpiente lo cubren ya todo –mares y tierras– desde los glaciares del Sur al helado continente del Norte y desde las azoteas de Manhattan hasta las playas voluptuosas de la Australia.

Aquel famoso «mal del siglo», que sufriera en el Jura Rousseau, se ha infiltrado en el organismo de cuantos dedican unos instantes del día a reflexionar.

Y contra él se sigue recomendando la misma medicina de antes: cerrar los ojos. Cerrar los ojos y sustituir la vista con la fe.

Pero este remedio es demasido antiguo: los avestruces vienen empleándolo desde que se instalaron por primera vez en las llanuras del África, y cuando un peligro les acecha, esconden la cabeza bajo las plumas, porque, al dejar de verlo, piensan que el peligro ha desaparecido.

Sin fe en los hombres y en las cosas, advirtiendo claro lo falso y lo frágil de todo, desprovistos de un remedio eficaz que nos cure de esta fatiga innata –y que probablemente sólo es el peso de cuatro mil años de bestialidades históricas gravitando sobre nuestros cerebros–, ¿qué puede exigírsenos a los que hemos nacido en esta época utilitaria, egoísta, feroz, sin más grandezas que las conquistas mecánicas? El cemento aplasta la idealidad. Al romanticismo lo ahoga el petróleo. Y todos los impudores desatados nos ponen ante los ojos, en carne viva, la verdad.

Después de eso, sabido eso... ¡aún se protesta!

¿Qué se pretende? ¿Que los jóvenes de hoy, los que estamos junto a esa edad sincera e insobornable de los treinta años, acumulemos sobre las viejas mentiras, mentiras nuevas?... ¿Es obligatorio que creemos más tipos de mujeres celestiales para restaurar con purpurina la bola de la ilusión y que pueda seguir rodando? ¿Hemos de presentar todavía como real lo fantástico, con objeto de que a la hora del tránsito se muera a gusto y esperanzado cualquier desconocido mamífero provisto de cédula personal de onzava clase? ¿Habremos de intentar resolver problemas que ya las trayectorias de la Humanidad nos han hecho ver como insolubles, para que ciertas personas hagan en paz sus digestiones?

Por mi parte, he aquí lo que se me ocurre contestar:

¡M I A U ! . . .

¡Miau!, señoras y caballeros; ¡miau! y nada más.

Y no es que yo pretenda destruir... ¿Se puede destruir diciendo *miau*?

No pretendo destruir, mi amiga de América, y eso hay que agradecerme, porque otro cualquiera en mi lugar, lo intentaría. Lo que hago, simplemente, es reírme.

Me río de todo, porque todo es risible. Me río de mí mismo, porque formo parte de ese todo. Me río –¡oh qué vergüenza me da confesarlo, pero es verdad y no hay más remedio!–, me río de usted también, amiga mía...

Su carta me proporcionó uno de los ratos más divertidos que recuerdo, en particular aquel párrafo en que me hablaba del campo como de un específico, fosfatado, y me descubría las delicias y bellezas del *grand'air*. (¿Sinceramente piensa que el olor del tomillo puede variar una constelación de sentimientos y un sistema de ideas?) Eso me dio clara muestra del diferente modo que a usted y a mí nos hacen reaccionar las cosas. ¡De qué distinta manera –por ejemplo– nos hace reaccionar el campo! A usted, por lo leído, la encanta, la alegra, la tonifica, la limpia el alma. Yo me he pasado dos veranos debajo de una tienda de campaña, y si no hubiera vuelto a Madrid habría acabado tan neurasténico y depauperado como Carlos II, aquel rey desventurado que soñaba con montar los caballos de los tapices que adornaban su cámara.

¡El campo! El campo... Nunca me ha parecido el campo más deleitoso que cuando he pensado en él sentado en un sillón de la ciudad.

No, amiga mía; no pretendo destruir, sino reírme. Y a lo sumo, lo que hago de malo es poner en relieve algunas verdades.

Lo que sucede es que la verdad es horrenda. *(Y por eso los egipcios obraban cuerdamente cuando tapaban con un espeso velo la imagen de Isis en Sais.)*

La verdad es más horrenda: la verdad es espantosa. *(Y por eso, también, el fin de la Religión, de la Moral, de la Política, del Arte, no viene siendo desde hace cuarenta siglos más que ocultar la verdad a los ojos de los necios.)*

Pero... ¿debo, asimismo, ocultar la verdad?

No. Porque yo no he escrito, ni escribo, ni escribiré jamás para los necios. Y si algún necio me lee, peor para él, por meterse donde no le llamaban.

Mi posición es, pues, la de ayer, la de mañana, la de siempre:

RISA FRENTE A LA VERDAD

¿Que el fondo del corazón humano es negro?

¡Risa!

¿Que no hay nada en el mundo, ni lo más puro, que no se doblegue al dinero?

¡Risa, risa!

¿Que todo está edificado sobre mentiras asquerosas, y mantenido por injusticias eternas? ¿Que lo inmutable se ciñe sobre nuestros actos? ¿Que la mujer es?... ¿Y el hombre es?

¡Risa, risa!

¿Que no hay categorías morales, sino sociales? ¿Que la traición y la envidia son el *leit-motiv* de la existencia? ¿Que hasta los propios hijos han de volvérsenos un día como enemigos implacables?... ¿Que todo va a acabar en un agujero solitario, lleno de mugre, de podredumbre de barro?

¡Risa, risa, risa!...

A los inteligentes no debe ocultárseles la verdad, de la misma manera que a los Santos nadie les ocultó el vicio. Por el contrario, hay que descubrir la verdad; cogerla de improviso; mirarla cara a cara sin pestañear, de igual modo que miramos la factura del gas a primeros de mes. Y cuando podamos contemplar, libres de estremecimientos, aquel semblante repulsivo, entonces... ¡a reír! ¡A reír hasta hartarse!

¿Tomar las cosas en serio? Los burros y los *hombres formales* ésos sí toman las cosas en serio.

Pero es que un hombre formal sólo se diferencia de un vagón de burros en que hace menos bulto y en que va al café a discutir de política.

Todo lo que va dicho resulta bastante amargo. Pero hay que tener en cuenta que se trata de un «Aperitivo».

Por lo demás, ¡poco que me he reído yo escribiéndolo!...

E. J. P.

Un libro sin prólogo es
como una casa sin escalera

Antes de las comidas
se despliega la servilleta

PRÓLOGO

EN DONDE VUELVE A HABLARSE
DEL FAMOSÍSIMO

DEDICADO A MI ADMIRADO
GREGORIO, QUE TANTO ENTIENDE
DE ESTAS COSAS

Al decir a «mi admirado Gregorio» me refero al ilustre doctor don Gregorio Marañón, a quien ni siquiera conozco, con el que no he cruzado en mi vida ni una carta. Pero como no hay un solo español que presuma de intelectual que no hable de Marañón como de un compañero de juegos infantiles, yo me he creído también en el caso de demostrar mi confianza con el famoso médico para que nadie dude que pertenezco a la falange intelectual española.

ENSAYO NÚMERO 27.493 SOBRE DON JUAN

(Acompañado de unas ojeadas al Paraíso Terrenal)

1.–POR QUÉ EL TEMA DE DON JUAN INTERESA UNIVERSALMENTE

He aquí un libro –otro libro– cuya médula es el donjuanismo y Don Juan.

¿Qué número de orden le corresponderá, dentro de nuestra literatura contemporánea? En la Dirección de Carruajes me han dicho que el 27.493. O, lo que es lo mismo: los libros, comedias, ensayos, etcétera, dedicados a Don Juan y al donjuanismo suman ya, hasta éste, 27.492, sin contar 132 abortos y 450 que quedaron planeados.

Muchos son, muchos... Pero, ¡qué diablo!, cien mil fueron los hijos de San Luis y todos salieron adelante. Y ciento cuarenta y nueve millones de kilómetros separan la tierra del sol, no obstante lo cual el sol llega siempre a punto a la tierra a la hora en que comienzan las corridas de toros.

En las anteriores cifras no entran para nada los millones de autores que en épocas pasadas tocaron el tema de Don Juan –fantástica legión–, porque Don Juan, como los crímenes pasionales y los productos «Kotex», ha despertado siempre un máximo interés.

Y en los tres casos el interés emana de la misma causa, a saber: Que decir *Don Juan*, como decir *crimen pasional,* como decir *productos «Kotex»* es lo mismo que decir *intimidades del sexo.*

Recurramos a las matemáticas, que es lo que hacemos siempre los que no entendemos de matemáticas ni pizca y escribamos:

Don Juan = Crimen Pasional.
Crimen pasional = Productos «Kotex».
Productos «Kotex» = Intimidades del sexo.

Nos encontramos, sin comerlo ni beberlo, con una serie de igualdades. Si las sumamos miembro a miembro, resultará:

Don Juan + Crimen pasional + Productos «Kotex» =
= Crimen pasional + Productos «Kotex» + Intimidades del sexo.

Y como en el primero y en el segundo miembro disponemos de dos términos exactamente iguales, podemos suprimirlos sin que se altere la igualdad. Suprimamos, pues,

Crimen pasional y Productos «Kotex»

¿Qué nos quedará? Nos quedará que

Don Juan = Intimidades del sexo.

Es decir: algo que, probablemente, estáis hartos de saber.

Qué terrible, sin embargo, llegar de nuevo a la conclusión de que si el tema Don Juan interesa de un modo máximo es porque significa igual que *intimidades del sexo.*

Pero ¡qué lógico también!

¿Dudáis de que sea lógico? Si lo dudáis, retroceded conmigo hasta los albores del Mundo.

OJEADA AL PARAÍSO TERRENAL

Estamos en aquella época magnífica en que el Supremo Hacedor concluye de dar los últimos toques a su Paraíso Terrenal, el Parque Zoológico más completo que ha habido.

Seres de infinitas cataduras y especies circulan por los enarenados senderos. Todos los animales que hoy conocemos y miles de ellos que no conocemos en absoluto, andan de un lado para otro sin causarse daño entre sí, porque se les ha dado orden de ser formales.

De vez en cuando al león (por ejemplo) le entran ganas de comerse al cordero; pero la leona, la tierna y dulce leona, está allí para impedirlo, pasándole suavemente una garra por la melena y diciéndole:

–Vamos, vamos... Tranquilízate. ¿No comprendes que si te meriendas al cordero, la cordera va a sufrir horrorosamente? Además, a las doce nos traerán la comida. Son ya las once y media... Ten paciencia, querido mío...

Y el león, resignado, se tumba y, como un albañil, espera a que den las doce.

Otras veces es el mammuth, que se mete en el estanque de los patos y organiza un tumulto de aleteos y graznidos, hasta que –afeado en su proceder por los demás compañeros de pensión– se decide a salir de aquellas aguas ajenas con sus andares bamboleantes de señora gorda.

Y otras veces es el dinaterio, que le planta una pataza encima al galápago...

Y otras veces es el mono, que trepa a la copa de un árbol llevándose colada hasta el cuello una de las chisteras que utiliza la foca para sus juegos circenses.

Y otras veces –en fin– no son los animales, sino los ángeles –los hermanos ángeles que, espada de fuego en mano, hacen la guardia del Paraíso–, los que provocan sin querer, tal o cual incendio en la maleza con el fuego de las espadas, incendios que apagan los elefantes echando agua por sus trompas, y los bisontes galopando repetidamente sobre las brasas...

Pero fuera de esos pequeños incidentes, todo marcha bien en el Paraíso.

En un rincón, a la sombra de un hermoso pino-parasol, el hombre y la mujer bostezan y trasiegan plátanos.

Como viven continuamente a la intemperie, la piel de ambos es áspera, rugosa y aparece cubierta de vello; como sólo son una «materia prima de hombre» y una «materia prima de mujer» (es decir: como todavía no han sido desbastados ni refinados por el trabajo), las formas de sus cuerpos están groseras y toscas; como aún no han gustado el arrope del placer ni el *bitter* del dolor, en la expresión de sus ojos no hay más que bestialidad y opacidad; como todavía no poseen noción del Bien ni del Mal, en fin, tienen cara de idiotas.

¡Oh! ¡Qué diferencia de este Adán y esta Eva legítimos y verdaderos al Adán y la Eva que –miles de años después y sin saber lo que se hacen– van a pintar Rubens y Tiziano!

Los demás inquilinos del Paraíso, en todas sus escalas y órdenes, desde la lagartija hasta el ictiosaurio, desde la mariposa catagrama hasta el perisodáctilo, desde el infusorio hasta la ballena, desde el ratón hasta el diplodocus, los desprecian. Se sienten superiores al hombre y la mujer, y tienen razón en sentirse superiores, porque cada uno de ellos está totalmente formado y constituido, mientras que aquel hombre y aquella mujer –en la infancia de su desarrollo espiritual– son sólo dos sombras vagas de lo que han de llegar a ser lo por venir y se parecen a una mujer y a un hombre futuros todo lo que un bizcocho que flota en natillas puede parecerse a un trasatlántico en ruta hacia Borneo.

Adán y Eva no saben nada de nada.

¡Qué negra existencia la suya!

Si tuvieran noción del arte, esculpirían ellos también en barro; pero el Supremo Hacedor no les ha transmitido su facultad maravillosa.

Si alguien les enseñase a saltar al «paso y la uva», saltarían al «paso y la uva»; pero nadie les enseña.

Si sintieran el amor, se amarían, regañarían, se reconciliarían para volver a regañar y a reconciliarse; pero no sienten el amor aún...

Hasta que un día, a Eva, se le abre la boca desmesuradamente, hace ¡aaaaaaah! y la cierra de nuevo.

...Y desde entonces, además de comer, de beber y de tumbarse, Eva y Adán bostezan.

Allá arriba, en el cielo, por encima de una nube grisácea, los mira el Supremo Hacedor, y como Él sabe absolutamente todo cuanto va a ocurrir en el mundo, sonríe al mirarlos y, volviéndose hacia uno de los ángeles de su Estado Mayor, murmura:

–¡Y pensar que al cabo del tiempo el fruto de lo que harán en la Tierra Adán, Eva y todos sus descendientes será el que un tal Smith inventará la máquina de cortar jamon!...

Ya hemos echado una ojeada al Paraíso Terrenal ¿Qué consecuencias sacamos de ella? Lo siguiente:

QUE EN LOS ALBORES DE LA VIDA TERRENA, LO ÚNICO QUE SE HACÍA EN EL MUNDO ERA COMER, BEBER, DIVERTIRSE Y BOSTEZAR.

O, lo que es igual, que en un principio el Universo aparecía apoyado en una sola columna.

Estómago, sí... ESTÓMAGO.

Es decir: NECESIDADES GROSERAS DEL CUERPO.

Luego... el tiempo fue pasando y...

Pero si a ustedes les parece lancemos una

Es un día, probablemente, de agosto.

Todo duerme en el Paraíso, bajo esa asfixiante campana de máquina neumática que es la canícula.

Apenas si suenan leves rumores hacia el ángulo del Noroeste, el lugar más fresco del Edén, y que por serlo, se ha destinado a los animales polares, tales como el oso blanco, el pingüino, la foca, la morsa, la ballena, el zorro, el reno, el narval, la gaviota.

Los rumores están justificados; allá, en el Noroeste, se protesta del clima. Ya otras veces se ha protestado del clima en el ángulo del Noroeste, y el Supremo Hacedor ha hecho instalar un sistema de duchas de agua fría, que no por primitivo es menos eficaz; mas –por desgracia– en esta época de sequía que ahora atraviesa toda la Mesopotamia los cuatro ríos que forman la Confederación Hidrográfica del Paraíso (plan Guadalhorce) han dejaclo temporalmente de discurrir y ya ni el Tigris, ni el Éufrates, ni el Araxes, ni el Fares, brindan su líquido al sistema de duchas del Noroeste.

El oso polar está que ruge; no suda porque su piel no se lo consiente, que si no sudaría. De vez en cuando busca consuelo al terrible calor que sufre lamiendo las cañerías de las duchas; pero esta solución no le proporciona más que alivio momentáneo y, en cambio, le deja en las fauces un sabor insoportable a cardenillo.

La foca y la morsa lloran, la una lágrimas y la otra aceite.

La ballena, con el depósito de sus surtidores también agotado, abre y cierra la bocaza desesperadamente.

El reno y el zorro gris gruñen de un modo lánguido.

El narval, varado entre juncos, intenta nadar en vano y acompaña sus esfuerzos de recios coletazos.

Y la gaviota tridáctila mira tristemente a la gaviota de Ross suspirando: «¿Qué aguas podríamos rizar con nuestras alas?»

Y sólo el pingüino sufre en silencio, serio, grave y correctísimo, porque desde que le han dicho que su plumaje blanco y negro le da el aspecto de un caballero vestido de *frac,* no tiene otra idea que mantener la armonía de su figura. Y ya será bobo para *in aeternum*...

En el resto del Edén todo calla bajo un letargo profundo.

Eva y Adán, siempre tumbados a la sombra del hermoso pino-para-sol, ni bostezan ni trasiegan plátanos. Adán duerme con un sueño sofocado y plomizo, y en cuanto a Eva, las manos cruzadas tras de la nuca, los riñones apoyados en el suelo, la pierna izquierda doblada y la derecha montada sobre la izquierda, balancea el pie ocioso, clava sus grandes ojos en la inmensidad de lo azul y riza el rizo con la imaginación.

Reflexiona... ¡Lleva ya tanto reflexionando!... Piensa en las prohibiciones que les han sido impuestas a ella y a Adán.

Desde la base de su pino-para-sol predilecto, Eva distingue, allá, a unos treinta metros, el manzano cuyos frutos no podrán tocar nunca, el manzano destinado a hacerse célebre en la historia de la Creación y de la Humanidad, el manzano de cuyo tronco pende un cartelito que dice, textualmente, en hebreo:

MANZANODELBIENYDELMAL
NO TOCAR, PELIGRO DE
EXPULSIÓN Y DE PECADO
LA DIRECCIÓN

Eva lleva ya muchos días obsesionada con las manzanitas del manzano, preguntándose mentalmente:

–Si tanto Adán como yo tenemos boca y dientes, ¿por qué no hemos de poder comer esas manzanas?

Otras veces lo que se pregunta es:

–Si no habíamos de poderlas comer, ¿por qué fueron creadas y puestas delante de nuestras narices?

Y hasta el momento, Eva no ha logrado una respuesta

Con frecuencia ha querido decidirse a arrancar una manzana, y Adán la ha sujetado agarrándola por los cabellos y murmurando.

–No, que no dejan.

Pero en este día de agosto Adán duerme ajeno a cuanto ocurre a su alrededor, y si ella se atreviese...

Se atreve. ¡Ya lo creo que se atreve! Las mujeres, como no tienen conciencia de nada, se atreven a todo.

Y Eva se acerca al manzano. ¡Ah! ¡Qué emoción! Aquella emoción es tan viva y tan inédita, que Eva se siente progresivamente satisfecha de su atrevimiento. Alarga una mano; un levísimo tirón, y ¡zas!: la manzana es suya.

Hay historiadores que afirman que al coger la manzana Eva estuvo jugando con ella un rato. No es cierto; lo sé de buena tinta. En cuanto la tuvo en su poder lo que hizo Eva fue hincarle el diente. Mordió, masticó, tragó por último...

Y ¡¡oh!!... ¿Qué brusco cambio notó dentro de sí? Todo lo del Paraíso tomó para ella distinto color. Se dio cuenta por primera vez de que la vegetación era prodigiosa; oyó como una suave música la brisa que se desperezaba a lo largo de tanto árbol de tan diferente género; aspiró dulcísimamente los mil perfumes que se producían en aquel maravilloso jardín, y el aire, cargado de esencia de lilas, de rosas y de azahar, lleno de las emanaciones excitantes del acónito, de las adormideras, de los narcisos, de la valeriana –la cual asomaba por doquier sus hojas, como orejas de macho cabrío–, el aire que pasaba y repasaba voluptuoso sobre los naranjos, sobre los *kakhis*, sobre los macizos de claveles negros, y se filtraba por entre las ramas de las acacias, y sacudía los matorrales de hierbabuena y de malvavisco, y se rizaba repetidamente también en torno a aquel predilecto pino-para-sol; ese aire «paradisíaco» entró como un veneno sutil y delicioso en los pulmones de Eva; todo su soberbio cuerpo desnudo pareció esponjarse; le asaltaron furias de correr, de gritar, de reír... Y nació en ella la alegría mezclada con un deseo de llanto inexplicable...

Vio entonces Eva que todo era allí hermoso: el Cielo y la Tierra. Notó entonces que el sol moldeaba con ardorosa caricia sus caderas y sus senos. Admiró por primera vez las curvas ágiles de las gacelas, de los caballos, de los ciervos, y se dio cuenta de que el tigre era flexuoso y el león intrépido, y la jirafa, altiva, y el toro, arrollador, y las aves, veloces, y Adán, un tío con toda la barba.

Y movida por no supo nunca qué íntimo impulso, todavía con la manzana mordisqueada en la mano Eva volvió al lado de Adán, se plegó contra él, imitando, sin pretenderlo, la flexuosidad que acaba de advertir en el tigre, y cruzó sus brazos alrededor del cuello de su compañero y lo besó largamente, profundamente, en la boca.

Adán se despertó.

Todos hubiéramos hecho lo mismo en su caso.

Se despertó Adán y no dijo «¿dónde estoy?», pues ¿en qué otro lugar que no fuera el Paraíso podía estar él?, sino que indagó de Eva:

–¿Que te pasa?

Eva no respondió. Volvió a besarlo. Lo besó con un beso todavía más profundo que el anterior; lo besó con un beso tan extraordinariamente profundo, que un pedacito de manzana, que ella conservaba aún en su boca pasó a la boca de Adán.

Y Adán comió aquel pedacito de «no sabía qué».

Así fue, señores, y no de otra manera, como Eva le dio a Adán la manzana; se la dio como los novios se dan los bombones cuando nadie les espía; como los recién casados se dan los postres durante la luna de miel; como únicamente podía dársela, para que él –más noble, más sencillo, más respetuoso siempre que ella con las leyes– se decidiese a aceptarla.

En cuanto a las consecuencias, imagino que ya las adivináis.

No bien hubo probado a su vez la manzana, Adán notó dentro de sí la misma variación que había notado Eva y se vio invadido de idéntico sentimiento que a ella le invadiese. Y ahora, al recibir un tercer beso de Eva, Adán no le preguntó ya:

–¿Qué te pasa?

Sino que susurró:

–¡Vida mía!

Y la devolvió mil por uno.

¡Qué día! ¡Ah, qué día y qué noche de entusiasmo recíproco, de delirio, de frenesí!...

¿Os han comprado, de niños, una bicicleta? Cuando, de niño, le compran a uno una bicicleta, no se abandona la bicicleta más que el tiempo justo para comer; y aun durante la comida se tienen los ojos clavados en el artefacto, introducido previamente en el comedor con tal objeto. Y en sueños se sigue viendo la bicicleta, y se despierta uno a medianoche para comprobar que continúa allí, y manosearla de nuevo, y de nuevo dirigirle ardientes miradas de posesión...

Pues eso fue el amor para Eva y Adán: una bicicleta con dos sillines.

No bien aquella manzana del Bien y del Mal les abrió los ojos a las cosas del Mundo –y les permitió ver el mundo con los ojos de los sentidos–, Adán y Eva circunscribieron sus actividades a amarse, a amarse, a amarse, a amarse, entre palabras tiernas y gemidos de gozo.

Eso era el Bien.

Pero al amanecer del otro día, fatigados, insomnes, con los músculos relajados, el corazón de plomo, los nervios asténicos y la lengua de estopa, hartos uno de otro, ahítos del exceso, Adán y Eva se miraban ya con odio.

Eso era el Mal.

Y el Supremo Hacedor vio claramente que Eva y Adán conocían el Mal y el Bien.

Esto es: que habían comido la manzana.

¿Para qué daros cuenta de la expulsión del Paraíso, de aquel primer desahucio que ha registrado la Historia?

Todos conocéis el argumento...

Todos sabéis cómo Adán echó la culpa a Eva, y cómo Eva –inventando la trola de que el animal había hablado– echó a su vez la culpa a la serpiente.

¿El resultado? Que la serpiente, que hasta entonces andaba a saltos, fue condenada a andar arrastrándose. Que Adán y Eva hubieron de someterse a sufrir: ella, ganando el pan con el sudor de su frente; y él, pariendo sus hijos con dolor... Bueno: al revés...

Y que un ángel, señalándoles la puerta con una espada de fuego, les dijo:

–Por ahí se va a la calle, niños.

En fin: un desastre.

Hemos lanzado ya nuestra segunda ojeada al Paraíso Terrenal. ¿Qué consecuencia sacamos de ella? La siguiente: QUE A PARTIR DE LA DEGUSTACIÓN GRATUITA DE LA MANZANA DEL BIEN Y DEL MAL, EN EL MUNDO EXISTÍA UN NUEVO RESORTE VITAL: EL SEXO.

O, lo que es lo mismo, que el Universo se apoyaba en dos columnas:

ESTÓMAGO y SEXO

Es decir: NECESIDADES GROSERAS DEL CUERPO Y NECESIDADES DEL CUERPO EN SU RELACIÓN CON EL ALMA.

Luego... el tiempo fue pasando todavía más y ...

Pero va a ser conveniente que lancemos aún una

OJEADA AL PERÍODO POST-PARADISÍACO

He aquí que Adán y Eva se han multiplicado prodigiosamente. Y sus hijos, y los hijos de sus hijos, y los hijos de los hijos de sus hijos pueblan la Tierra.

El Supremo Hacedor ha obsequiado a la humanidad con aquel baño internacional en piscina que fue el Diluvio. Se ha inaugurado, al pie de la torre de Babel, la primera Escuela Berlitz. Ha funcionado en dos ciudades –Sodoma y Gomorra– la calefacción central.

La vida se ha hecho más fácil, más cómoda y más divertida que lo era a raíz del desahucio del Paraíso.

Ya han visto la luz pública importantes inventos, tales como la cama, el carro de bueyes, los platos, los pucheros, los vestidos, el arado, la barca de vela, el adulterio, las armas, la manteca, el queso, el asesinato por la espalda, el rimmel, la poesía lírica, la usura al 60 por 100 y la albarda para el 80 por 100 de los burros. Ya se conocen la noria, la máquina de tostar café, la esclavitud, el espejo, las agencias de matrimonios, los Mandamientos de la Ley de Dios, la traición, la linterna sorda, los abortivos y el juego del marro. Ya los hombres luchan, pelean, guerrean, mueren y matan por unos palmos de terreno. Ya existe la desigualdad. Y la política. Y la diversidad de las religiones. Y el impuesto de inquilinato.

Pero aún no se ha inventado lo que verdaderamente va a revolucionar el mundo...

Hasta que un día cierto patriarca se queda un rato pensativo.

¿En qué piensa? Piensa en las dificultades comerciales. Hasta el presente la humanidad ha vivido cambiando unas cosas por otras con arreglo a las necesidades del momento, recibiendo un par de huevos frescos por un látigo; tres gallinas por una túnica; una hija por dos rebaños de cabras... Y el patriarca calcula que, dado el gran y universal valor que tiene el oro, dado el entusiasmo con que todo el mundo recibe este metal cuando se lo entregan en un cambio, acaso simplifique la vida no cambiar unas cosas por otras, sino cambiarlas todas por ese oro tan apreciado...

Y el patriarca corta unas barras de oro en redondelitos. Y extiende la invención. Y ve que el éxito le acompaña. Y ya no vuelve a cambiar una hija por dos rebaños de cabras: ahora cambia sus hijas por media docena de redondelitos...

(Como harán miles de años después, en pleno siglo XX, con sus hijas muchos otros patriarcas.)

A partir de esa invención del patriarca pensativo, los redondelitos de oro animan el Universo con una nueva fiebre.

Se sufren, para lograrlos, humillaciones y trabajos sin número. Se engaña, se traiciona, se muere, se multa, se asesina por ellos.

En suma: el hombre comienza a hacer tales bestialidades, tales suciedades, tales vilezas, que alcanza su período esplendoroso de desarrollo humano.

Hemos lanzado ya nuestra ojeada al período postparadisíaco. ¿Qué consecuencia sacamos de ella? La siguiente: QUE A PARTIR DEL INVENTO DEL PATRIARCA PENSATIVO, EN EL MUNDO EXISTÍA UN NUEVO RESORTE VITAL: EL DINERO.

O lo que es lo mismo, que el Universo se apoyaba ya en tres columnas.

ESTÓMAGO, SEXO y DINERO.

Es decir: NECESIDADES GROSERAS DEL CUERPO,
NECESIDADES DEL CUERPO EN SU RELACIÓN
CON EL ALMA
Y PODER POSEEDOR-DOMINADOR ABSOLUTO.

El emplazamiento de la bola del Mundo queda, pues, decisivamente fijado.

Todas las aspiraciones humanas –hasta aquellas de carácter más espiritual– se apoyan en una de las tres columnas.

Y cuanto se relacione con el estómago, el sexo y el dinero tendrá ya, para siempre, un interés universal.

DON JUAN ES TODO SEXO, TIENE ESTÓMAGO Y TIENE DINERO...

He aquí explicado por qué ofrece un interés universal el tema de Don Juan y el donjuanismo.

2.–DON JUAN, DESDE NUESTRO PUNTO DE VISTA

Lo primero que necesitamos para ver a Don Juan desde nuestro punto de vista es tener un punto de vista nuestro.

Creémosle. Aquí está.

PUNTO DE
VISTA
NUESTRO.

Y ahora, colocados en nuestro punto de vista, veamos qué es y qué no es Don Juan.

Don Juan no es un hombre espiritual; ni un ensalzador de las buenas cualidades de la mujer; ni un aventurero; ni un idealista; ni un inadaptado; ni un alma sin par; ni un hedonista; ni un tipo feminoide o viriloide; ni un selecto; ni un fauno; ni un enamoradizo, ni un coleccionista; ni un sultán; ni un triunfador; ni un tirano sexual; ni un captador de voluntades; ni un hambriento de amor; ni un malvado; ni un artista; ni un caso clínico.

DEMOSTRACIÓN

Don Juan...

...no es *un hombre espiritual,* porque no utiliza para nada el espíritu;

...no es *un ensalzador de las buenas cualidades de la mujer,* porque las cualidades de la mujer que él encuentra buenas –o explotables– son, precisamente, las cualidades malas;

..no es *un aventurero,* porque su anhelo estriba en provocar siempre el mismo lance;

...no es *un idealista,* porque carece en absoluto de ideales;

...no es *un inadaptado,* porque vive perfectamente a gusto en la esfera de su actividad;

...no es *un alma sin par,* puesto que alienta rodeado de almas semejantes a la suya: sus mujeres;

...no es *un hedonista,* porque soportar cada día una mujer distinta es lo que menos se parece al placer;

...no es *un tipo feminoide,* porque sabe mover las manos y accionar sus discursos; ni lo es *viriloide,* porque disfruta de abundante cabellera;

...no es *un selecto,* porque su acción amorosa comprende a cuantas mujeres ve, con tal de que sean jóvenes y hermosas, y nadie ignora que hay mujeres hermosas y jóvenes totalmente irresistibles;

...no es *un fauno,* porque tiene pies y piernas iguales a los de los demás hombres;

...no es *un enamoradizo,* porque no se enamora de las mujeres que persigue;

..no es *un coleccionista,* puesto que nunca conserva las mujeres conquistadas;

...no es *un sultán,* porque carece de serrallo;

...no es *un triunfador,* porque no sojuzga a la Humanidad, sino a una sola parte de ella, la más impresionable e irreflexiva;

...no es *un tirano sexual,* porque después de llegar a la posesión, se marcha;

...no es *un captador de voluntades,* porque los hombres le odian;

...no es *un hambriento de amor,* porque se halla continuamente sentado a la mesa de Eros;

...no es *un malvado,* porque para él el mal es un medio y nunca un fin;

...no es *un artista,* porque subsiste apartado del arte;

...no es un *caso clínico,* porque está siempre en equilibrio con su propia naturaleza.

CONSECUENCIA

Luego si Don Juan no es nada de eso, como hasta ahora ha venido diciéndose, ¿QUÉ ES VERDADERAMENTE DON JUAN?

Desde nuestro punto de vista se advierte clarísimo:

DON JUAN ES UN IDIOTA.

«Hace falta ser un idiota completo para vivir pendiente exclusimente de las mujeres.»–PAULINO UZCUDUN.

3.–DIFERENCIA PRINCIPAL ENTRE EL HOMBRE NORMAL Y EL IDIOTA

El hombre normal tiene un fin: crear; crear, ya en colaboración con la mujer, ya por sí solo.

Cuando lo hace en colaboración con la mujer, crea niñas y niños.

Cuando lo hace por sí solo, crea maquinarias útiles, fórmulas matemáticas y políticas, leyes científicas y sociales, obras de arte, sustancias y objetos e ideas necesarios para la vida, refinamientos, distracciones, etc.

Hay hombres que, teniendo –como todos– el fin de crear, no crean nada, es cierto.

Pero estos hombres deben tener otro fin: la horca.

En cuanto a la mujer, su fin es colaborar con el hombre en la creación de niñas y niños, reservándose la parte más delicada, paciente y minuciosa de tal función.

Asimismo hay mujeres que no colaboran en la creación de niños y niñas, es verdad.

Pero también esas mujeres deben tener otro fin: tranquilizar al hombre*.

Por lo demás, el hombre –agobiado por la ruda tarea de crear algo continuamente– pierde la tranquilidad de infinidad de formas y por infinidad de causas.

¡Y existen tantos medios para tranquilizarle de nuevo y ponerle en condiciones de que pueda seguir creando!...

* No hay que escandalizarse ni hacer demasiados aspavientos. Es, dígase lo que se quiera, axiomático que cuando la mujer prescinde de servir a la especie –ya de un modo voluntario, ya involuntariamente– queda convertida en un chisme bonito sin más utilidad que la de tranquilizar al hombre. Por eso el hombre normal la busca con dos únicos objetos: o para continuar poblando el mundo o para volver a su tranquilidad y a su equilibrio sexuales cuando los pierde.

por ejemplo:

cuando el hombre pierde la tranquilidad porque le asalta

el romanticismo,

la mujer puede volverle a la tranquilidad de nuevo por medio de

las noches de luna, los vestidos blancos,
la recitación de poesías, los suspiros,
las flores, los perfumes, los besos lánguidos,
la contemplación de las estrellas
y la entrega de su organismo.

Si el hombre pierde la tranquilidad y el equilibrio, porque cae en las garras de ese monstruo que es

el tedio,

la mujer dispone, para equilibrarle nuevamente, de

los conciertos de cítara, las excursiones,
el cinematógrafo desde las últimas filas,
la lectura de novelas, las risas, los besos
apasionados y la entrega de su organismo.

Cuando lo que ha intranquilizado al hombre es, precisamente,

el desvío o traición de otra,

a la mujer le queda el recurso infalible de

convertirse en otra «otra» para él,
haciéndole entrega inmediata de su organismo.

Si él ha perdido la tranquilidad de su espíritu por

falta de dinero,

ella puede calmarle disponiendo, en cuanto lo sepa,

la apertura de una cuenta corriente en
cualquier Banco y la entrega del talo-
nario de cheques (y de su organismo)

Si la intranquilidad del hombre obedece, por desgracia, a que

ha perdido a un ser amado,

la mujer tiene para devolverle la paz al alma

la oración, la lágrima sobre la tumba, el encargo de misas y la entrega de su organismo

Y si el desequilibrio por que atraviesa el hombre tiene, simplemente, como causa el recrudecimiento del

deseo insatisfecho,

la mujer dispone, para apaciguarle, de este recurso supremo, originalísimo e inédito:

la entrega de su organismo.

Un poco monótono, ¿verdad? Sí; quizá resulte monótono enumerar los recursos de que dispone la mujer para tranquilizar al hombre; pero también es monótono el recurso de echar agua para apagar el fuego y, sin embargo, viene aplicándose desde que a Job se le quemó la casa, incluido el termosifón*.

(Los apóstoles del feminismo se revolverán airados, afirmando que la mujer tiene otros fines que multiplicarse y tranquilizar al hombre. Allá ellos. Por mi parte, sigo pensando igual que mis tataratatarabuelos de las cavernas, y la mujer, metida en la Política, en el Foro, en la Cátedra o en el Laboratorio, me produce exactamente la misma impresión que si viera un mozo de cuadra colocado en el centro de una fila de girls *de revista, ejectuando un* ballet.)

(El hombre se hace feminista cuando no sabe ya cómo agradar a las mujeres. Y la mujer se hace feminista cuando no sabe ya cómo agradar a los hombres.)

(El feminismo es una psitacosis menopáusica, que se propaga por los bacilos de Nocard y de Malthus.)

Ha quedado, pues, dicho lo que busca el hombre normal al aproximarse a la mujer: crear niños y niñas o tranquilizar su ánimo alterado.

---

* Sodninchger, *Jahresbericht über christianous pacienciomem, de Job patriarchatumgensser,* vol. II, 4.º Auf. Leipzig, 1903.

(La verdad es que las líneas anteriores no son más que un camelo; pero si de vez en cuando no pusiera llamadas, haciendo citas de autores y libros alemanes, nadie creería que esto es un ensayo. Y me conviene que se crea.)

El hombre normal busca eso, y cuando ha logrado ambas cosas –o una de ellas– el hombre normal vuelve a sus ocupaciones.

Vemos ahora cómo proceden los idiotas.

¿Buscan a la mujer con el fin de propagar la especie los idiotas? NO.

No, señores; no.

Los verdaderos idiotas no buscan a la muier para propagar la especie. Por el contrario, huyen de multiplicarse (en lo que obran mal, pues también los idiotas son necesarios, aunque sólo sirvan para que resalte el talento de los inteligentes) y justifican su actitud con una larga serie de frases sobadas, tales como:

–*Los hijos le cortan a uno las alas.*

–*La vida está carísima*

–*No he conocido ninguna mujer digna de ser madre de mis hijos.*

–*Los hijos son nuestros jueces más severos.*

–*Ningún hombre de talento tuvo hijos.*

–*¿Para qué propagar la especie si está llamada a desaparecer?*

–*Desde que tiene hijos, Fulano se ve obligado a trabajar por las noches en copias mecanográficas.*

–*Si no enfermasen, se podría tener hijos...*

–*¿Niños? ¡Quita, quita! Con lo que revuelven...*

–*Me parece una infamia crear a un ser que nace ya condenado a muerte.*

–*Carezco de vocación de padre.*

–*¿Y si luego resulta que los hijos no son de uno?*

–*Un hijo es una responsabilidad enorme.*

–*No puedo tener hijos. En la adolescencia sufrí una enfermedad que...*

–*Los niños me revientan.*

Etcétera, etcétera.

No. Los idiotas no buscan a la mujer para propagar la especie.

Pero –¡caso curioso!– tampoco la buscan para tranquilizarse...

Y si un hombre normal –un hombre que sabe hasta qué límites aceptables puede llegarse con la mujer– les dice, por ejemplo:

–*Cuando no se trata de tener hijos, para mí la mujer es como la aspirina. Y de la misma manera que al notar dolor de cabeza me compro un tubo, busco una mujer cuando alguna otra me ha hecho una perrería, o cuando estoy aburrido, o cuando me siento infectado de romanticismo, o cuando me hallo de mal humor por no tener dinero, o cuando necesito consolarme de una desgracia de familia, o –sencillamente– cuando mi naturaleza me lo exige.*

Si un hombre normal les dice todo eso, los idiotas elevan los brazos al cielo y entonan a la mujer un panegírico de otras frases sobadas, que no viene nunca a pelo, porque aquel hombre normal no ha pretendido ni ofenderla ni detractarla en su párrafo.

Véanse algunas de esas otras frases sobadas con que los idiotas replican a las palabras del hombre normal:

–*La mujer es la razón suprema de la vida.*

–*Ofender a una mujer es ofender a la propia madre.*

–*La mujer tiene alma y no es un instrumento.*

–*El cerebro de la mujer es de tan buena calidad como el del hombre.*

–*La igualdad de sexos está probada*

Etcétera, etcétera

No. Tampoco buscan para eso a la mujer los idiotas.

Pues ¿y entonces? Si buscarla para tranquilizarse les parece ofensivo y buscarla para tener hijos se les antoja disparatado, ¿para qué buscan los idiotas a la mujer?

Es terrible declararlo, pero la buscan para cosas así:

1. Para ponerle un piso.

2. Para que les arregle y guarde en orden la ropa.

3. Para presumir de hombres formales.

4. Para ir a los toros.

5. Para contar a los amigos que «tienen un lío».

6. Para que les quite el calzado y les ponga las zapatillas al llegar a casa.

7. Para decir que les inspira y que les apoya en su profesión.

8. Para que les ayude a sostener los gastos.

9. Para formar una de esas melazas asquerosas que reciben el nombre de «matrimonio sin hijos».

10. Para darle un apellido, siempre vulgar.

11. Para tener alguien con quien hablar en la mesa y en la cama y con quien leer el telón de anuncios en los entreactos de las comedias.

12. Para comentar lo que hacen los vecinos del segundo.

13. Para poder decir que las mujeres son todas unas golfas, menos la suya, que es una santa.

14. Para tener alguien con quien desfogar el mal humor.

15. Para presumir de seductores.

Y con esto queda establecida la principal diferencia existente entre el hombre normal y el idiota.

4.–Por qué es un idiota Don Juan

Estudiemos ahora por qué es un idiota Don Juan

Ante todo, Don Juan es un idiota, porque *no busca a la mujer ni para tener hijos ni para tranquilizarse.*

Y es un idiota, también, porque va hacia ella con los ojos puestos en la razón número 15, *por gusto de que se diga de él que es un seductor.* Esto puede comprobarse fácilmente... Poned a Don Juan en una isla desierta –en una absoluta soledad– y jamás le veréis entregarse al donjuanismo. ¿Por qué? Porque nadie puede comentar sus dotes de seducción. Y tal vez, además, porque hallándose en una soledad absoluta, carecerá de mujeres a las que seducir. Pero, principalmente, por lo primero.

Don Juan es, asimismo, un idiota –según queda ya afirmado más atrás– por el motivo de que hace falta ser un idiota completo para vivir pendiente exclusivamente de las mujeres. Y no se vea en esto un ataque a la mujer: la mujer es admirable (tan admirable, por sus cualidades espirituales y físicas, como es admirable, por su precisión y excelente factura, un mechero automático suizo).

Pero ¿qué diríais del hombre que, desde el instante de despertar hasta el momento de dormirse, durante todo el día, a todas horas, sin más descanso que el imprescindible para comer y almorzar, se dedicase a apagar y encender un mechero automático suizo?

Diríais que era un diota: no lo neguéis.

Pues lo que haría aquel hombre hipotético con el mechero suizo hace Don Juan con la mujer. Y a causa de ello es ésa una de las verdades en que me apoyo para decir que es un idiota Don Juan.

¡Oh! Y quedan más razones todavía.

Don Juan es también un idiota porque *no está al lado de cada mujer más que un día: el de la seducción.*

Como si las mujeres no tuvieran todas y cada una su tiempo...

Las hay que en una semana nos han dado cuanto son capaces de dar en sensaciones, anécdotas, alegrías, sugerencias... Otras, merecen que se las ame más largamente. Las extraordinarias en belleza, elegancia y espiritualidad pueden resistirse hasta un año.

(Y más de un año –¡dolorosa confesión!– no puede soportarse a ninguna, ciertamente)

Pero en el plazo en que se limita a amarlas Don Juan, en veinticuatro horas, si no ha sobrado tiempo para enterarse de todo, no hay tiempo material para enterarse de nada

Y, asimismo, es un idiota Don Juan porque *les dice a todas idénticas palabras.*

Y porque *muchas veces conquista a fuerza de dinero.*

Y porque *está persuadido de que es Don Juan.*

Y porque *los éxitos que más le envanecen son los logrados sobre la inocencia*. Siendo así que lo que debe enorgullecerle al hombre de talento es dominar a esas mujeres resabiadas que llegan de vuelta ya de todo y hartas de ejecutar virajes certeros para no meterse en los baches de la seducción masculina.

Y es un idiota Don Juan porque *lleva bigote de largas guías*.

Y porque, en ocasiones, *se vale de las criadas para conquistar*.

Y porque *hace de su corazón un fichero*.

Y porque *no sabe abandonar a tiempo la profesión*.

Y porque *viaja continuamente sin enterarse de lo que ve:* como los baúles y los cómicos.

Y porque *si sonríe es sólo por lucir la dentadura*.

Y porque *se deja llevar del tópico del Baedecker*. Por lo cual confía en que lo mejor de Italia es Venecia; y lo mejor de España, Sevilla; y lo mejor de los Estados Unidos, las cataratas del Niágara; y lo mejor de Inglaterra, París*. Etcétera, etcétera.

Y es Don Juan un idiota, porque *no fuma*.

Y porque *no le falla ninguna conquista*. Pues el hombre inteligente de veras acaba por toparse con una mujer lo suficientemente normal para no hallar seducciones en él.

Don Juan es un idiota también porque, *si pudiera, gastaría uniforme*.

Y porque *no lleva nunca en sus viajes máquina fotográfica*. (Aventuras sin «Kodack» son aventuras perdidas.)

Y porque *aborrece «operar» en el campo*.

Y porque *tiene en su casa un saloncito árabe o turco*.

Y porque *le dan igual las morenas que las rubias*.

Finalmente: Don Juan es un idiota, porque *los hombres le creen*

---

* El que quiera puede rectificar diciendo que París no está en Inglaterra.

listo, las mujeres le creen guapo, los homosexuales le creen hábil, y él se cree hábil, guapo y listo.

Veamos ahora la razón del éxito de Don Juan.

5.–Razón del éxito de Don Juan con las mujeres

Infinidad de autores han dejado escritas sendas razones que justifican el éxito de Don Juan con las mujeres*.

Pero se hace preciso declarar que ninguno, hasta ahora, ha dado con la verdadera razón.

Y es hora de divulgar la razón verdadera.

El éxito de Don Juan obedece a idéntica causa que el éxito de la hoja «Gillette», la máquina «Singer», el papel de «Bambú», la gaseosa «Coca-Cola», la sal de fruta «Eno», el fascismo, el sombrero «Brave» o la mujer andaluza. Esta causa es

el anuncio.

Sencillamente:

El anuncio; la *réclame*, el *bluff*.

Sin anunciarse, sin que su fama corra de boca en boca, sin que todo el mundo se haga lenguas de lo seductor que es, Don Juan no conquistaría más que alguna que otra de esas muchachas de la clase media que gimen sofocadas por el hervor de casarse.

Pero Don Juan se anuncia; camina precedido de una nombradía extraordinaria, y las mujeres se lo rifan. Y Don Juan se deja rifar por las mujeres. Y las toca a todas; cosa que no ocurre con ninguna rifa del mundo.

---

* Krafft Ebing, *Bemerkungen veber geschiechtliche Hoerigkeit und Masochismus,* 1892. Crawley, *The mysticrose,* 1902. Steinach, *Verjüngung,* 1920. Kraepelin afirma que Don Juan vivió en una casa de huéspedes, y Kronfel, que era bizco. Weil, por el contrario, se queja de lo mal pavimentado que está Nuremberg, *(Más datos para elevar el tono del ensayo).*

6.–Progresión aritmética de la seducción

¿Habéis tenido tiempo de sobra en vuestra vida?

Si alguna vez habéis tenido tiempo de sobra en vuestra vida, seguramente que lo habréis perdido en estudiar qué es progresión aritmética.

Pero para aquellos de vosotros que sólo hayáis estudiado cosas útiles, lo advertiré aquí.

Progresión aritmética es:

Una serie de términos en la que cada uno se diferencia del anterior en la razón, que es constante.

Ejemplo de progresión aritmética:

1 – 3 – 5 – 7 – 9 – 11 – 13 – 15 – 17 – 19 – 21 – 23 – 25, etc.

Y ahora me apresuraré a demostraros que la seducción de la mujer también es una progresión aritmética.

Probad, si no, a enamorar a una mujer, y así que la tengáis enamorada, haced que lo sepan dos de sus amigas. Inmediatamente las amigas se enamorarán de vosotros. Y si las amigas de estas amigas se enteran de que sus amigas están enamoradas, no tardarán veinticuatro horas en enamorarse también ellas. Y al punto se enamorarán las amigas de estas amigas. Y las amigas de las amigas de estas amigas. Y así sucesivamente.

De suerte que incluso podemos escribir la progresión aritmética de la seducción femenina. Hela aquí:

Una querida – Tres queridas – Cinco queridas – Siete queridas – Nueve queridas, etc.

¿Las habéis visto bien? Pues en la verdad de esta fórmula reside, de igual modo, la razón del éxito de Don Juan.

7.–La testarudez de Don Juan

Pero aún queda, para final, la razón suprema del éxito de Don Juan con las mujeres.

La testarudez.

No todos los idiotas son testarudos; pero, siendo idiota, puede llegarse a ser un testarudo estupendo.

(Tal, el caso de Don Juan, a quien ya hemos presentado como idiota-tipo, el más rico tipo de idiota que puede imaginarse.)

Porque... ¿qué es la testarudez más que escasez de ideas?

Un hombre rico en ideas, habituado al tráfago de las ideas, a la bajamar y la pleamar de las ideas, raramente será testarudo, sino que siempre estará dispuesto a admitir las ideas que se le brinden y, por lo tanto, a dejarse convencer.

Por el contrario, cuantas menos ideas albergue un hombre en el interior de su cráneo, más sostendrá y defenderá las pocas que posea.

La testarudez es el puente gracias al cual los idiotas pasan a la historia transformados en héroes, en símbolos o en genios.

Cristobal Colón, mascullando continuamente dentro de sí una sola idea (la de llegar a las Indias por el Oeste), resulta un idiota; pero colgadle de los hombros la dalmática de la testarudez y le veréis empujar a través del Atlántico las tres carabelitas y descubrir, al cabo, América, convertido en el héroe más grande de los siglos.

El alcalde de Zalamea, provisto de sólo dos o tres ideas absurdas y pétreas, relativas al honor, es un idiota.

Mas contemplad su lucha testaruda contra la justicia del rey, miradle ejecutando al ofensor de su hija y observaréis que la testarudez ha hecho de él un símbolo sagrado.

Dante Alighieri, agotando su existencia en escribir tercetos sobre tercetos, es, indudablemente, un idiota. Pero si, gracias a su testarudez, lo miráis, ya autor de la *Divina Comedia*, lo encontraréis hecho un genio universal.

Y así mil casos diversos.

Don Juan –el idiota-tipo– alimenta una sola y única idea: lograr mujeres.

Y como es testarudo, como es formidablemente testarudo, las logra; y a fuerza de lograrlas a todas, absolutamente a todas, Don Juan pasa a la Historia con el carácter simbólico del seductor.

Por otra parte... ¿quién que sea testarudo no conseguirá cuanto se proponga?

Ante el ariete de la testarudez los obstáculos se quebrantan y ceden. En el agua caliente de la testarudez lo más sólido se disuelve y deshace.

Un general testarudo nunca se rendirá en sus posiciones ni dejará de tomar las posiciones del enemigo.

Un bebedor testarudo acabará por echarse al coleto el barril de cerveza que tiene delante.

Un opositor a Hacienda testarudo sacará siempre plaza

Un domador de erizos testarudo logrará que canten *El Relicario* sus erizos.

Un artista testarudo que se obstine en hacer arte impopular, conseguirá al cabo morirse de hambre.

Un jurista testarudo, decidido a explicar a su auditorio los misterios de la Ley Hipotecaria, concluirá por quedarse solo en el salón.

Cuanto un hombre se proponga, lo conseguirá siempre gracias a la testarudez

¿Y que? ¿Por ventura conquistar mujeres es más difícil que tomar una posición al enemigo, beberse un barril de cerveza, sacar plaza en Hacienda, amaestrar erizos, morirse de hambre o quedarse solo en un salón disertando sobre Ley Hipotecaria?

No. Conquistar mujeres es tan fácil de hacer como cualquiera de esas cosas.

Y, desde luego, mucho más rápido.

Nos consta ya *por qué el tema de Don Juan interesa universalmente.*

Y *hemos observado a Don Juan desde nuestro punto de vista.*

Y conocemos *la principal diferencia entre el hombre normal y el idiota.*

Y sabemos que *es un idiota Don Juan.*

Y *por qué lo es.*

Y no ignoramos que *la seducción femenina es una progresión aritmética.*

Y conocemos *las razones del éxito de Don Juan con las mujeres.*

¿Qué punto nos falta tocar para concluir nuestro ensayo? Sólo uno; el más discutido; el que más ha apasionado en los últimos tiempos: la biología de Don Juan.

8.–ANTIGUA, MODERNA Y EVIDENTE BIOLOGÍA DE DON JUAN

¡Ay, de esto sí que se ha escrito, Dios mío!*. ¡De esto sí que se han lanzado teorías! Prescindiendo de las puestas en vigor por mi querido y desconocido Gregorio**, ¡cuántas opiniones diferentes se han sostenido sobre la biología de Don Juan!

Teorías nuevas. Opiniones modernas.

Pero a menudo sucede que lo más moderno es lo más antiguo, y lo más nuevo es lo más viejo.

Un pintor de la edad de Crô-Magnon, decorador de cuevas y cavernas, sería hoy primera medalla en cualquier salón de artistas de vanguardia.

Ícaro, ingresando en la aviación, ascendería inmediatamente a jefe de escuadrilla por propios méritos.

Si resucitara Licurgo, la policía de todo el mundo lo ficharía como comunista y bolchevista novísimo y peligroso.

Y Ptha-Ra, embalsamador egipcio del tiempo de los Ptolomeos, no podría instalarse hoy en París sin que la prensa anunciara en grandes titulares el triunfo de la ciencia y la aparición de un tauma-

* *¡Dios mío!* Exclamación propia de persona bien educada.

** El doctor Marañón, según se advirtió ya en el prólogo.

turgo maravilloso, imprecedente en la Historia, capaz por sí solo de revolucionar los conocimientos humanos alcanzados hasta el siglo.

Lo más antiguo del Universo resulta nuevo; lo más ajado, flamante; lo más viejo y caduco, niño y joven.

De acuerdo con esta ley, hasta el primer pecado del hombre, aquel pecado marchito, repetido millones de millones de veces, desprovisto de toda originalidad, es conocido aún con el nombre de «pecado original».

Por eso se hace necesario recurrir a la antigüedad para hallar teorías modernas.

Y por eso también cuando nosotros nos vemos obligados a idear una nueva biología de Don Juan, recurrimos a la que hace veintitrés siglos idearon los griegos: con la seguridad absoluta de que esta biología va a parecernos el colmo de la novedad y de la audacia.

Porque, en efecto, hace hoy justamente 2.246 años que, en su plácido retiro de Elea, escribía el gran Jenócrates a propósito de Don Juan esto que aquí sigue:

ΣρϛνιτΨ ποφευω ΨρποΩ ηϛκλεΗχ 6κΦηθ6π ι ψζιψημη μθμΘ μΘ Αθϑεζε βλϑδψ θιλΚκ ωβσ μημθιψηζ ι ψ6κΦηθ6π ϛκλεΗχΩη υωΨρπο νιτΨποφεΣρϛ Ηχη ηθ6πϛκλε ψηζιψ6κΦ ι βσμημθ εβλζψ ιλΚκω εβλζψ ΞμΘθΑ ϑεϑδθβσμημθ ηζιψ6κΦι ε θ6πϛκλεψ πονιτΨ ϝϛΗχηη υωΨρποΣ ονιτΨεψπΛ δμωδϛπβγβ ιεθ6πϛκλ θηζιψκ θσμημ Ω6φΦβ μΘθΑϑεϑδ εβλζψΞ ιλΚκω.

ρϛΗχηηυ βιεθ6π ονιτΨεψπ ο Αεϑδε ιλΚκωϛπβ δγϛκλθ Λδμω φΦβμΘθ ι ψκθσμημΩ6 ωΨρπΣηζ πηυϑβλζ πονγιτΨεθ6 κωϛπκλθ Κβδϛλδμω ψΞρϛ νγιτΨ θΨρπηϑβ θιψκβμΘσμ Φ 6ωΣ ηυλζποεθ κωϛπκλθ ημΩζπ6 φϑδειλϑΨθωψ β δϛΛδμ μΘσμγιτΨ Σ ηυλζποε Ξρϛνρπβ Φ6οΑεΚθ ω βιεψιψκ ΘΨθμειλημ ϑωψβδ.

ΤΦοπβ Ομϑωψβδ ε ΘΨθμειλη Ρχηβθηκω ψκιεψιΚθω Απβνρ6ο σγιτΨΣξ ζμξλεμυ θεΘΨβδψ ωθηκηβΡχ ρ6οβνΑπθω ψιψ κι εΚειλη Ομϑωμ ΤΦοπβροζ ωθΨβδψη ξ ληεΚειxι ψνΑπρθ6οβωψι ηβΡΘκχρ ΘκχρηβΡ ωψι6οβ θ ψνΑπρ θΚειxι θΨβω δξληεψη ζβροοπΦμΤ μϑω Ορο πΦμΤμϑωο ηεψηζβ θΨβωδΞλ ΑπρΚειxι ψι6οβθψν ΘκχρηβΡω

¿No es magnífico? ¿No asombra lo nuevo que resulta un texto tan antiguo?

Pues aún agregaba más abajo, aclarando definitivamente su doctrina, esto otro, que de seguro va a maravillaros:

> **Αδγρυ χρη βθψκβΡ6οΘνω ιικιψρΚελπξ ωζβηεψηθΨβ πΦμΤμϑ μυλεθεθΟωοο ϑδϚπ6φΛ ελπξωζβ εψΨβΤμϑ πΦμηθ ι κιψρΚη Θνωι Ρ6οψκβ ρυχρηβθ ψ ρΚηΘνω θι κιΦημ ϑπψΨβΤμ φΛελπξ ωζβεπ6 ιεθΟωοοϑδϚ ζεπ€Φ φΛελπξω οψκ πψΤμ κιΦημϑ ΚηΘνωΨθι.**

Es decir: cuatro palabras... Cuatro palabras nada más, ciertamente. Pero ¡qué palabras! ¡Qué claras, que llenas de humanidad, qué sabias, qué terminantes!... Después de copiarlas no creemos que sea necesario añadir otras más al asunto.

En esos párrafos anteriormente citados, Jenócrates nos diseca a Don Juan para siempre.

Y deja la mariposa experimental del donjuanismo clavada en el corcho disectivo de la eternidad...

¡Bello remate, oh, sí!...

El Don Juan de «Pero... ¿hubo alguna vez once mil vírgenes?»

El Don Juan de *Pero... ¿hubo alguna vez once mil vírgenes?* se llama Pedro.

Pedro de Valdivia.

Nombre que no ha sido elegido al azar, sino que corresponde al de uno de los más ilustres conquistadores que resplandecen en la Historia, el conquistador de Chile.

(Y el nombre de un conquistador le viene a un Don Juan como anillo a la desposada.)

Si el autor fuera un erudito pelmazo, les colocaría ahora a los lectores una serie de datos sobre la vida del conquistador de Chile.

Y contaría cómo aquel don Pedro de Valdivia sometió el territorio, que yacía en poder de los feroces araucanos, con un ejército de sólo doscientos hombres. Y el autor pondría de manifiesto de qué diferente manera peleaba Valdivia si se le compara con el otro famoso enemigo de los araucanos que se llamó Alonso de Ercilla. Pues mientras este altísimo poeta, padre de *La Araucana,* anonadaba a los indígenas dándoles en la cabezota con octavas reales, el bravo don Pedro, más piadoso, los hacía cisco blandiendo a dos manos la tundente espada. Y el autor contaría también cómo Valdivia pasó los Andes a caballo, al frente de su ejército, llevando en el arzón delantero de la silla una imagen de la Virgen, y en el arzón posterior, a su querida. Y pintaría, como un Moreno Carbonero cualquiera, la fundación de Santiago de Chile en febrero de 1541. Y contaría –finalmente– la horrorosa muerte de Pedro de Valdivia, el 3 de diciembre de 1553 a la cabeza de sus tropas y en una lucha homérica después de la cual no quedaron ni los rabos*.

Pero el autor dista mucho de ser un erudito pelmazo y está decidido a no contar nada de eso que deja ya contado.

Y en vez de hablar de aquel Pedro de Valdivia, conquistador de Chile del siglo XVI, el autor hablará de este Pedro de Valdivia, conquistador de mujeres del siglo XX, que es eje y protagonista del presente libro y el encargado de emocionar y divertir al lector en los centenares de páginas que aún faltan hasta llegar a las tranquilizadoras palabras de FIN DE LA NOVELA. Porque, ¡qué diablo!, mejor vale ocuparse de las mujeres civilizadas de hoy que de los salvajes araucanos de ayer, por más que entre mujeres y salvajes haya muchas semejanzas, tales como llevar anillos colgados de las orejas, adornarse con plumas, pintarse la cara y vivir conquistando a los vecinos.

El Don Juan de *Pero... ¿hubo alguna vez once mil vírgenes?* Pedro de Valdivia, reúne todas las condiciones precisas para serlo: juventud, belleza, audacia, presunción, elegancia, escepticismo, misoginismo**, buena posición social que le excluye de las correas transmisoras del trabajo, fama popular, malthusianismo, irreligiosidad, afectividad nula, pereza, pie pequeño, versatilidad, crueldad, espíritu frívolo, trashumantismo, experiencia, sociabilidad, testarudez y herencia patológica***.

Y únicamente se diferencia del Don Juan clásico en que a veces se muestra ingenioso y en que, a veces también, se ve bullir en él cierta vida interior. Es decir, que, a ratos, piensa y hasta llora. Porque...

*No hay regla sin excepción...*****

A la larga, lo que destroza a este Don Juan es eso: su vida interior. Y es que la vida interior, cuando se ha dejado transcurrir la existencia apoyándose únicamente en las cosas agradables, resulta siempre acre y disolvente.

---

* Esta lucha homérica fue homérica del Sur, naturalmente, pues –como queda advertido– la acción se desarrollaba en Chile. *(Estupidez escrita para indagar).*

** Pues no hay peor detractor de las mujeres que el que las conoce a fondo.

*** Su padre fue maniático y su madre muy religiosa.

**** Fray Luis de Granada.

Pedro de Valdivia, nuestro Don Juan, no irá al cielo al morir. Porque el pensamiento humano es una cicuta diabólica, y en el cielo sólo son admitidos los que nunca se molestaron en pensar o los que se arrepintieron de haber pensado algún día.

Es un Don Juan moderno que huele a «Varón Dandy», a *whisky* y a gasolina.

Acaba como todos los Don Juanes: enamorándose, pues nadie está tan propicio a atragantarse como aquellos que hacen gárgaras con huesos de aceituna.

Y entonces nadie comparte su amor, porque los dones de la vida sólo vienen a nosotros cuando no nos importan.

Más cosas, muchas más cosas os podría decir de este Don Juan.

Pero la costumbre ordena que para hacerlo se comience la novela.

Así es que volved la página y de salud os sirva.

FIN DEL ENSAYO
NÚMERO 27.493 SOBRE
DON JUAN

PRESENTAMOS

LA NOVELA DEL DONJUANISMO MODERNO

PERO... ¿HUBO ALGUNA VEZ ONCE MIL VÍRGENES?

PRIMERA PARTE

CONOCEMOS AL DON JUAN QUE SE LLAMA PEDRO

1

LA MUJER HARTA DE BESAR HOMBRES VA A BUSCAR AL HOMBRE HARTO DE BESAR MUJERES

1 LAS DOCE ÚLTIMAS CARTAS DEL DÍA

Bostezó.
Le gruñó a un botones:
–Avíseme el coche.
Volvió a bostezar. Y oyó una voz a sus espaldas:
–Aquí tiene usted unas cartas, señor Valdivia...
Eran doce sobres –verdes, azules, rosa, *beige*– en los que diferentes manos de mujer habían escrito idéntico nombre con grafismos parecidísimos:

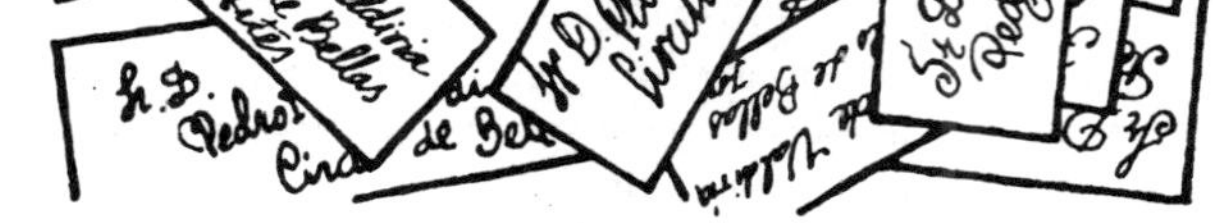

Y doce perfumes –«Cao», «Chipre», «Mienne!» «Un air embaumé», «Marysta», «Après-midi», «Nuit de noces», «Soir de Paris», «Jock», «Origan», «Ganna», «Nirskaia»– se diluyeron en la atmósfera del salón haciéndola irrespirable.

Valdivia jugueteó con los doce sobres.

Después adelantó despectivamente el labio inferior como se hace para indicar fastidio y para pegar sellos.

Lo de siempre...

MUJERES... MUJERES... MUJERES... MUJERES... MUJERES... MUJERES... MUJERES... MUJERES...

¿Cuándo iba a concluir aquello?

¿De qué divinidad absurda tenía que calmar las iras desfalleciendo sin cesar en brazos femeninos?...

¿No era bastante con las 36.857 que había soportado ya?

¿Había que seguir aún soportando?

¿Era su destino vivir unido a la noria del amor, metiendo y sacando los arcaduces eternos y sin descansar nunca?

El amor...

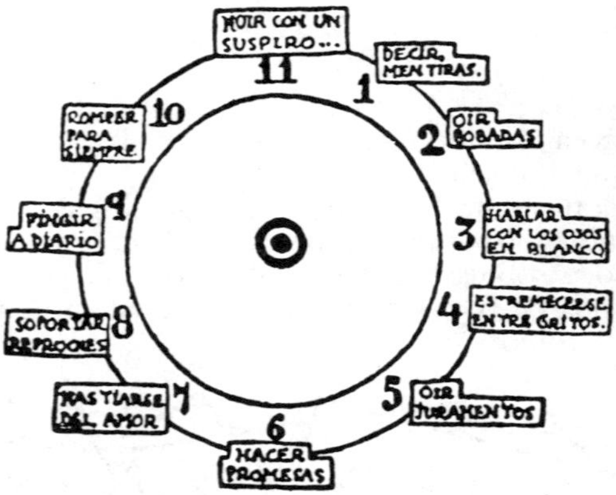

¡Qué canción monótona!

Y las mujeres... ¡Qué *couplet* irresistible!

Perseguían, asediaban, y todo ¿para qué? Para acabar pidiendo siempre lo mismo: caricias, caricias, caricias, caricias, caricias, caricias, caricias, caricias, caricias, caricias...

Labios voraces, organismos infatigables; calderas de ilusión puestas siempre a la presión máxima...

He ahí lo que eran las mujeres.

¡Y aún! Si exigieran de un modo fugitivo...

Pero las mujeres querían hacerlo todo eterno, ¡todo!, a excepción de sus sombreros y vestidos. Y se ponían tan cargantes y tan empalagosas, que el día que en lugar de pedir **AMOR** pedían **DINERO**, uno notaba la satisfacción del que ha recibido de pronto el alta de la gripe.

¡Y pensar que había hombres que se desesperaban cuando les pedían **DINERO** en lugar de **AMOR**!...

–En general, los hombres son tan cretinos –resumió Valdivia– que eso explica la existencia de las mujeres.

–Creo lo mismo –apoyó un caballero con aire de sacerdote egipcio en ayunas que se hallaba barajando unas cartas no lejos de Valdivia.

Y éste, levantándose de su sillón, perezosamente, tan perezosamente como una grúa, se acercó al caballero de la cara de sacerdote egipcio en ayunas y le colocó una mano en el hombro, preguntándole igual que en las novelas:

–¿Es posible, doctor?

–Sí –replicó el doctor–. Los hombres somos unos cretinos completos, y gracias a lo cretinos que somos los hombres pueden ir viviendo las mujeres.

Y sin dejar de barajar, agregó:

–¿No se sienta usted con nosotros, Valdivia?

–Me aburre el poker.

Hubo un movimiento de revuelo, y el doctor, el general, el abogado y el catedrático exclamaron a coro:

–¡Qué blasfemia!

Y el doctor, por su parte, lanzó al rostro de Pedro de Valdivia una pregunta desconcertante:

–Pero ¿usted cree que en el mundo puede hacerse algo mejor que repartir cartas?

A lo cual Valdivia contestó con una respuesta más desconcertante todavía:

–Tiene usted razón. Lo mejor que se puede hacer en el mundo es repartir cartas. Así es que repártanse ustedes éstas...

Y arrojó sobre el tapete los doce sobres sin abrir –verdes, azules, rosa, *beige* –que acababa de entregarle el botones.

2 UNA PARTIDA DE POKER COMENZADA EN 1896

Acaso convenga decir que aquella partida de poker (entre el doctor López Laringólogo, el general Schneider, el catedrático Lerchundi y el abogado True Bill) había comenzado en 1896, y que desde entonces se desarrolló sin una sola interrupción que durara más de seis minutos.

Y sin embargo, en los últimos treinta y un años habían ocurrido bien de cosas.

Pero cuando el hombre se pierde en el abismo del poker, lo mismo que cuando se pierde en el abismo del mar Caribe, no hay cosa humana lo suficientemente poderosa para sacarlo a la superficie.

Un día, en 1911, un criado (del «Casino de Ancianos Impotentes», donde jugaban entonces) se acercó a la mesa y le dijo a Schneider (que entonces era teniente coronel):

–Telefonean de casa del señor que su hijo Gustavo acababa de morir.

El coronel replicó:

–Me tiene sin cuidado. Gustavo no era hijo mío, porque mi señora se entiende con el vecino del tercero desde que comenzamos la partida.

Y repartió cartas.

Otro día, mucho antes, en mayo de 1909 (hallándose en el «Círculo Hipócrita»), otro criado entró y lo que anunció fue el fallecimiento del padre del doctor López Laringólogo.

El doctor, al saberlo, sin moverse de la silla, se limitó a decir:

–Lo estaba temiendo, porque mi padre era mayor que yo.

Y repartió cartas.

Y otro día, antes aún, en 1906, la interrupción de la partida llegó a su altura máxima: seis minutos.

Estaban entonces en el «Club de Pirulos Huérfanos» de la calle Mayor, en cuyo salón principal había un Cristo de Montañés, una Purísima de Murillo, dos mesas de ruleta y cuatro de *bacarrá*.

Era por la mañana; los cuatro compadres jugaban jadeantemente, y Schneider (comandante a la sazón) y Lerchundi llevaban la peor parte cuando se oyó en la calle un estruendo horroroso. Tan horroroso fue el estruendo que los cuatro caballeros se levantaron (caso insólito), y salieron a un balcón (caso insolitísimo) a ver lo que ocurría.

Y lo que ocurría era que aquella mañana se celebraba la boda de S.M. el rey Don Alfonso XIII y que Mateo Morral acababa de lanzar una bomba sobre la comitiva regia.

Schneider, Lerchundi, López Laringólogo y True Bill vieron en seguida que, como en los dramas románticos, había muerto hasta el apuntador, pero las Reales Personas no sufrían daño alguno. Sabido lo cual, volvieron a sus puestos.

Comentaron:

–Esto es cosa de los anarquistas.

–¡Hum! Mala gente...

–Enemigos del género humano.

–Son unas hienas...

–¡Unos chacales!

–¡Son el látigo de la civilización!

–Y luego... ¡el tiempo que le hacen perder a uno! –concluyó Lerchundi.

Y repartió cartas.

De todo ello se deducirá lo verdaderamente extraordinario de que, al depositar Valdivia sus doce sobres encima de la mesa, la partida de poker se interrumpiera aquella noche cuatro minutos y medio.

–¿Qué significa esto?–dijo Schneider.

–Cartas...

–Cartas de mujer...

–Ya comprendo –rezongó Lerchundi–. Son cartas de amor dirigidas a Valdivia y recibidas hoy en el Círculo.

–Pues que se las lleve... ¡Valdivia!

–¡Valdivia! ¡¡Valdivia!!

Pero Valdivia había sido tragado ya por uno de los ascensores y no podía oírles.

Hubo una irritación general, esa irritación que siente el jugador hacia todo lo que interrumpe su juego, especialmente si la interrupción tiene un viso femenino o está motivada por la presentación de una factura.

–Se necesita ser tonto para dejarnos aquí esa docena de cartas de mujer –gruñó True Bill–. ¿Por qué no se las ha llevado?

Y un joven de unos veintidós años, melenudo, simpático y triste, que desde hacía rato contemplaba el desarrollo de la partida a espaldas del abogado, murmuró:

–¿Para qué las quiere? ¿Para qué quiere Pedro de Valdivia esas cartas, si en su casa tiene cartas de amor en cantidad suficiente para abarrotar un vapor correo?

Los jugadores levantaron sus miradas hacia el joven.

Laringólogo:
Lerchundi:
True Bill:
Schneider: } –¿Es posible?

El joven bajó la cabeza, como se hace en Europa para afirmar. Y mientras bajaba la cabeza, levantó la curiosidad de los jugadores con estas palabras decisivas:

–A Pedro de Valdivia no se le ha negado una sola mujer en el mundo; y hace ya años que todas las mujeres del mundo se le ofrecen...

3 LAS FÓRMULAS PARA HACERSE AMAR

En realidad, únicamente cuatro cuidadanos que mantenían una partida de poker desde 1896 podían ignorar la dilatada fama de Pedro de Valdivia, socio del mismo Círculo que ellos y hombre cuyas hazañas de amor habían dado la vuelta al mundo, igual que la *Numancia* y Phileas Fogg.

Pero la popularidad y los adolescentes se caracterizan por un crecimiento diario, y aquella noche Laringólogo, Lerchundi, True Bill y Schneider iban a quedar suficientemente enterados de lo que quizá sólo ellos ignoraban.

Luisito Campsa, soltero, pintor laureado con una tercera medalla por su cuadro *Campesinos búlgaros huyendo de la vacuna,* guapo, romántico y nada afortunado en amores, fue el *cicerone* que eligió el Destino para ilustrar a los cuatro jugadores de poker en las maravillas de la existencia de Valdivia.

–¿Dice usted, Luisito –indagó el doctor dejando de barajar–, que a Pedro de Valdivia no se le ha negado una sola mujer y que todas se le ofrecen?

–De lo último ahí tiene usted unas pruebas –replicó el pintor señalando los doce sobres de colores–. Esas doce cartas son la recolección del día de hoy en el Círculo; pero en el mismo día de hoy, Valdivia habrá recibido más del doble en su casa y probablemente un centenar en su apartado de Correos, sin contar las veinte o treinta que le hayan enviado a la Lista...

El catedrático Lerchundi, que ya tenía los ojos saltones, se quedó bizco.

Y el general Schneider, muy dado al cálculo, arguyó:

–Pues doce aquí; veinticuatro en su casa; cien en el apartado y treinta en la Lista de Correos, suman ciento sesenta y seis... ¿Es posible que un hombre pueda recibir ciento sesenta y seis cartas de amor todos los días? Tenga usted en cuenta que al mes resultan cuatro mil novecientas ochenta, y al año sesenta mil quinientas noventa, y al...

Pero Luisito Campsa, interrumpiéndole, le impidió calcular las cartas que resultaban al siglo; pasó la mano derecha por su melena de monarca carlovingio en un movimiento peculiar y contestó melancólicamente:

–¡Posible, general, posible! Y aparte de esas sesenta mil quinientas noventa mujeres que se le ofrecen al año a Pedro de Valdivia y a las que no tiene tiempo de atender, él, por su parte, seduce y rinde a todas las que le gustan...

–¿Sin que le falle ninguna?

–Sin que le falle ninguna, general.

El general chupeteó un puro gigantesco, para el que usaba una boquilla con ruedas, y rezongó:

–Hum...

Después de lo cual rezongó esto otro, que no añadía nada a lo anterior, pero que es tan propio de generales:

–Hum... Hum...

–¡Maravilloso! –siguió cada vez más melancólico el pintor–, pero no tiene nada de extraño. En todos los tiempos y en todas las épocas han existido tipos como Pedro de Valdivia. El seductor, el hombre que dedica su vida al amor; el ser dotado de ese misterioso fluido en virtud del cual la Mujer le hace su favorito y se le rinde siempre después de un breve combate, y con frecuencia sin combate siquiera, es perfectamente humano... y biológico.

Al oir el último esdrújulo, el doctor se creyó en el caso de intervenir.

–Sí. Eso es cierto –declaró–. Biológicamente... Con arreglo a las leyes de lo biológico... De acuerdo con la biología...

Pero no dijo más, porque ningún médico es capaz de decir más sobre biología cuando ha dejado transcurrir treinta y un años de su existencia delante de una mesa de poker.

El autor de *Campesinos búlgaros huyendo de la vacuna* agregó nuevos datos sobre Valdivia.

–Pero este Don Juan es más refinado, más calculador y más impasible que ninguno. Se dice que tiene fichadas sus aventuras...

–¿Fichadas?

–¿Fichadas?

–Y que en su casa ha montado una oficina especial con cuatro mecanógrafas y una secretaria para despachar sus asuntos amorosos.

A Lerchundi, Laringólogo, True Bill y Schneider se les quedaron las bocas abiertas.

–¡Una oficina! –exclamó el abogado cerrando la suya, en vista de que con la boca abierta no podía hablar.

–Allí, en sus armarios clasificadores, duermen reducidas a sendos cartoncitos, cuantas mujeres le entregaron sus labios, en número de 36.857...

Y la cifra quedó revoloteando sobre el tapete verde y las cabezas de los jugadores.

–¡36.857!

–¡¡36.857!!

–Ni una menos. Lo sé de buena tinta. En cada ficha Pedro de Valdivia hace constar el nombre y apellidos de la dama, el apelativo que la dio en las horas de intimidad, un breve resumen de su historia, una reseña de su persona, otra de su temperamento y carácter, y, al final, el procedimiento de que se valió para seducirla.

–¡Pero entonces ese archivo es una maravilla!

El pintor volvió a acariciarse la melena y suspiró más melancólico que nunca:

–¡Un tesoro, señor True Bill, un tesoro!

Y agregó con un suspiro que se oyó perfectamente en la planta baja del edificio:

–¡Ay! ¡Si yo fuera algún día lo bastante feliz para poder examinarlo a mi gusto!... Entonces acabarían todas mis penas y mis dolores; sólo entonces me quitaría de encima esta melancolía que me abrasa el alma. ¡Querer amar y no haberlo conseguido jamás!... ¡Morirse de ansias de ser amado y no poseer esas fórmulas milagrosas que atraen a las mujeres! ¡Ustedes no pueden imaginarse el tormento que esto es!

4 SURGE LA MUJER HARTA DE BESAR HOMBRES

El botones, un botones encerrado en un uniforme color fresa que le hacia parecer un helado a la deriva, había salido antes corriendo y gritando:

–¡Señor Valdivia! ¡Coche del señor Valdivia! ¡Coche del señor Valdiviaaaa!...

Y en seguida, unos focos violaron la noche, y un motor ronfleó dulcemente, y un «Lincoln» negro y plata rompió la fila, evolucionó por el semicírculo de asfalto y se detuvo.

Aquel semicírculo de asfalto bordeaba la fachada de un círculo de piedra.

El semicírculo era el «acceso para carruajes».

Y el círculo era el de «Bellas Artes», de Madrid. *(Inaugurado en 1925. Arquitecto, señor Palacios. Para más detalles, dirigirse a la Junta Directiva.)*

Pedro de Valdivia comenzó a bajar la escalinata, de mármol blanco, dulcificada por un tapiz amarillo y negro.

Las lectoras pueden contemplarlo ahora a su gusto.

Era un hombre guapo –no muy guapo, sino lo bastante poco guapo para resultar guapo–; tenía tres cosas negras:

el pelo, los ojos y el smoking.

Acababa de cumplir treinta y ocho años, pero podía quitarse cinco sin correr el riesgo de que se lo creyera nadie; era alto, esbelto y flexible como un junco consciente de su oficio; tenía también treinta y dos cosas blancas, a saber:

los dientes, colmillos y muelas de su dentadura.

Los hombros, anchos; la cintura, estrecha; las pestañas, largas; la documentación, en regla. Finalmente...

Un vaho de ternura y cinismo saturaba su semblante.

(Ese vaho de ternura y cinismo de todos los que saben que el corazón sirve para algo más que para latir, pero que no utilizan más que para latir su corazón.)

Pedro de Valdivia concluyó de bajar la escalinata; echó al aire una peseta, la cual atrapó el botones con la facilidad con que los niños atrapan las pesetas y las pulmonías, y se zambulló en el interior del coche, suspirando al chófer esta frase digna de Núñez de Balboa:

–Llévame a casa o a una isla del Pacífico; me da igual.

El chófer pareció dudar, y como la isla del Pacífico caía algo más lejos, resolvió llevarle a casa.

El botones deseó buenas noches a Valdivia y a continuación fue a cerrar la portezuela, pero una mano de mujer, apoyándose sobre la suya, se lo impidió.

Tras de la mano apareció un brazo blanco y mórbido; luego un busto agresivo, con sus correspondientes dos senos colocados a derecha e izquierda, y, por fin, un rostro ovalado, muy pálido y bellísimo. Uno de esos rostros muy pálidos propios de las mujeres que se consumen en los deportes violentos: la equitación, el misticismo o el amor.

Y este rostro, que emergía de un vestido de tafetán negro bordeado de perlas de acero y de un abrigo de rata polar derribado a medias sobre los hombros, se inclinó hacia el interior del auto y le dirigió a Valdivia ciertas palabras imprevistas:

–Le invito a un *whisky* en el *Claridge's;* salga usted. Allí tengo mi coche...

Valdivia asomó entonces la cabeza y miró a la dama de una sola ojeada experta.

Sus observaciones fueron las siguientes:

FIGURA Y PORTE

Se trataba de una mujer alta del sexo femenino.

Distinguidísima.

Delgada, con una delgadez armoniosa que hacía extraordinarios sus más insignificantes ademanes.

Se movía despacio, igual que las civilizaciones y las panteras, aunque para ser civilización le faltaba salvajismo y para ser pantera le sobraba fiereza. Pertenecía a ese grupo de mujeres que conservan su aspecto elegante hasta en los naufragios.

CLASE DE BELLEZA

La frente, amplísima, bajo la que indudablemente bullía un cerebro en continua efervescencia; los ojos de un azul turbio de agua de lago removida con un palito y sobre los cuales dos cejas, que ascendían ligeramente hacia las sienes, le daban un aire de Mefistófeles de ópera.

La boca, roja, encendida, ardorosa y fatigada, como de haber besado mucho y de haber mentido otro tanto.

(Ocupaciones que –por lo demás– van siempre juntas en la mujer.)

La garganta, henchida.

Los hombros, perfectamente redondos.

Los senos, turbulentos.

VOZ

Hablaba en un tono lánguido, de persona que se sabe en la irremediable necesidad de hablar si quiere hacerse entender de sus semejantes; y lo comentaba todo con una falta de expresión que denunciaba la furia con que todo lo había ya gozado.

PERFUME

Despedía un terrible aroma de heliotropo, y al acercarse a ella parecía que una puerta acababa de abrirse sobre las frondas del Lottino. *(Aquel asfixiante jardín del que Virgilio estuvo a dos dedos de hablar en las Geórgicas.)*

5 INUTILIDAD DE UN ANÁLISIS Y ELECCIÓN DE TÁCTICA

Y luego que hubo observado y clasificado los cuatro importantísimos detalles, Valdivia, cuyas facultades estaban ya superexcitadas por el deseo, trabajó afanosamente en una labor de análisis.

Pensó:

¿QUÉ ES ESTA MUJER?... ¿QUIÉN ES ESTA MUJER?

Y se preguntó y se contestó de un modo vertiginoso:

–¿Una enamorada más que viene a ofrecérseme?

–No, porque su perfil es demasiado altivo.

–¿Una cortesana que acabará pidiéndome billetes?

–Tampoco. Sus pies son demasiado pequeños.

–¿Una aventurera que trata de mezclarme en algún escandaloso affaire?

–No. Sus cabellos son demasiado negros.

–¿Una despechada que me busca a mí para humillar a otro?

–Tampoco. Su respiración es demasiado tranquila

–¿Una loca?

–No. Su rostro es demasiado expresivo.

–¿Una pintora que quiere hacerme un retrato, una periodista que quiere hacerme una interviú?

–Tampoco. Toda ella es demasiado refinada

–¿Una gran dama que desea conocerme?

–No. Sus brillantes son demasiado legítimos.

–Pues ¿qué es, quién es?

Y por vez primera, quedó desconcertado y sin brújula después de analizar a una mujer.

Pero Valdivia no era hombre de indecisiones, e incapacitado por falta de datos para seguir una táctica particular de seducción, se decidió por utilizar una táctica general. *La táctica del desvío.*

6 LA PRIMERA ESCARAMUZA

Ya era tiempo. Porque la voz de la dama, ante el riesgo de no haber sido oída, volvió a sonar, apremiante, en la noche:

–Salga usted y trasládese a mi coche. Quiero invitarle a un *whisky* en el *Claridge's...*

Valdivia asomó la cabeza un instante y respondió con acento agrio:

–Gracias, señora; no bebo.

–¿Cumple usted la ley de Volstead? –indagó el rostro femenino abriéndose en una sonrisa.

–Cumplo la ley de mi voluntad –replicó la cabeza del hombre, en la cual los ojos centelleaban progresivamente escrutadores.

Y tiró de la portezuela hacia sí.

Pero –¡claro!– la dama tiró también en su dirección.

Y el resultado fue un empate a cero de la ventanilla, que quedó abierta palmo y medio.

–¿Si le fuera posible prescindir por un instante de hacer groserías? –propuso la boca ardiente.

–Me pide usted demasiado para ser la primera vez que nos vemos –replicaron los labios del hombre.

–Vamos... ya que se niega a venir a mi coche, hágame un sitio en el suyo.

Valdivia no contestó, pero insistió en cerrar la portezuela. Las pupilas azules de la dama fosforecieron entonces en la oscuridad, como dos estrellas que se irritan al sentirse contempladas por un astrónomo feo. Y su voz enronqueció ligeramente para decir:

–¡Qué fatuidad! ¿Es que piensa usted que soy una de esas mujeres a quienes usted enloquece con una sola mirada?

–Pienso que acaso para enloquecer a usted haya necesitado dos. ¡Existen mujeres tan difíciles!

–El relente de la noche es superior a su ingenio... Hágame sitio, que empiezo a sentir frío –ordenó la dama secamente y arrebujándose en el rata polar.

–¿Para qué?–indagó aún Valdivia.

–Necesito hablarle.

–Veinte años de práctica me han enseñado que las mujeres nunca tienen nada interesante que decir...

–...pero le damos un gran interés a todo lo que decimos –concluyó ella.

Y, aprovechando el estupor que esta respuesta ingrávida produjo en Valdivia, le disparó autoritariamente al chófer:

–¡Al *Claridge's!*

Y entró en el coche, se sentó –rechazando a Valdivia hacia un rincón– y cerró definitivamente la portezuela con un golpe brusco que sonó a interjección de fin de párrafo.

(Como puede verse.)

7 LAS ÚLTIMAS OBSERVACIONES

Por el camino, mientras las ruedas del «Lincoln» volteaban mansamente, Valdivia hacía un conglomerado mental de todas sus observaciones.

Comenzaba a ver claro.

Después de aquel diálogo acre, comenzaba a ver claro, porque con la piedra de toque del desvío había puesto al descubierto el oro del carácter de la dama. *(Dieciocho quilates de imagen.)*

Y sin mirarla, dando a su rostro la dureza de enfado que convenía, Valdivia iba pensando:

–*Es rica.*

–*Ha tratado a muchos hombres.* (Pues ha insistido ante mis negativas, como persona que sabe que si la mujer no cede nunca, el hombre cede siempre.)

–*Está acostumbrada a mandar.*

–*Tiene imaginación*

–*Tiene ingenio.*

–*Se aburre.* (Lo que se nota perfectamente en el cansancio con que pliega los labios.)

–*Vive sola* (Porque cuando las mujeres viven acompañadas no se aburren: o aman, o aborrecen; o consumen los días prodigando caricias, o los emplean discurriendo mortificaciones; pero no se aburren.)

–*No está enamorada de mí.*

–*Pero le intereso.*

–*Guarda en lo hondo una gran ingenuidad.* (Porque esto les sucede a todas las mujeres que han vivido mucho.)

–*Tiene un temperamento apasionado y febril.* (Pues debe de

andar cerca de los treinta años y, no obstante, se conserva delgada: no hay nada que tanto conserve la línea como un temperamento febril y apasionado.)

–*Se me va a resistir mucho.* (Porque las mujeres que viven en medio de una gran variación de amores, los comienzan siempre creyendo –sinceramente– que el amor ya no les interesa.)

Y Valdivia resumió:

–Pero, después de todo, eso es lo que a mi me importa: la lucha; y con esta mujer no hay más táctica que desarrollar un gran movimiento de ideas y procurar que las palabras de uno vayan siempre dos pasos delante de las palabras de ella.

En aquel momento, el «Lincoln» plata y negro se detenía ante la fachada –bordada en bombillas de colores– del

CLARIDGE'S CABARET
GRAND SOUPER

American Bar

Un *groom* rubio abrió la portezuela.

Un conserje moreno ofreció el brazo a la dama, doblándolo en ángulo recto para que pudiera cogerse a él y salir del coche.

Dos porteros negros franquearon las puertas.

Un criado calvo se precipitó hacia el abrigo y el sombrero de Valdivia, como si quisiera llevarlos a empeñar.

Y un maître canoso se adelantó, indagando:

–¿Una mesa para dos?

Valdivia y la dama desaparecieron en el *hall*.

Eran las doce y media de la noche del 16 de abril.

Salía el sol a las 6.15, pasaba por el meridiano a las 12.4 y se ponía a las 18.22.

(Salvo en el caso de que se encontrara un planeta amigo en el camino)

2

LO QUE DAN DE SÍ TRES CUARTOS DE HORA DE CONVERSACIÓN EN EL CLARIDGE'S

8 PERSPECTIVA DEL «CABARET» DESDE UN PALCO

Notas traducidas del inglés de Broadway, que salían en abanico por las bocas de los saxofones.

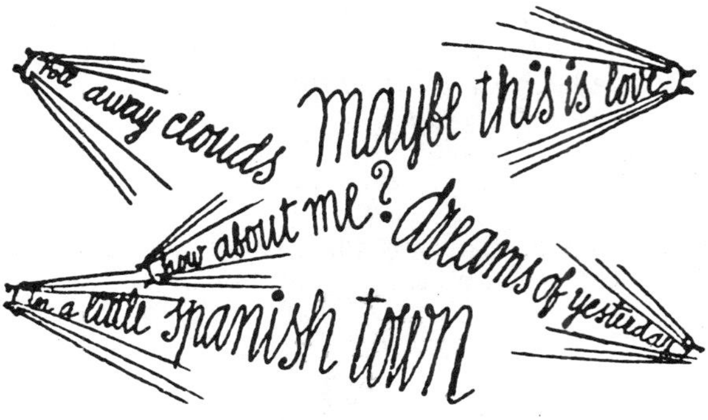

Un calor que hería a zarpazos.

Largos vestidos rojos, verdes, morados, de descotes enormes, a cuyo brocal se asomaban los senos con curiosidad infantil.

Espaldas desnudas, espléndidas espaldas desnudas ante las cuales sentía uno el deseo de hacerse visigodo.

Cientos de brazos blancos *(que, como todas las serpientes, se balanceaban al son de la música).*

Taponazos producidos por las botellas de *champagne* al destaparse y logrados en las cocinas con un aparato especial con el fin de animar a los concurrentes a que siguiesen ordenando destapar botellas.

Fluir burbujeante del «Brut Imperial», del «Mumm» del «Otard Dupuy» y del «Cordon Rouge».

Labios empastados de *rouge*, pestañas entintadas de *rimmel* y uñas pintadas de escarlata: lo mismo que en los conventos de monjas. Los negros de la orquesta corrían a cada instante el riesgo de desteñirse haciendo vibrar la cuerda, gemir el metal y sollozar la madera en sinfonías rotas que olían a sensualidad con caña de azúcar y a carga de fardo en un puerto del trópico.

Vasos con líquidos a medio consumir, semejantes a esmaltes.

Crustas. Sours. Cobblers. Smashes.

La pesadez propia de una atmósfera compuesta de

ALCOHOL DE 70 GRADOS Y OPIO

DE 1.000 CIGARRILLOS

En fin, señores:

Cabaret...
Claridge's-cabaret.
Cenas a la americana.
Orquestas de negros y de argentinos.
Sesenta señoritas políglotas.
Muchos y valiosos regalos.
Todos los días, 5 famosas atracciones, 5.

Era un *cabaret* de fama mundial, donde se habían aburrido los hombres más célebres de Europa y América.

9 ENTRADA DE LOS DOS HÉROES Y COMENTARIOS POCO HEROICOS

El tapiz se levantó como un falso testimonio.

Y Valdivia y la dama entraron en el palco, escoltados por un camarero con aspecto de *croupier* italiano.

Sobre la mesa, pegado a la barandilla, un cartón doblado:

CLARIDGE'S

PALCO NÚM. 10

Y al lado un plato de gres gris y un candelabro con lámparas rojas y en un búcaro, tres inmensas amapolas amarillas *(mecanopsis integrifolia)* de Suhana.

El camarero sonrió como sonríen las hienas cuando se tropiezan con su hieno en una duna del desierto:

–¡Señor Valdivia!...

Y el señor Valdivia contestó con un ronquido que lo mismo podía indicar agradecimiento amable que rotura súbita de la laringe.

Pero el camarero no se arredró. Era un hombre experto que sabía que las personas bien educadas no saludan. Sacudió el mantelillo con su paño, aun cuando le constaba que el mantelillo estaba perfectamente limpio, y alargó la lista, cosa que, dada su longitud, parecía irrealizable. Valdivia la rechazó con un gesto y pidió secamente:

–Un *gin* con soda.

Después, sin hacer caso de su dama, comenzó a repartir sonrisas melancólicas por el salón. Se veía que le conocía todo el mundo, como al chocolate «Suchard». De cada rostro femenino brotaron mohínes amables; otras largaron el hociquito ofreciéndole un beso, y alguna se lo envió con la mano. Los hombres le miraron con odio, signo inequívoco de que le reconocían superioridad. Y un rumor de ocho letras se extendió por el *cabaret*.

V A L D I V I A

Pero semejante popularidad no afectó a Pedro. Se había ya acostumbrado a ella, como el repostero se habitúa a los pasteles y el poeta lírico se habitúa a no lavarse.

Luego la atención general se fijó en su acompañante. ¿Quién sería aquella mujer que ocupaba ahora un puesto al lado del conquistador?

Y circularon especies extrañas.

. . . .

–Es una bailarina rusa que estuvo liada con Rasputín.
–¿Rusa, bailarina y amante de Rasputín? ¡Cuánta vulgaridad!

. . . .

–Es una cantante alemana. Odia a los hombres.
–¿Y qué le gustan, las mujeres?
–No. Los niños que estudian Geometría.

. . . .

–La conozco bien; es una inglesa.
–¿Lady?
–Artista de circo.
–¿Y qué hace?
–Equilibrios.
–Eso lo hacemos todas.

. . . .

–Una espía... Estoy seguro de que se trata de una espía.
–Pero si la guerra acabó hace la mar de años...
–¡Es verdad!

. . . .

–Es una institutriz elegante y galante.
–¿De las que conocen muchos idiomas?
–No. De las que han conocido muchas lenguas.

. . . .

–Por mi parte creo que es una entretenida, simplemente.
–¿Y en qué se funda usted para creer que sea una entretenida?
–En su aire de aburrimiento.

. . . .

Sin embargo, nadie había dado en el clavo de quién era Vivola Adamant.

Ni siquiera yo.

10

VALDIVIA CONFIRMA SU CIFRA DE 36.857 AMANTES Y SE CONFIESA UN HOMBRE IRRESISTIBLE

Llegó el *gin* con soda de Valdivia.

Y llegó un «Antiquary» que había pedido Vivola Adamant, la cual, sorbiéndolo ligeramente y abriendo una pitillera de oro que imitaba latón, brindó a Valdivia esta última.

–¿Fuma usted?

–Sí; pero de lo mío. Yo no tomo tabaco de manos de una mujer más que en el caso de que esa mujer sea...

–¿Su amante?

–No. Mi estanquera.

Sacó también un cigarrillo, prendiéndole fuego por un solo extremo –el opuesto al que introdujo en la boca– segun la antigua moda de Bizancio.

Después se acodó en la mesa y miró fijamente a Vivola que emergía de las nubes de humo azulado como emergen de las ondas del mar las Anfitrites de los cromos.

Bajo las luces rabiosas del cabaret, la dama adquiría prestigio, fenómeno por que suelen atravesar todas las mujeres elegantes, selectas y refinadas, pues no hay que olvidar que las mujeres así son un espectáculo, y los espectáculos están hechos para ser vistos con luz artificial.

–Quizá no es una mujer extraordinaria –pensaba Valdivia–; pero, desde luego, es una mujer magnetizante.

Y en efecto. Vivola Adamant era magnetizante: una de esas mujeres sinuosas, estupendamente flexible y de un atractivo pavoroso que nunca se sabe de qué depende: si de los ojos, del perfume, de la voz o de las secreciones internas.

Había en su cuerpo un hieratismo de emperatriz de Oriente en el destierro. E igual que Goethe, hablando de lady Hamilton, podía decirse de ella que *«vestía como las griegas y sabía sentarse maravillosamente»*.

Esta última reflexión acababa de hacérsela mentalmente Valdivia, también de un modo mental agregóse:

–Si se acuesta tan bien como se sienta, es la mujer ideal.

Luego, en voz alta y sin apartar su mirada de los ojos de Vivola, exclamó considerando que ya era hora de emplearse a fondo con la dama e invitándola a explicarse:

–Señora..., usted dirá.

Las pupilas femeninas giraron al oírle como dos focos de luz, y, a su vez, miraron al hombre.

Éste agregó:

–Usted me ha asaltado a la puerta del Círculo en una noche en que yo no tenía otro ideal que el de los pieles rojas y los topos: dormir. Usted, y sentiría que se vanagloriara de mi declaración, me ha quitado el sueño; lo cual, después de todo, es una conducta muy femenina porque siempre será una mujer la que le despoje de sus sueños al hombre. Usted me ha *raptado* en mi propio coche para traerme a un *cabaret* elegante donde algunos bestias se emborrachan, algunas prostitutas bailan, algunos licenciados de presidio sirven bebidas, y algunos negros antropófagos tocan *foxes*. Hace veinte años yo le hubiera agradecido a usted todo esto; hoy le pido explicación y justificación de su conducta, porque a los quince años no se piensa ni se siente igual que a los treinta y cinco.

–Treinta y ocho –corrigió la dama.

–Treinta y cinco –reafirmó él–, porque tres años que estuve en un sanatorio no los cuento. Lo pasé tan mal que aquello no fue vivir...

Y siguió, reduciendo el *gin* del vaso a la mitad:

–Desde un principio me he opuesto a seguirla hasta aquí. Puesto que usted conoce mi nombre y mi edad, incluidos los tres años de sanatorio, debe conocer también mi vida. Si es así, sabrá que el hecho de que una mujer venga a buscarme no altera para nada la circulación de mi sangre, como es lo común que le suceda al hombre porque estoy harto de que las mujeres me busquen.

–¿Para venderle décimos de la Lotería?

–Sí. De la Lotería del Sexo; único juego en el que tienen ustedes banca abierta...

–Mi banca está cerrada.

–Por... reparaciones en... el local?

–No. Por cambio de industria.

–Eso me tranquiliza bastante. No obstante, quizá valga la pena de insistir. E insistiendo, le diré que si lo que usted busca es que alborotemos juntos las ropas de mi lecho o las del suyo, puede usted sustituir ese propósito por el de filtrar el agua de las cataratas del Niágara, pues ambos proyectos la llevarán al mismo resultado: perder el tiempo.

–Es usted tan claro como el agua de las cataratas del Niágara... después de filtrada –replicó Vivola Adamant divirtiéndose en mojar la boquilla de su humeante *boutrouge* en el «Antiquary». Y me parece bien que lo sea, pues yo también vengo decidida a hablar claramente.

Valdivia roció nuevamente de soda su *gin* y preguntó:

–¿En dónde estábamos?

–En las cataratas del Niágara.

–Pues embarquemos otra vez para Europa, que aquello es muy húmedo. Decía, señora...

–Llámeme Vivola. Tiene el mismo número de vocales y de consonantes, y además es mi nombre...

–Decía, Vivola... ¡Qué nombre tan refrescante! Decía, Vivola, que si lo que pretende es que nos acostemos juntos, en una comunidad de cuerpos, de pijamas y de malos humores, pierde el tiempo.

Ella sonrió de un modo compasivo.

–Le suplico que guarde su compasión para las familias de las ballenas muertas a arponazos en el mar del Norte; ellas quizá la necesiten; yo, no. Porque yo, amiga mía, cuando me niego a una mujer sé mantener la negativa.

–La obligación de los hombres es vivir siempre manteniendo a alguien, y una negativa se mantiene con poco gasto. Pero siga usted, Valdivia; siga usted...

–Estaba desarrollando el período de las advertencias previas. Y voy a ampliarlo.

–¿Al carbón?

–Al bromuro.

Y Valdivia llevó a cabo la ampliación al bromuro anunciada.

–Desde hace veinte años, amiga mía, me he dedicado hora a hora a despachurrar el limón de lo femenino en el exprimidor de mi sensibilidad. La sola vista de un limón nuevo me invade de mortal pereza, y en cuanto a mi exprimidor –quiero decir mi sensibilidad, mis nervios–, está ya embotado, empastado, atracado de pulpa y no puede casi exprimir. Esto se lo explicará usted cuando sepa que en la actualidad el catálogo de mis conquistas alcanza la cifra de 36.857 mujeres.

Vivola callaba, siempre con los ojos fijos en él, y únicamente a intervalos muy largos los párpados, que relucían bajo el *henné* y el *gooth,* caían sobre aquellas gotas azules de sus pupilas para alzarse otra vez lentamente con la lentitud con que lo hacen los buzos cuando salen del mar.

–Conozco todos los países y todas las razas; mis baúles han sido mancillados por todos los aduaneros y todos los representantes de «Cook»; he figurado en millares de *sailing list* de las *Malas* europeas y americanas, y, arrellanado en las butacas de los vagones especiales de «Prunier» y de «Pullman», he destrozado, a fuerza de hojearlos, algunas docenas de ejemplares de *guías, indicadores Chaix y fahrplans;* he dibujado seis veces el mapa del mundo con las muescas de goma de mis neumáticos y me he balanceado de una ciudad a otra en las alas de la Casa «Farman», de la «Classa», de la «Latecoere», de la «Lindbergh Line»... Y todo... ¿con qué objeto?... Persiguiendo mujeres, mujeres, mujeres... Con lo cual quiero advertirla de que durante veinte años, por tierra, por agua y por aire, en ferrocarril, en auto, en gasolinera, en trasatlántico y en avión, les he sorbido la boca a hembras de todas las latitudes, de todos los caracteres y de todos los climas. Negras que olían a malvavisco y me traían enroscados en los cabellos los aromas excitantes de las junglas del Cabo, de Loanda, de Monrovia y del Camerón. Árabes estúpidas de Bogador y de Biskra, atontadas por la voz del *muezzin*. Beduinas del desierto, que me amaban colocándose sobre mí, a la usanza faraónica. *Babaes* mindanaicas, de pezones dulces y morenos, como el azúcar de caña. Hijas bravías de la América del Sur, cuyas ascendientes habían disparado el arco contra los ascendientes míos para cortar el avance de la Conquista. Cubanas *dalagas,* de ojos tristes y románticos, que rugían frenéticas en el momento del espasmo, permutando su romanticismo por el furor del musmón en celo. Peruanas principescas, llenas de misterio y de majestad, en cuyos vientres dorados y breves los besos eran como rayos de sol que bañasen la fachada áurea de un palacio inca en Caxamarca. Andinas de mirar efervescente que me cobijaron en noches de luna bajo sus ponchos descoloridos, a tres mil pies sobre el nivel del Pacífico, para escapar luego rápidas e indómitas como cachorros de llama. Mexicanas exquisitas, de pupilas y pies de española, a las que siglos enteros de decadencia no habían desprovisto de una selección racial, capaces cuando amaban y eran rechazadas, de arrancarle el corazón al hombre y ofrecérselo a Huitzilipochtli, como los sacerdotes aztecas de Cempohual. Yanquis de Texas, de Montana y de California, resumen afortunado de veinte razas, que cruzaban en un *boat* de corcho los ríos o conducían rebaños de búfalos para abrevarlos en las márgenes del Yellowlake. Americanas del Este, grandes damas de Broadway que necesitaban para instalarse un palacio en la calle Treinta y Seis o un piso entero del Hotel Astoria, que en el otoño emigraban con sus joyas, con sus amantes y con su servidumbre a San Diego de California, y en el verano, a la falsa Costa Azul de Palm-Beach, mientras el marido quedaba batallando a golpes de *pool* en el infierno financiero de Wall-Street. Japonesas miniadas, que parecían arrancadas a las jaulas de un *yoshiwara ideal,* pintado por Fugita. Indias de Buckara y Samarcanda, que me esperaron y me esperarán todavía en el zoco de Righistan. Mujeres *fulah,* que a los trece años eran consideradas como viejas. Chinas de Pekín de la puerta Hatamen, que me amaban con una gravedad ritual mientras gemían en mi oído *Si-yan-pao!... Si-yan-pao!...**. *Dayakas* de Borneo, que alternaban mis besos con el tazón del *arak***, de ojos profundos como su mar de la Sonda. Almeas de Alejandría, maravillosas bailarinas de raza, para las que el amor era una danza phálica. Y en Europa, alemanas románticas que recitaban versos de Heine y me besaban murmurando *Liebling!...****. Inglesas de resistencia de acero de Dublín, que ideaban caricias agotadoras entre *Darlings!***** más agotadores todavía. Portuguesas de imaginación desenvuelta, que me despedían deshojando rosas y susurrando

* ¡Mi pequeño tesoro!

** Licor hecho con arroz en fementación.

*** ¡Mi único amor!

**** ¡Querido!

saudades... Rusas de frentes purísimas que, después de sus sesiones de amor, cantaban la *Dubinuchka** con acompañamiento de *balalaika* y que en un tono de voz emocionante gemían: *Ya vas liubliú!*** . Italianas del Friul, de Fiume, de Istria, de la Piana dei Greci. Francesas*** de caras de gato bonito, que me decían *joujou* en una entonación maternal para acabar introduciéndome la lengua en el oído llamándome *voyou*... *Yakutas-zinzachas* de las orillas del Lena en la Siberia... Eslovenas de Kasho... Servias... Croatas... Holandesas... Yugoslavas... Austríacas... Esquimales de las orillas del Yukón americano o de la punta de Laponia... iQué sé yo!

Valdivia hizo, al fin, un gesto de cansancio. *(Ya iba siendo hora.)*

–¡Qué sé yo! –suspiró–. Y en ese mundo infinito de mujeres, amiga mía, ¡cuánto diverso temperamento, qué fantástica variedad de caracteres, de usos, de costumbres, de maneras y de vicios! Piense usted... 36.857 mujeres...

36.857

–¿Tengo o no derecho a estar cansado? ¿Qué puede ya sorprenderme? ¿Qué mujer puede ya enamorarme? ¿Dónde está la frase que ha de sonarme a inédita? ¿Dónde el beso nuevo o la caricia original? ¿Dónde, en fin, la mujer que ha de resistírseme?

Al oír la última frase, Vivola Adamant inclinó su frente hacia la mesa y sonrió de nuevo.

Valdivia, que había cazado al vuelo aquella sonrisa, de la misma manera que había cazado las anteriores, avanzó su mano por entre el vaso del *gin*, el del «Antiquary», la botellita de soda y las pitilleras, le cogió a Vivola aquellos puñaditos de dedos blancos coruscados por los diez granates de las uñas y se los oprimió dulcemente, mientras le decía estas palabras audaces:

–Ni usted siquiera se me resistiría, si yo me propusiese seducirla...

Y después de una breve pausa, cuando ya ella iba a contestar, agregó:

–...¡pero es que no quiero proponérmelo!...

. . . .

De lejos, parecían un gato jugando con un ratón. Pero ¿quién de ellos era el ratón? ¿Y cuál era el gato?****.

. . . .

* Canto de los bateleros del Volga.

** ¡Te quiero!

*** Mujeres de Francia.

**** La solución al final del libro.

Callaron.

(Y en este brusco silencio se oyó claramente a la orquesta del Claridge's *aullar uno de esos vomitivos con música llamados tangos, que tan felices hacen a las criadas que no saben leer y a las señoritas analfabetas.)*

11 EL AMOR ME HA INMUNIZADO DEL AMOR

Adoptando un aire falsamente ligero, Pedro de Valdivia acabó de empujar la patineta de su razonamiento:

–Conozco todos los resortes de la mujer y sé a qué zona de su cuerpo o de su espíritu he de dirigirme para provocar la reacción que busco en cada una. He aprendido que todas las mujeres son iguales salvo las diferencias de educación, de tamaño de clítoris y de presión arterial. Y sé todo esto porque veinte años de práctica y 36.847 casos diferentes ilustran a un hombre más que el *Ars amandi,* que el *Cantar de los Cantares* y que el *Kamasutra.*

Suspiró; sorbió el último trago de humo de su segundo cigarrillo, lo aplastó contra el platillo de gres gris y advirtió:

–Pero eso era antes... Antes si necesitaba yo pelear para unir un nuevo nombre a mi catálogo... Antes sí me era imprescindible idear trampas y estratagemas para cazar a esa gacela lasciva que es la mujer.

–¿Y ahora, no? –inquirió Vivola Adamant pasando y repasando su lengüecita por el borde del vaso del «Antiquary».

–Ahora, no –replicó él–. La fama lo hace todo...

Ya no soy yo el que va hacia ellas: de unos años acá, son ellas las que vienen a mí. Un hombre es igual que una casa de modas: al principio tiene que luchar por conseguir clientes, pero cuando ya el crédito está hecho, entonces las clientes llueven sobre la casa y ésta puede permitirse el lujo de elegirlas. Ahora son ellas las que me persiguen, las que me escriben, las que me telegrafían, las que me telefonean, las que me abordan en la calle...

–...como yo –dijo Vivola, volviendo a hacer brillar su mortificante sonrisa de siempre.

–Precisamente... Como usted –confirmó él muy serio.

–Y usted, ¡claro!: sucumbe...

–Sí; yo sucumbo... cuando la cliente me gusta.

¡¡PEDRO, QUIÉREME!! ¡¡ÁMAME, PEDRO!! ¡¡TU AMOR O LA MUERTE!!

Su corazón, como otro corazón cualquiera, se doblegaba ante súplicas que a Vívola le habrían parecido inverosímiles. Cada una de aquellas mujeres pintaba su dolor y su desesperación en los tonos más vivos y ardientes... ¿y de qué manera resistir siempre al bocinazo apremiante de esas voces de angustia?...

EL RESULTADO ERA QUE VALDIVIA SUCUMBÍA

–Un sino bien triste, créame –murmuró Valdivia.

Porque, podía estar segura de ello, el panorama del hombre que había llegado donde él se reducía a soportar caricias años y años para acabar convertido en un esqueleto miserable.

Vivir *para* las mujeres era morir *por* las mujeres.

Pues se daba el caso de que ellas, que son las que hacen nacer los niños, se encargan también de matarlos así que los ven llegados a hombres.

Resumió:

–Mi práctica y mis éxitos sólo me han valido para saber que, de cuantos microbios atentan contra la vida del hombre, la mujer es el microbio más destructor. Y esta vida brillante, este fluir y refluir de amores, este no haber hombre que no me envidie ni mujer que no me ame, ha ido minando mi organismo y sumergiéndome cada día un poco en las arenas movedizas de la neurastenia.

Siguió poniendo su voz al *ralentí*.

–Ya no quiero nada... Ya no espero nada... Me aburro, amiga mía; me aburro como un párroco en una misa de *Réquiem*... Y en cuanto a la Mujer y al Amor... he vivido por ellos y para ellos y he encontrado siempre el vacío y el hielo detrás de todo cuanto imaginé lleno y ardiente. Ya miro a uno y a otro con el interés que puede mirar las verbenas el dueño de un tiro al blanco. ¿El amor? ¿Una terrina de *foie-gras*? ¡Me da lo mismo! ¿La mujer? ¿Un ingeniero agrónomo? ¡Me es igual!

Encendió un tercer cigarrillo y explicó de colofón:

–Ahora, amiga mía, comprenderá usted por qué le dije antes que perdía el tiempo si lo que buscaba era que alborotásemos un lecho juntos. Esto, por mi parte, es ya imposible: *el amor me ha inmunizado del amor*. Y una vez que queda suficientemente enterada de la situación de mi espíritu, es usted libre de explicarme lo que desea de mí y para qué me ha ido a buscar a la puerta del Círculo.

12 BIDÓN Y MEDIO DE AGUA FRÍA SOBRE LAS PARRAFADAS DE PEDRO

Pasó un minuto dando saltos.

Luego Vivola juntó sus manos como si fuera a hacer oración, signo gravísimo en la mujer, apoyó su mejilla izquierda en las manos y soltó sobre Pedro bidón y medio de agua fría.

–Amigo Valdivia –dijo–, le he escuchado a usted durante diez minutos, fingiendo sentir todo el interés que es obligatorio sentir en estos casos, cierta retahíla de lugares comunes que una foca no habría sido capaz de proferir sin ruborizarse. Naturalmente que yo no voy a exigir a usted que tenga tanta sensibilidad como una foca; sería excesivo, pues las focas son superiores al hombre como mamíferos y como malabaristas: me limito a apuntar el hecho. Por lo demás, gastar diez minutos en oír decir lugares comunes a quien, como usted, los dice con cierto arte, no es demasiado sorprendente, sobre todo si se tiene en cuenta que llevo ya gastada media hora en escuchar sin protestar el nauseabundo desperezo de los bandoneones.

Después de lo cual siguió así:

–Le he escuchado fingiendo la natural atención, y en todo momento me ha parecido usted un sacamuelas callejero.

–¿Un sacamuelas callejero? –indagó Valdivia con un tono de voz que pareció que quien había hablado era el eco o un pariente suyo muy lejano.

–Un sacamuelas callejero, sí. Un charlatán de feria, uno de esos oradores que, en las tardes limpias de niebla de Londres, invaden las tribunas del Hyde Park para comentar con gritos apocalípticos el sentido de los Evangelios o para narrar con plañideros suspiros el asesinato de los siete Romanov en Ekaterinenburg...

Y aclaró todavía más:

–Todo lo que usted ha dicho entra en el terreno de lo que yo llamo «bobadas universales». Apuesto a que usted habrá dejado *groggys* a muchas de sus 36.857 con idéntica táctica e igual fuerza de ataque... Es usted el divo que epata a sus contertulios refiriendo los éxitos que tuvo en la *Scala* de Milán, en el Colón de Buenos Aires o en una función celebrada en Manila a beneficio de las doncellas violadas por los piratas de Hong-Kong. Por fortuna, mis pijamas les vendrían anchos a sus admiradoras; yo soy más resistente que todo eso, y en lugar de «caer *groggy*» bajo sus golpes, le hago una advertencia que quizá puede serle útil...

–¿Y es?

–Que para «caer *groggy*» yo necesito un guante de menos onzas y vendajes más duros, querido Valdivia. O de otro modo: que si con sus *advertencias previas* usted quería interesarme, ha perdido el tiempo, como si hubiera pretendido filtrar el agua de...

–...las cataratas del...

–...Niágara. ¿No es su frase?

–Exactamente. Y veo que le ha gustado.

–Siento una gran inclinación hacia los saltos de agua. A uno de ellos debo mi fortuna.

–¿Quizá ese salto le mueve a usted una fábrica de electricidad?

–No; pero ahogó en sus espumas a mi primer amante... El pobre era completamente tonto, y en cuanto desapareció en la catarata, dejó de serlo en absoluto.

–¡El agua lo cura todo!...

–Hay que creer en ello.

–¿De suerte que no la he interesado nada con la reseña de mi situación espiritual?

–Nada, amigo mío. Si no he bostezado al oírle ha sido únicamente porque cuando se bosteza en un *cabaret* se traga mucho polvo.

–¿Y quién le ha dicho a usted que quería interesarla?

–Sus ojos.

–¡Mis ojos! ¡Pchs! Haría usted mal tomando en serio lo que digan dos niñas...

–¿Qué soy yo a su juicio? ¿Una casada alegre?

–No.

–¿Y por qué no?

–Porque el matrimonio es una lima que raspa en las mujeres el interés.

–¡Muy halagador! ¿Una artista que busca emociones nuevas, tipos originales y situaciones extrañas?

–Tampoco.

–¿Por qué?

–Porque las artistas son todas mujeres de una vulgaridad inenarrable.

–¡Más halagador todavía! Entonces, ¿quizá soy para usted una aventura?

–¡Oh, ni mucho menos! Que no lo es usted se descubre a primera vista.

–¿Por mis palabras?

–Por sus cabellos. Las aventureras son todas rubias.

Al llegar aquí Vivola Adamant dejó escapar una carcajada color azul cobalto. La carcajada se desplegó como una bandera y cruzó el salón para ir a enredarse a otras que ya ondulaban en el aire.

–Usted es, en mi concepto –sentenció Valdivia–, una mujer decepcionada. Simplemente.

–Pues bien, querido amigo: eso es lo único razonable que le he oído a usted decir esta noche. Pero decepcionada aún es poco... Soy una mujer tan hastiada de todo que no me he suicidado ya por pereza de apretar el gatillo de la pistola. ¿Le extraña?

–No. ¿Por qué ha de extrañarme? Cuando está uno hastiado de todo se acaba por decidir el suicidio. Y cuando ya se tiene el suicidio decidido, siempre busca uno un obstáculo que impida suicidarse...

13 LA VARIEDAD DE GUISOS ERÓTICOS ME HA ESTROPEADO EL ESTÓMAGO

Ella miró fijamente a Pedro largo rato. Sus ojos le rodearon de una copiosa red de ondas magnéticas, que eran una cosa así:

Deslizó, al fin, los párpados; se echó hacia atrás en la silla, enarcó los brazos con las manos detrás de la nuca, esponjó sus pechos, y suspirando golosamente, como si el aire estuviera compuesto de una mezcla de nitrógeno, oxígeno y lujuria, exclamó:

–También yo, antes de decirle por qué he ido a buscarle a la puerta del Círculo, necesito hacerle algunas «advertencias previas». Por ejemplo: necesito explicarle mi belleza. Tengo ya treinta años –sin olvidar cuatro que estuve en un sanatorio semejante al de usted–, y para conservarme todo lo espléndida y jugosa que yo deseaba, me he limitado a huir de aquello que más envejece y afea a la mujer. ¿No acierta a lo que me refiero?

–Me imagino que querrá referirse a la virtud...

–Precisamente.

Hizo una pausa; recogió sus pensamientos y su vestido de tafetán negro en un movimiento maquinal y, gracias a ello, dejó al aire el arranque de sus muslos y el principio de su explicación:

–La virtud envejece y afea horriblemente a la mujer. Es un espantoso tóxico. Es su peor enemigo. Dos muchachas igualmente hermosas, jóvenes y distinguidas, se separan llorando al concluir sus estudios en un colegio y por rutas opuestas se lanzan a afrontar la vida. Los años pasan sobre ambas con un ritmo diferente; una se ha casado, ha tenido hijos, se ha dedicado por entero al marido y al hogar; en suma: ha conservado la virtud. La otra ha volado de aquí allá, ha pasado de unas manos a otras, ha tenido muchos amantes, ha cambiado de países, de ilusiones, de ideas y de ropa interior infinitas veces; resumiendo: ha hecho de la virtud una pajarita. Pues bien, el resultado es fatal: la última habrá reafirmado su belleza, su juventud y su seducción de un modo portentoso; será un rayo de luz. Y entre tanto, la primera estará gorda, envejecida, mustia y vulgar: será una bestia enferma.

–Completamente de acuerdo –opinó Valdivia–. La pintura es veraz. Lo que más se parece a una tortuga glosopédica es una mujer virtuosa.

Vivola siguió:

–Esto en lo que afecta a mi belleza... En lo que afecta a lo demás, tengo que decirle que los viajes de usted, ese peregrinar continuo, ese conocer todos los países y todas las razas, ese saltar constante de un vagón «Pullman» a su automóvil y de su automóvil a un paquebote de la «Transpacific» y del paquebote a un avión de la «Lindbergh Line» que antes reseñaba como algo extraordinario, resulta una gira a la Virgen de Lourdes o un paseo en gasolinera por la bahía de Vigo si lo comparo con las andanzas que pesan sobre mis hombros. Fue a los quince años cuando mi primer amante celebró la inauguración de mi organismo entre suspiros míos y vivas a Francia de él, pues era un marsellés muy patriota. Desde aquella época vengo dedicándome a un vagabundeo melancólico internacional. Y si a usted le han mancillado los baúles todos los representantes de «Cook», a mí me han mancillado los baúles y los labios esos mismos representantes de «Cook», más los representantes de la «Exprinter», de la «Knickerbocker», de la «Brooke», de la «Lissone Zon» y de la «Florio Soc». Si su nombre ha figurado en innumerables *sailing list*, el mío ha escandalizado a millares de pasajeros de la «Steam Pacific», de la «Lloyd Triestino», de la «Royal Mail Jacket», de la «Koninklijke», de la «SGTM», de los «Chargeurs Reunis» y de la «NGL». Si usted ha roto docenas de ejemplares del *fahr-plan* arrellanado en los vagones especiales de «Prunier», yo he destrozado centenares de tomos del «Reichshandbuch», mientras seducía viajeros de la «Pennsylvania Railroad», de la «PLM», de la «Danubio-Save-Adriático», de la «Golden Arrow» y de la «Southern Railways». Si usted, con los neumáticos de su automóvil ha dibujado seis veces el mapa del mundo, yo lo he dibujado doce, entre virajes cerrados y caricias abiertas, propinadas a compañeros de viaje. Y usted, en sus andanzas internacionales, buscaba mujeres y siempre mujeres, yo me he dedicado a capturar hombres y siempre hombres lo mismo al mirar el Pacífico desde el tajamar de un superextrarrápido, que al atravesar las gargantas del Colorado, que al navegar por el mar de los Sargazos en un *palay*, que al kilometrar la Australia, que al seguir los 30 itinerarios de la «Asti», que al hacer el *Westrogothian tour,* tumbada en una *rockingchair* del *Juno* de la «Göta Canal Steamship». Y todo esto le explicará a usted por qué sus palabras no me han producido emoción ninguna.

Golpeó sus uñitas con la varilla de cristal con que había agitado el «Antiquary» y siguió:

–Finalmente: si tiene en catálogo 36.857 mujeres, sepa usted que yo colecciono los nombres y apellidos de 37.329 hombres.

–¿Me ha ganado usted?

–Sí. He batido su récord por 472 ejemplares más. Y sólo en lo que afecta –por ejemplo– a los negros de Estados Unidos, he consumido ejemplares de la raza en número de 1.642...

–¡Mil seiscientos cuarenta y dos negros!

–¿Qué le parece?

–Una racha, que sólo podía acabar con un *tisse-à-tour*...

–Reserve esa clase de chistes para sus admiradoras, por favor: yo no tengo los nervios preparados para resistirlos. Realmente mil seiscientos cuarenta y dos negros son muchos negros, pero desde niña tuve un temperamento apasionado y una familia muy numerosa, que fue muriéndose escalonadamente. Resultado de esta superabundancia de entierros: que me pasé la juventud empalmando lutos, que vestí de negro desde los dos años hasta los veintitrés y que al llegar a esta edad me hallaba consustanciada y habituada a lo negro; no podía vivir sin lo negro... ¿Qué hacer? Di vueltas al asunto y, por fin, topé con la solución: me dije: Si no llevo negro por fuera, bien puedo llevarlo por dentro... Y me entregué con furia al amor de los hombres negros, agotándolos a razón de 250 por año... Todos morían del pecho, lo cual nunca llegué a explicarme, puesto que el pecho era la parte que menos utilizaba yo de los negros. Y así recorrí toda la América del Norte, desde Illinois (USA) hasta Minnesota (USA), pasando por Texas, Massachusetts, Kansas, Kentucky y Maryland (USA)*. Mi *razzia* erótica dio mucho que hablar y pronto toda la Libre América quedó enterada de ella. Pero en la Libre América el odio al hombre de color estaba entonces en su apogeo máximo, y en lugar de hacerme acreedora a un castigo, me convertí en una heroína popular. Al enterarse de mi conducta exterminadora, el presidente me envió una cariñosa felicitación y dos cajitas de goma de mascar; y la «Sociedad de Afectísimos Amigos y Seguros Servidores de Lynch» me agració con el título de doctora *honoris causa.* Y antes y después y durante mi *razzia,* ¿cómo reseñar los

* Las iniciales USA pueden traducirse por «Un Sitio Americano».

hombres blancos, amarillos, rojos, aceitunados y cobrizos que cayeron en mis brazos?... Imagínese que me he oído llamar jadeantemente *¡¡hermosa mía!!* en sesenta idiomas distintos, a saber:

Español	*Alemán*	*Sueco*	*Esloveno*	*Checo*	*Turco*
Francés	*Portugués*	*Danés*	*Vendo*	*Eslovaco*	*Tártaro*
Inglés	*Romano*	*Flamenco*	*Persa*	*Polaco*	*Galla*
Italiano	*Griego*	*Armenio*	*Búlgaro*	*Rutenio*	*Nubio*
Ruso	*Holandés*	*Curdo*	*Servio croata*	*Indio*	*Magiar*
Manchú	*Anamita*	*Birmano*	*Siamés*	*Tibetano*	*Mogol*
Finlandés	*Árabe*	*Asamés*	*Sindhimarata*	*Cachemirano*	*Bereber*
Albanés	*Ulof*	*Teda*	*Coreano*	*Lituano*	*Gondo*
Japonés	*Papúa*	*Malayo*	*Tagalo*	*Tabanés*	*Cingalés*
Betchuano	*Zulú*	*Chino*	*Kamara*	*Telinga*	*Guyerate*

Y en cuatro dialectos chinos: el *Kiagsú*, el *Tche-Kiang*, el *Hakio* y el *Kuan-hoa*... Mi vida ha sido un *rainbow* de amores, un cóctel de hombres, una *melée* de aventuras. Europa, Asia, África, América, Australia y las regiones polares han caído a mis pies 37.329 veces jurándome amor y aullando de deseo... ¿Se da usted cuenta? 37.329 hombres...

37.329

Mis reservas biológicas no pueden ya más. Si usted está harto de mujeres, yo estoy ya desfallecida de hombres. Y el estudio de esos 37.329 casos me ha enseñado que de todos los animales estúpidos, el animal más estúpido es el hombre, amigo Valdivia... Su vanidad es monstruosa; su orgullo, gigantesco; su soberbia, delirante; su imbecilidad, inaudita, y su poder sexual, un mito griego. El hombre cree seducir y es seducido; piensa conquistar y lo conquistan; se le figura descubrir y lo descubren, imagina dominar y es dominado. Lo que una mujer está pensando jamás lo comprende un hombre; el porqué de sus actos, tampoco, y el alcance de sus palabras, mucho menos. El Rey de la Creación es una hormiga con sombrero flexible. Si tonto, abruma; si listo, hastía; si inteligente, se hace irresistible. Cuando es fuerte, molesta; cuando es débil, da risa; cuando es guapo, indigna, y cuando es feo, causa náuseas.

Añadió tajante:

–La mujer después de crear al hombre le hace perecer; es cierto. Yo he hecho perecer a millares de ellos, arruinándolos físicamente o económicamente. Y ¿qué? Tal conducta tiene su lógica: es un arrepentimiento. Porque el hombre es una mala bestia tan grande, que la mujer, después de crearlo, comprende que su deber es corregir la equivocación. Y lo destruye.

Concluyó:

–Y ahora se dará cuenta de que si a usted el amor le ha inmunizado del amor, a mí la variedad de guisos eróticos me ha estropeado el estómago.

Calló. Calló como callan todas las personas cuando ya no tienen nada que decir: cerrando la boca.

Y una pregunta de Valdivia
partió como una saeta:

PERO Y ENTONCES... ¿POR QUÉ?...

Y una pregunta de Vivola partió
también como otra saeta:

¿POR QUÉ HE IDO A BUSCARLE?

–Exactamente.

–Pues...

Y Vivola inició una explicación de tercer acto.

14 SE LLEGA A LA TOTAL SEMEJANZA DE ESPÍRITUS

Las miradas fijas en su vaso.

El semblante invadido por una dulce e insólita gravedad.

Habló como si se dirigiera al líquido en vez de al hombre; pero pronunciando el nombre del hombre en vez del nombre del líquido; véase:

–Pedro...

Y bajando la voz ocho peldaños más:

–Pedro... La vida es tan estúpida y sus desengaños tan feroces y tan implacables, que si cada cual no buscase el consuelo de un espíritu semejante al suyo, todos los humanos acabarían muriéndose de desesperación.

–Eso es muy cierto. ¿Por qué no se muere la gente por esas calles? Y si se mueren, ¿por qué no vemos los cadáveres? He pensado frecuentemente en ello, y lo que más me ha extrañado siempre es no encontrar cadáveres en las aceras cuando salgo a dar mi paseo matinal.

Aventuró:

–Pero acaso lo que sucede es que los recogen los barrenderos... O quizá...

Vivola no le dejó lanzar nuevas hipótesis sobre la desaparición de cadáveres.

–Esos espíritus semejantes –siguió– se unen, se funden, se permutan sus dolores, sus desfallecimientos y sus ansias, y esto les da fuerzas para seguir viviendo...

–Sí. Probablemente la semejanza de espíritus es el reconstituyente por antonomasia, una especie de «Compuesto Vegetal de Lidya Pinkham»...

–Pero hasta las doce de la noche de hoy había dos espíritus semejantes en el mundo que vivían desunidos, llorando cada uno por su lado las negras lágrimas del desconsuelo infinito: usted y yo; Pedro de Valdivia y Vivola Adamant.

–Pedro de Valdivia y Vivola Adamant –repitió él–. ¡Qué bien suenan esos dos nombres!

(Las orquestas –aunque peor que aquellos nombres– también seguían sonando. Y aún burbujeaba el champagne en mesas a las que acudían bandadas de tanguistas. –Había labios angelicales que modulaban palabrotas. –Las cintas telegráficas de muchas serpentinas enviaban de palco a palco mensajes policromos.– E incluso varios parroquianos se emborrachaban... Como en las películas de la «Ufa»).

–Y ¿está usted segura, Vivola, de que nuestros espíritus son semejantes?

Siguió a esto un silencio de ácido prúsico.

–¿Ya no se acuerda de que yo tengo un concepto vil de los hombres y usted lo tiene de las mujeres? ¿No es usted rico, libre y soltero?

–Sí.

–Yo, también. ¿No es usted guapo y elegante?

–Las mujeres me lo han hecho creer al mirarme siempre con amor y entusiasmo.

–También las mujeres me han hecho creer a mí que lo soy al mirarme con odio. Ya ve que hasta aquí coincidimos... Más datos: ¿no está usted harto de la vida, aun después de reconocer que su vida ha sido exquisita?

–Sí.

–Como yo. Y luego de viajar por todo el mundo a la captura de sensaciones dichosas, ¿no ha acabado por resolver la inmovilidad en cualquier sitio, convencido de que las sensaciones dichosas sólo se enroscan a los corazones ingenuos?

–Sí.

–Igual que yo, igual que yo... ¿Y no ha seducido usted miles de mujeres mientras yo seducía miles de hombres?

–Sí.

–¿Y no se siente inmunizado del amor exactamente como yo me siento?

–Yes –contestó él, que ya se cansaba de decir *sí*.

Hubo una pausa; una de esas pausas que tan necesarias son en las novelas para que el lector encienda un cigarrillo y la lectora mordisquee un bombón *(aunque suele ocurrir que la lectora sufre de diabetes y el lector no fuma)*.

Vivola apoyó en los brazos de él sus lívidas manos, que resaltaron de las negruras del *smoking* igual que dos gaviotas nocturnas posadas sobre el casco de un velero de Ondárroa.

Y quedaron un momento en aquella postura, finísimos; las pupilas de agua de lago removida con un palito junto a los ojos negros, tan negros como una sotana colgada en el interior de un túnel. Y él bebió el terrible aroma de heliotropo, que hacía creer que una puerta acababa de abrirse sobre las frondas de Lottino; y ella aspiró la fragancia masculina, refinada por tanto dormir sobre cabellos de mujer.

Se miraron mucho, profundamente, sin pestañear; igual que lapidarios entendidos que tropezaran de pronto con el Gran Mogol, el Orlón o el Regente....

Y se notaron absolutamente iguales; decididamente semejantes. Unidos.

Si alguien hubiera buscado en lo hondo de sus cerebros, en esa zona pura adonde no llega la hiel del *snobismo*, ni el veneno de lo escéptico, ni el tósigo de la literatura, ni la serpiente del fingimiento, ni la hidra del amor propio, se hubiera encontrado en los dos la misma frase luminosa:

Pero ¿quién era capaz de buscar en lo hondo de sus cerebros?

Y en la superficie ambos estaban barnizados de *snobismo*, de fingimiento, de literatura, de escepticismo y de amor propio. Y de infinito cansancio.

Y ambos carecían, sobre todo, de ingenuidad, esa facultad maravillosa, con la cual se puede llegar a saber Economía Política, a creer en los depilatorios, a enamorarse locamente o a inventar un nuevo modelo de submarino.

15

SE MARCHAN, PERO NO SE SEPARAN

–Somos semejantes, Pedro; efectivamente –resumió Vivola–, y estábamos llamados a buscarnos y a unirnos. Pero esta unión es imposible. ¿Quieres saber la verdad? Me aburres. No me interesas.

–Igual que tú a mí, Vivola.

–Comprendo que puedas interesar a las demás mujeres...; pero a mí... ¡A mí, es imposible! ¡Imposible!... Soy un producto exasperado. Soy una *destilación* de mujer. ¿Has conocido alguna criatura como yo, con los músculos endurecidos por el deporte, los nervios agotados por el exceso de fluidos y de sensaciones, el cerebro hiperestesiado por los viajes y las ideas, el estómago deshecho por el cóctel y el *whisky,* el rostro exprimido por el masajista y los deleites de millares de alcobas, los senos rectificados por el cirujano, la matriz desviada por el malthusianismo, el alma dispersa por el análisis, las axilas depiladas por la electrólisis, el olfato estragado por el benzol, el subconsciente violado por Freud, los cabellos torturados por «Marcel», el cuerpo amasado por «Cheruit» y el aura quimificada por «Guerlain»? Confiesa que, aun habiendo de todo, entre tus 36.857 víctimas no había ningún ejemplar como yo. Por consecuencia, tu éxito tampoco puede ser igual. A las demás, las entusiasmabas. A mí, me hastías. Cuando te miro es como si yo misma me mirara en un espejo. Y yo estoy harta de verme en todos los espejos del mundo: incluidos los de los reservados de «Peacock». Pero esta derrota no debe desanimarte, Pedro. Tú sigues siendo un gran seductor; soy yo quien es imposible de seducir. Antes has hablado del *Ars amandi*, del *Cantar de los Cantares* y del *Kamasutra.* ¡Pobre Ovidio! ¡Pobre Salomón! ¡Pobre Vastsiayana! ¡De bien poco les habría servido su ciencia frente a mí!... Si hubieran pretendido conquistarme, aquellos tres clásicos del amor habrían tenido que declararse tan impotentes como Enrique IV.

Suspiró:

–¡En fin!...

Levantóse.

Pedro se apresuró a empaquetarla en el rata polar.

–Separémonos... La desilusión me desfallece.

–Vámonos. Sí. Me rinde el sueño...

Pero Vivola no adelantó un solo paso. Apoyóse en la mesita y se llevó la otra mano a la frente.

–¿Qué hacer ahora? –se la oyó susurrar–. En medio del caos de tristeza, de hastío, de desaliento y de tedio de mi vida, tú eras la única esperanza. Cada vez que arrastrado por la fama llegaba tu nombre a mis oídos, yo me decía: *Me falta probarlo a él... Él, tan semejante a mí; es seguramente mi «otro yo» mi segunda mitad, mi complemento, mi «media naranja». Sólo con él podré llegar a un delicioso y consolador* bread and butter...*.

Agregó:

–Y he aquí que hoy compruebo que tampoco tú... ¡tampoco tú!

Gimió:

–¡Es horrible! ¡¡Horrible!! (*Sepultó su cabecita en las pieles; enarcó sus cejas diabólicas.*) Ya sí que no me queda otro recurso que el suicidio...

Y Valdivia, que no había perdido un instante la serenidad y se mantenía firme en su táctica, exclamó mientras avisaba con un gesto al camarero:

–Para el caso de que te decidas por el suicidio, te recomiendo el cianuro potásico. Es infalible.

Pagó.

Y le gastó unas bromas al camarero, después de haberse gastado unos duros asimismo. Encendió el cigarrillo número cuatro.Y apremió:

–En marcha...

Vivola, en lugar de salir, propuso melancólicamente:

–Pienso que quizá valga más separarse lentamente de la última esperanza fallida. Demos un paseo por el campo, Pedro...

Valdivia sonrió con la sonrisa del que comprueba que el total de una suma es exacto a lo que calculaba. Esperaba esto... Y dijo:

–Muy bien.

–Pero solos; sin chófer...

–Perfectamente.

–¿En tu coche o en el mío?

–Sorteemos.

–¿De qué manera?

–Yo salpicaré el mantelillo con soda. Si las gotas que caigan resultan pares, vamos en tu coche; si resultan impares, en el mío.

Cogió por la panza el botellín de soda y lo agitó sobre el mantel. Cayeron varias gotas.

Pero –¡cosas del azar!– no resultaron pares ni impares.

En vista de lo cual ella decidió que fueran en el coche de él, con uno de esos impulsos románticos que tienen las mujeres cuando se trata de ahorrar gasolina.

---

* Versión inglesa del castellano «contigo pan y cebolla», que escrito y dicho en español hace feísimo. *(Una mujer tan refinada como Vivola no tenía más remedio que decirlo en inglés.)*

3

CUANDO DOS SERES ESTÁN UNIDOS ES CUANDO SE HALLAN EN MAYOR PELIGRO DE SEPARARSE

16 EMANACIONES POÉTICAS DE UN PAISAJE SILENCIOSO Y NOCTURNO

Despidieron al chófer. Subieron al «Lincoln».

Luz. Contacto. Puesta en marcha. Pedal. Palanca encajada en primera.

–¿Adónde vamos?

–Al Pardo. A estas horas los árboles tienen un prestigio fantasmal.

Buscaron la carretera del Pardo por la Moncloa.

Pasaron ante la estatua de Daoíz y de Velarde, aquellos gloriosos amantes que tan alto pusieron el nombre de España. Frondas; más frondas; un estanque. La casa de Velázquez (pero no se veía a don Diego por ningún sitio). Una escuela. Una granja. Una cuesta. El enlace –canónico– con la carretera general. Puerta de Hierro. Las luces insolentes de los oasis de aprovisionamiento. A la izquierda una curva atrevida que iba a buscar –al fin, mujer– a un puente tímido. Siguieron la recta igual que los tiralíneas.

Habían entrado en la carretera del Pardo.

La noche era dulce, perfumada y espesa, como un flan.

El aire se doblegaba bajo una carga excesiva de aromas campestres y la brisa saludaba al viajero con sus caricias frescas, de una frescura de adúltera.

Vivola susurró de un modo que se acompasaba a la marcha del coche; cierta estrofa perdida –y hallada– en su memoria:

El viento llora notas de una vieja canción,
y con sus finas púas se obstina en ondular
las verdes cabelleras que forman el pinar
(porque los pinos llevan el pelo a lo garçon).

Sonrieron, mientras el último verso se deshilachaba en la lejanía:

PORQUE LOS PINOS LLEVAN EL PELO A LO GARÇON...

Y él dijo:

–De quién es eso?

–De Jardiel Poncela.

–¿El literato?

–No. El que escribe.

–¡Ah!

El coche se deslizaba con un ronroneo humano, con una especie de sopor, acogedor y tibio; dentro, todo era suave, blando y amable; y del búcaro de cristal se escapaba una emanación de rosas y molicie.

Valdivia apagó las luces del salpicadero; y quedaron sumergidos en una semioscuridad en la que apenas brillaban las pupilas sobre la lividez de los rostros y un lacito de *strass* sobre la negra cabellera de Vivola.

Grandes anillos blancos abrazaban los troncos de los árboles y estos cinturones nítidos se perdían en dos filas, camino del horizonte, intentando juntarse y sin lograrlo nunca: como los seres hambrientos de ideal.

(*–¿Es que hay seres de ésos?*

–No. Pero conviene redondear los párrafos.)

Miríadas de puntitos incandescentes esmerilaban el cielo, y una luna biselada en cuarto menguante hacía encaje de Valenciennes en las copas de los árboles más altos.

La poesía, esa cortesana impúdica, acudía en auxilio de Pedro derramando sus filtros ponzoñosos sobre la cabecita de Vivola, que suspiró:

–Estar siempre así...

17 PEDRO INVITA A VIVOLA A LLORAR DIEZ MINUTOS

Y él murmuró muy bajito:

–Vivola...

(Porque no ignoraba que las mujeres, aun en los momentos en que no quieren oír ninguna palabra, oyen siempre con gusto su propio nombre.)

Y respondió ella con un soplo de voz:

–Pedro...
–Vivola...
–Pedro...
–Vivola...
–Pedro...
–Vivola...
–Pedro...
–Vivola...
–Pedro...

Cuando él hubo pronunciado el nombre de ella –y ella el nombre de él– por espacio de tres kilómetros ya se los habían aprendido, y Valdivia exclamó mansamente:

–Ni tú ni yo tenemos esperanzas de dicha, es cierto; pero el ansia de ser feliz está tan hincada en nuestro corazón, que...

Dos deditos le taparon la boca.

–Calla, calla... No destruyamos la dicha ficticia de estos momentos.

Calló, dándose cuenta de que el terreno no estaba firme por aquel lado, y volvió el silencio más profundo y más cargado de romanticismo *triple-sec;* pero de improviso se oyeron sollozos.

–¿Lloras, Pedro? –indagó Vivola estremeciéndose sin querer.

–Sí. No es mi hora. Pero, a pesar de eso, lloro. Si te molesto...

–¡No, no!

–Gracias.

Y siguió llorando dos kilómetros y medio todavía.

A los dos kilómetros y medio, se enjugó las lágrimas con los cabellos de ella y susurró, como si hablase consigo mismo:

–En el fondo todos fingimos y nos engañamos...

Y puesto que ella no replicaba nada, continuó:

–La virilidad, la experiencia, la solidez del hombre, su dureza aparente, su resistencia, su fuerza... ¡todo mentira! ¡Una mentira imbécil! El hombre es una pobre criatura desvalida que se mortifica por parecer de acero. Y todos los hombres necesitamos llorar... ¡Oh, Vivola! Si yo te dijera... ¡Si yo te dijera!

Se pasó por los párpados la mano izquierda (igual que un chico al que han castigado en la escuela por no saberse la historia de Amílcar Barca) y maniobró diestramente con la derecha (igual que un chófer que no quiere dejarse las narices incrustadas en un árbol).

Y confesó:

–Yo lloro mucho. Lloro todos los días: de cinco a siete.

–También yo lloro –declaró ella–. Pero yo lloro de cuatro a seis, porque a las siete viene la manicura.

–¡Siempre es una mujer la que no nos permite llorar a gusto! Y el llanto te consuela, ¿no es cierto?

–Sí. Me consuela casi tanto como... ver llorar a los demás.

–Ver llorar a los demás produce una alegría intensísima. Pero llorar uno mismo es muy hermoso. ¿Quieres que pare el coche y lloremos diez o doce minutos, Vivola? –propuso, levantando el pie del acelerador.

–No. Sigamos. Vale más seguir, Pedro...

Y siguieron; ella, impasible; él, contrariado de que acabase de estropeársele una oportunidad magnífica.

(Porque Valdivia sabía perfectamente que cuando la mujer llora, todas sus glándulas funcionan al unísono y se halla en condiciones inmejorables para que el compañero de llanto la seduzca.)

18 CUPIDO ENVENENA SUS FLECHAS A LA USANZA MAORÍ

Pero se alegró en seguida, cuando oyó decir a Vivola, que le miraba por entre los sutiles cañamazos de sus pestañas:

–¡Ah, Pedro! ¡Qué pena que no me intereses ni me gustes!

–Sí, Vivola; ¡es una pena! Y aún es mayor pena que yo no sea capaz de enamorarme, pues si lo fuera, ahora te abrazaría así...

Y abarcó con su mano derecha el seno derecho de ella, oprimiéndolo deleitosamente.

–¿Es posible?

–Sí, Vivola. Y así también...

Y abriendo más su mano, abarcó de igual modo el seno izquierdo.

–¡Oh, Pedro! ¡Qué pena, qué pena que ni nos gustemos ni tengamos ya fuerzas para creer en el amor!...

–Quizá sea mejor, Vivola –replicó Valdivia estrujándole hábilmente los dos senos a un tiempo y haciéndolos rodar bajo sus manos–. Quizá sea mejor. Tú sabes tan bien como yo que del Amor y la Ilusión, dos seres hermosos, nace siempre un hijo horrible: el Hastío *(Y le oprimió el vértice del seno izquierdo)*. Imagina que ya nos hemos amado, que ya hemos caído uno en brazos del otro. *(Y le oprimió el vértice del seno derecho.)* Qué días febriles, ¿verdad? ¡Qué horas divinas! *(Y le deslizó la mano por la espalda.)* Después que los espíritus, se unen los cuerpos... ¡Época delirante! *(Y subió la mano hasta la nuca, lentísimamente.)* Cada jornada nos parecería demasiado corta para repetir frases ardientes y conceptos arrulladores. *(Y bajó la mano a lo largo de la espalda y la paseó por el talle.)* Los besos correrían a lo largo de los cuerpos desnudos; ya formarían collares en mi garganta; ya en tu boca no cabrían más... *(Y le pasó los labios por el cuello).* Explosiones de amor; diarias explosiones de amor, seguidas de una languidez romántica y escoltadas de nuevas explosiones... Esto una semana, y otra, y otra... Pero ¿y después? *(Y la besó en la garganta y en los hombros.)* Después... fatalmente, inexorablemente, el termómetro bajaría. Un día llegaríamos tarde a la cita. Otro día faltaríamos en absoluto. *(Y volvió a insistir en los senos.)* Luego buscaríamos amistades, declarándonos mutuamente: «Es que estamos tan solos...» La carne, que tiranizaba, nos daría treguas progresivamente largas. El atado de los espíritus comenzaría a ceder también. Lo poetizado se prosificaría; lo idealizado en oro se haría realidad de *doublé*. *(Y la besó en la nuca.)* Vendrían galopando y piafando los corceles de los reproches, y sus cascos de acero irían dejando escritas en el polvo de la fatiga frases feroces: «Tú antes no eras así...» –«Tú en otro tiempo no hacías tal cosa.»– «Al principio me decías aquello.» –«Te encuentro variado.»–«Pareces otra...» *(Y la besó en el oído paladeando sus sienes.)* Luego... Luego vendría el fin... Una separación de ésas en las que todo se mustia, se envilece, se mancha y sucumbe... *(Y le acarició los muslos.)* Por último, para demostrarnos que no nos importábamos, tú buscarías otro hombre y yo buscaría otra mujer. Y ya entre los dos habría para siempre un negro y pestilente lago: el odio. *(Y la.. Y la.. Y la...)*

19

NO SE DEBE HABLAR
CON EL CONDUCTOR

Por fin, gracias a la palabra y al tacto habilísimo de Valdivia, Vivola Adamant quedó convencida de dos cosas:

1.ª QUE ERA MEJOR QUE ENTRE AMBOS NO EXISTIESE RELACIÓN PASIONAL ALGUNA, Y

2.ª QUE SUS NERVIOS IBAN A ESTALLAR DE UN MOMENTO A OTRO.

Y así, cuando Pedro, que espiaba hacia rato la segunda reacción, se volvió hacia ella para besarla, ella consintió, advirtiendo:

–Pero, ¡cuidado, Pedro! A ver qué beso vas a darme...

–Un beso de amigo.

–Es demasiado, porque la amistad es el *hall* del amor.

–Un beso de hermano...

Ella protestó sonriendo:
–¿Estás seguro de haberme dado un beso de hermano?
–Sí. De hermano incestuoso.
Pidió aún más besos...
–T-e-n... To-m-a...
Y después de aquello.

¡¡PLAF...!!

Se fueron de cabeza a la cuneta...

(Hacía rato que nos lo estábamos temiendo, porque el «Lincoln» iba haciendo unas eses terribles).

20 LOS AUTOMOVILISTAS SON COMO HERMANOS

Ella emitió un alarido. *(¿Para demostrar pánico? ¿Para advertir a Pedro? ¿Para asustar al coche? ¿O para ablandar a la cuneta? Nunca pudo saberse.)* Pero emitió un alarido tan grande, tan grande, que va a ocupar media página:

YA

Y él hundió sus dos pies hasta el fondo de los pedales, tiró del freno de mano y cerró el contacto. *(Hizo, en fin, cuanto aconseja Harry Ford que se haga para detener sus coches.)*

El «Lincoln» sufrió todavía una sacudida agónica y por fin se detuvo. Y quedó con sus ruedas laterales dentro de la cuneta y con una inclinación derecha de cuarenta y dos grados y dos minutos. No había dado la vuelta por no marearse.

Ella exclamó, acordándose de Dios *(segunda vez en su vida):*

–¡Dios mio!

Y él dijo claramente estas tres cosas:

–¡......! ¡¡..............!! ¡¡¡..............................!!!

(Agregando a continuación otras parecidas que no copiamos, porque hay bastante ya con las tres que quedan estampadas.)

–Allí viene un coche –anunció Vivola–. Vamos a pararlo para que nos ayuden.

Ganaron el centro de la carretera e hicieron toda clase de señas al auto que avanzaba.

Y tuvieron que apartarse de un salto, porque el coche pasó como una tormenta, sin detenerse.

. . . .

En un cuarto de hora desfilaron cuatro coches más, los cuales, al pasar junto al «Lincoln» volcado, aceleraban vertiginosamente.

Al cabo, Vivola y Pedro hicieron señales a otro, que se detuvo. Iba ocupado por tres jóvenes. Y estos jóvenes contemplaron el auto metido en la cuneta, miraron a Pedro y a Vivola con profunda lástima y les dijeron:

–¡Vaya un golpazo!, ¿eh?

Después de lo cual reanudaron su camino.

. . . .

Era la una y veinte de la mañana.

A las dos y cinco hacían señas a una camioneta. La camioneta moderó la marcha, y cuando estuvo a la vera de los náufragos, una voz salió de ella dirigiéndose a Pedro; la voz clamó:

–¡A ver si aprendemos a conducir!

Y el vehículo se alejó trepidando.

. . . .

Al rato se detuvo un coche rojo, y su ocupante, alto, finísimo y bien portado, echó pie a tierra

–Buenas noches... ¿Qué? ¿Vuelco?

–Iba distraído... Un mal viraje...–se disculpó Valdivia.
El caballero del coche rojo miró a Vivola y sonrió discretamente.
–Se explica el vuelco –murmuró–. ¿Hav averías?
Brilló una linterna de bolsillo y los tres se agazaparon en la cuneta.
–¡Hum! –susurró el viajero–. Me temo mucho...

— { ¿Qué?
¿Qué?

–La diferencial está empotrada en el suelo. Malo... Estos coches yanquis son flojos. Tiran; pero son flojos. El mejor coche es el europeo. Un «Rolls»; lo mejor es un «Rolls».

Volvió a inclinarse; agitó la cabeza; apagó la linterna y dijo:

–Créanme ustedes a mí, que entiendo de esto. Cómprense ustedes un «Rolls» mañana mismo.

Subió al auto rojo nuevamente.

–¡Buenas noches!

Y se fue.

. . . .

Tres minutos más tarde un coche pequeñito, que sonaba al andar como un almacén de clavos con ruedas, frenó junto a ellos. Iba conducido por un señor grueso y sudoroso que se quitó el sombrero amablemente y dijo:

–Es esta la carretera del Pardo, ¿verdad? Muchas gracias... ¡Adiós!

Y desapareció carretera adelante sin cesar en sus ruidos de almacén de clavos con ruedas.

. . . .

–¡Los automóviles! ¡Hum!... Después de todo, los automóviles son iguales que las mujeres...

Ella sonrió compasiva.

–¿Por qué los automóviles son iguales que las mujeres, Pedro?

Y él le ofreció diez razones que lo demostraban:

I. Porque para ir bien tienen que ir recién pintados.

II. Porque envejecen con el uso rápidamente.

III. Porque hay que gastarse un dineral en calzarlos.

IV. Porque se comete un disparate dejándolos en poder de los amigos.

V. Porque cuando son bonitos y elegantes dan importancia social.

VI. Porque es frecuente que «dejen en mitad del camino» al propietario.

VII. Porque tienen ojos y no ven.

VIII. Porque nadie es capaz de escudriñar con éxito en su interior.

IX. Porque no pueden prescindir de llevar encima alguna esencia...
X. Y porque, a la larga, acaba uno siempre por tener un choque con ellos.

Las risas de Vivola se diluyeron en el campo dormido.

Y sólo cesó de reír cuando murmuró paladeando sus propias frases:

–Se te ha olvidado un importantísimo detalle por el cual se ve que las mujeres y los automóviles se diferencian totalmente.

–¿Y es?

–Que a los automóviles se les puede conducir por el lado izquierdo, mientras que a las mujeres por el «lado izquierdo» no se las puede conducir jamás...

21

PARA ACABAR UNA COSA
NO HAY CAMINO MAS RECTO
QUE EMPEZARLA

Estuvieron mucho tiempo callados, sentados en la cuneta, como dos peones camineros, resistiendo en los hombros la gravitación de la noche.

Sonó al fin la voz de ella, como las trompetas de Jericó el día del célebre terremoto.

–Para acabar una cosa, Pedro, no hay camino más recto que empezarla... Empezado nuestro paseo en auto, ya está acabado... ¿Valía la pena de haberlo empezado siquiera?

Aún se defendió un momento, a conciencia de que se hallaba ante un Waterloo inevitable:

–Durante él, Vivola, hemos vivido unos minutos encantadores...

–¿Y qué? El encanto ha muerto. Y ha muerto de la peor manera que una cosa del alma puede morir: ahorcado por lo grotesco.

Era verdad.

(Una mujer os dirá siempre la verdad, salvo en el caso, naturalmente, de que la verdad sea agradable.)

–Para acabar cualquier cosa no hay camino más recto que empezarla... Y empezada nuestra amistad, nuestra amistad concluye... No había logrado interesarme, pero hace un momento estabas en trance de lograr algo tan importante como lo otro: excitarme. Dos kilómetros más y yo misma te hubiera rogado que detuvieras el coche para entregarme a ti ahí, en mitad del campo, entre sábanas de brisa, sobre colchones de césped y bajo lámparas de estrellas... Pero has sido torpe, Pedro. Has descuidado el volante y el *boudoir,* donde nuestro amor se prologaba, ha quedado empotrado en la cuneta. En un hombre cualquiera, el descuido sería disculpable, pues atender a mi boca explica el desatender un volante; pero en ti no hay disculpa posible. Tu obligación de seductor era prever la posibilidad de este desastroso final y excitarte con mis besos sin dejar de virar bien en las curvas. Has fracasado por segunda vez. Ahora sí que ya es todo imposible entre nosotros.

Pedro no contestó nada. ¿Para qué? También él comprendía que entre ellos todo era ya imposible. *(Porque un idilio que nace resiste a la grosería, a la ingenuidad, al desprecio, a la rivalidad, a la fealdad, a la vulgaridad, al tedio, a todo. A todo, menos al ridículo.)* Y acabar en la cuneta un paseo romántico de automóvil, pidiendo auxilio infructuosamente a los que pasan, es lo más ridículo del mundo.

No contestó nada. Ni dijo nada cuando, instantes después, vio a Vivola Adamant acercarse a otro coche recién llegado y pedirles a sus ocupantes:

–¿Serían ustedes tan amables que me volvieran a Madrid?

Sólo en el momento en que ella se sentaba se le ocurrió una última estratagema y, tomando a Vivola por la mano y procurando dar a su voz un temblor de temor y de angustia, exclamó:

–Vivola... Prométeme una cosa...

–Di...

–Que no vas a suicidarte.

Ella dejó caer los párpados. La lanzada era tan certera, que por unos segundos dudó en quedarse. *(Porque no hay mujer a quien no seduzca la idea de hablar un rato con el homnbre acerca de su futuro suicidio, haciéndose la víctima y aunque el hombre no le importe ni ella –¡naturalmente!– piense suicidarse de veras.)* Pero los rostros burlones de los ocupantes del automóvil, fijos en ellos, la hicieron reaccionar.

Y exclamó entre dos carcajadas sarcásticas:

–¡Oh! No te inquietes... Para morir no firmaré nunca letras a plazo fijo...

Rió otra vez, agregando:

–Que seas feliz... si las cunetas te lo permiten.

El auto partió. Y cuando se perdió en la noche, las risas de ella se envolvieron en rugidos de *claxon*.

. . . .

Y Valdivia quedó solo en la carretera.

Totalmente absorto. Pensando si no iba a constituir para él la primera amargura de la vida el que la mujer 36.858 se resistiese a figurar en su catálogo.

FIN DE LA PRIMERA PARTE

SEGUNDA PARTE

DONDE CONOCEMOS LA VIDA Y MILAGROS DEL DON JUAN QUE SE LLAMA PEDRO

1

NACIMIENTO, INFANCIA, ADOLESCENDIA Y PRIMER AMOR DE PEDRO DE VALDIVIA

1 EN EL CASTILLO DE SAGARRETERRAT

Los primeros años

En **1889**
nació Pedro, el cual lo hizo al modo clásico: dando gritos, poniendo en conmoción la casa entera y agotando todas las provisiones de sábanas.

El médico dijo al verle:

—Es un niño.

El padre:

—Es un Valdivia.

La madre:

—Es un sol.

Y el tío Félix:

—Es una facha.

1890 Primer año de vida. Imposibilidad materna de crianza (lo de siempre en las familias ricas). Amas. Todas las amas existen en las tres provincias vascongadas. Aumento de peso en el niño y disminución de peso en las amas.

1891 Segundo año de vida. Pedro empezó a hablar; y como lo hacía balbuciendo y en vasco, parecía una pianola.

1892 Pedro cumplió tres años. Hecho saliente: le recortó las orejas a un gato. Hecho milagroso: salió ileso de entre las patas del gato por intervención de las «Potencias Divinas Amparadoras de la Infancia, Sociedad Anónima». Crecimiento.

1893 Cuatro años. Frecuentes inspecciones oculares al castillo. Descubrimiento de objetos extraños perdidos en los rincones de los desvanes*. Continuación del crecimiento.

1894 Pedro cumplió cinco años con la misma indiferencia con que ya había cumplido antes cuatro, tres, dos y uno. Creció todavía más, demostrando con ello una virtud congénita: la perseverancia.

1895 ¿Crisis del carácter? ¿Resultado del crecimiento excesivo? ¿Herencia patológica? ¿Anemia? Nunca se supo la causa; pero Pedro varió de carácter en absoluto y quedó despachurrado bajo la maza de la melancolía.

1896-1899 Cuatro años grises. Durante ellos, Pedro creció más, y vagó por el parque de Sagarreterrat como una sombra no producida por el sol. Siempre embutido en sus trajecitos de terciopelo con cuello de encaje, contemplaba cómo los cisnes navegaban al remo y a la vela, se detenía a oír susurrar el viento en los árboles y hacía –en fin– lo que habría hecho un hijo de lord Byron, si lord Byron hubiera sido lo bastante insensato para tener hijos. Se le olvidó jugar; empezó a fatigarse de subir escaleras y a preocuparse por besarles la mano a todos los sacerdotes que veía.

Es decir: se convirtió en un niño repugnante.

1900 Principio de siglo. Pedro se enamoró por primera vez. ¿De quién?

Vamos a decirlo de un golpe:

Se enamoró de la emperatriz Isabel de Portugal, muerta de parto en Toledo en 1539.

El primer amor.

El retrato de ella, pintado de dos mil pinceladas por el Tiziano y colgado de tres martillazos por el tío Félix, ocupaba el testero de Poniente del «salón rojo» del castillo.

Pedro tenía entonces once años. Y la emperatriz (entre los que ella había vivido y los que le permitió seguir viviendo el Tiziano) acababa de cumplir trescientos noventa y cuatro.

ISABEL DE PORTUGAL
Emperatriz de España y de Alemania.–394 años.

* Por ejemplo: un cinturón de castidad con aparato de relojería para saber los minutos que su portadora le había sido infiel al esposo; una silla de montar giratoria que servía para volverse rápidamente contra el enemigo en los torneos; una cerradura de la puerta de una plaza fuerte provista de un diminuto fonógrafo que al introducir llaves extrañas, gritaba: «¡Los españoles no nos rendimos jamás!», etc., etc., muestras todas de un pasado de gloria y de esplendor histórico, del que tenían por fuerza que enorgullecerse los Valdivia y que le dejaban al niño turulato.

Pero se conservaba bien y no los representaba*.

El que sí representaba su papel de enamorado era Pedro.

Pasaba horas y horas extasiado ante aquella dulce emperatriz, cuyas manos eucarísticas se desmayaban sobre los brocados de Flandes, como se desmayan las novicias de los conventos cuando la madre superiora suelta un gallo en la letanía.

Miraba y remiraba Pedro aquella carita pálida y aquellos ojos que soñaban con una felicidad imposible, y por las noches creía sorprender a la emperatriz entrando en su alcoba y despidiéndole con un beso en la frente.

Se puso pálido y triste, todo lo triste y pálido que les tolera la Naturaleza a los niños de once años cumplidos.

Y al saltar del lecho por las mañanas corría a saludar a su amada, con el corazón paralizado:

–Buenos días, Isabel...

Y por las tardes se metía en cualquier rincón a suspirar perdidamente con los ojos en blanco:

–Isabel... Isabel... Isabel...

Y en dos meses llenó todas las paredes, los muebles y las tapicerías del castillo de infinitos

ISABEL...
ISABEL...
ISABEL...
ISABEL...
ISABEL...

(San Francisco de Borja venido a menos.)

Hasta que cierta mañana, Pedro –que era ignorante como el primogénito de un pedagogo– tuvo la mala ocurrencia de ponerse a leer una Historia de España. Y en aquel tomo, que constaba de doble número de erratas que de páginas, descubrió la horrenda verdad.

Isabel era casada.

Casada, sí.

¡Oh! Allí lo decía bien claro. Casada con un emperador lioso que unas veces se llamaba Carlos I y otras Carlos V.

¡Casada!

¡Isabel, casada!

Salió al parque desesperado, dándose de narices en los árboles y creyendo que los cisnes eran paquetes de algodón hidrófilo.

Rugió con la entonación de Enrique Borrás:

«¡¡Casada!!»

* Lo que no debe asombrar a nadie, porque si las mujeres parecen más jóvenes de lo que son cuando se pintan bien, ¿qué aire juvenil no sería el de la Emperatriz, a la que había pintado un maestro de la talla de Tiziano?...

Y después pensó tambaleándose, con la imaginación puesta en Isabel y en Carlos:

«¡¡Y se acostarían juntos, como el jardinero y su mujer!!»

Esto ya no pudo resistirlo.

Echó a correr, entró en el castillo, trepó al piso segundo y se deslizó en el «salón rojo». Se encaró con la emperatriz; la miró de hito en hito... y...

¿Qué pasó entre ellos?

Todavía no se ha puesto en claro; pero lo cierto es que a la mañana siguiente la emperatriz no estaba en el testero de Poniente.

Pero, en cambio, una cabra del rebaño que criaba el jardinero y que se distinguía por la voracidad con que trasladaba a su estómago toda clase de materias, empezó a mirar a las demás cabras por encima del hombro y a pasear sola orgullosamente, dándose aire de emperatriz.

2 CONCLUYE LA INFANCIA

El castillo.

Pedro recordaba el castillo de Sagarreterrat (en Zunóyar, Guipúzcoa, sobre el Bidasoa, donde había transcurrido su infancia) perfectamente.

Era un edificio feudal, mustio y húmedo como los labios de una cortesana; rodeado por un parque inmenso y por un foso tan inmenso como el parque y por una tristeza tan inmensa como el parque y como el foso.

De lejos parecía un monasterio; de cerca parecía un presidio; por fuera parecía un hospital y por dentro parecía un manicomio.

Pero de esto no tenía la culpa el castillo, sino sus habitantes.

El padre de Pedro.

En cambio a sus padres, quizá porque hacían menos bulto que el castillo, los recordaba Pedro muy vagamente.

Forzando la memoria resucitaba la imagen de un caballero delgado, alto, tan pálido como él y que no se quitaba el monóculo jamás. Un caballero cuidadosísimo de su persona, que se desinfectaba las manos siete veces al día, que tocaba el piano con mitones y que tenía la manía de pelar guisantes.

Manías.

Todos los Valdivia habían disfrutado de sendas manías.

Se recordaba, por ejemplo, a don Heliodoro de Valdivia, tío car-

nal de Pedro, que vivió treinta años acogotado por la singular obsesión de hacerles vestiditos y sombreritos a cuantas cerillas caían en sus manos.

Y no fue menos singular la manía de don Elías de Valdivia, bisabuelo de Pedro, el cual, con la ayuda de Dios y de una navajita, grabó los Evangelios de cabo a rabo en cada uno de los 3.000 árboles del parque de Sagarreterrat.

La madre.

Y respecto de su madre todavía se acordaba menos.

Confusamente extraía de su memoria una leve sombra suspirante, de ojos muy negros y manos muy blancas; una sombra rodeada constantemente de rosarios, de crucifijos y de vírgenes; una sombra atacada también de su correspondiente manía: la de coleccionar estampas de santos. *(Lo que pudiéramos llamar filatelia celestial.)*

Orfandad.

Huérfano* muy niño, Pedro había quedado al cuidado de un mayordomo viejo, de un aya –que tenía más de alcornoque que de aya–, de dieciséis criados hercúleos, confusos y paelolíticos, y de su tío Félix: don Félix de Valdivia y Garrastazu de Oleoitesingarrincacheta de Orduña y Urtubi.

Su tío Félix.

El tío Félix tenía el cerebro, el corazón, el hígado y los nervios en su sitio. *(Único caso en la familia.)*

Pero también había vivido con su correspondiente obsesión: la mujer, obsesión que –por otra parte– polariza las vidas de casi todos los hombres bien organizados... e incluso las de algunas mujeres organizadas defectuosamente.

¿A cuántas mujeres habría amado don Félix?

Como las arenillas del mar y como ciertos chascarrillos, no podían contarse.

Y ¿qué aventuras maravillosas formaban el cañamazo de su vida errante y sibarítica?

Nadie podía decirlo más que Dios y él.

Él se lo callaba por modestia. Y a Dios no se lo dejaban decir sus muchísimas ocupaciones.

Y en la época en que Pedro se quedó huérfano**, don Félix se

* Por defunción de su padre y de su madre.

** Por defunción de su padre y de su madre.

sentía un poco viejo y otro poco cansado; notaba que le dolían las piernas y el corazón, lo cual acaba por ocurrirles a todos los futbolistas y a todos los hombres errantes, y tenía unas ideas sobre el Mundo, sobre la Humanidad, sobre la Historia, sobre el Cielo y sobre la Tierra, que eran –precisamente– las contrarias de las que se les suelen inculcar a los niños durante el período educativo.

Histerismo secular.

Hasta entonces Pedro se había criado solo: igual que los hipopótamos del Camerón, aunque muchísimo más delgado.

El histerismo secular de la familia afianzó sus dientes en él. Seguia paseando, seguía contemplando los cisnes, seguía oyendo susurrar el viento en los árboles, seguía enamorándose de emperatrices pintadas en cuadros, de reinas esculpidas en escudos, de princesas grabadas en vidrieras y seguía creciendo, siempre metido en sus trajes de terciopelo con cuello de encaje, que también crecían al parecer con un crecimiento sincronizado con el del niño. Y cuanto más crecía Pedro –delgado, tímido, rubio v melancólico–, más se asemejaba a un hijo de lord Byron.

Los criados, el aya y el mayordomo le llamaban *Jaun** y *Etxekojaun***, él se lo dejaba llamar desdeñosamente, con aire de príncipe heredero en compota.

Tenía trece años. Y medía un metro setenta de estatura.

Ya no era un niño.

Era un zángano.

---

* Señor.

** El señor de la casa.

2

CINCO AÑOS DE TEORÍA Y DIECINUEVE AÑOS DE PRÁCTICA

3 PEDRO DECLARA QUERER SER UN SINVERGÜENZA

Ojeada a la Historia

El tío Félix, al darse cuenta de que Pedro era ya un zángano, lo llamó un día a su despacho y le dijo:

–Pedro: desde que murieron tus padres, vengo observándote a diario y robusteciendo en cada observación la idea de que eres imbécil. Hoy tengo ya la seguridad de que eres un imbécil perfecto...

Hizo una pausa, cogió un libro imponente de encima de la mesa y empujó a su sobrino este discurso:

–¿Para qué voy a engañarte, Pedrito? No me extraña... Eres el último brote de un tronco hecho astillas. Aquí tienes *(y señaló el grueso libro de pergamino con tapas de hierro)* el álbum de retratos y biografías de nuestros antepasados, ese libro que tanto te gustaba ver cuando eras pequeñito. Da frío hojearlo... Por él podrás comprobar que todos nuestros ascendientes fueron unos brutos, exceptuando aquellos que fueron unos chalados. Las historias de dos mil ochocientos aparecen disecadas en el pergamino de estas páginas. ¡Un puro asco, Pedrito! De aquí resulta que en los siglos XII, XIII, XIV y XV, nuestros tatarabuelos eran unos cafres con cota de malla, que comían la carne cruda, que se dejaban morir en la horca antes que lavarse y que tenían por único ideal machacar sesos de moros.

Y siguió pasando hojas del álbum:

La conquista de América.

–En los siglos XVI y XVII, todos los Valdivia que disponían de valor y salud se largaron a América por el camino que había abierto Colón, uniéndose a los demás compatriotas igualmente sanos y valerosos. Desembarcaron; avanzaron; conquistaron; dominaron. Derrocharon heroísmo y espuelas. Convencieron a los indígenas de que debían respetar a Dios y al rey y de que el gastar barba era signo de superioridad. Vadearon sus ríos; reedificaron sus ciudades; hicieron polvo sus dioses; expropiaron sus riquezas y se acostaron con sus mujeres. Finalmente: se quedaron de amos; y al que les discutía ese dominio lo atizaban con un hacha en la nuca o lo rehogaban como una chuleta de cerdo.

La voz de tío Félix se hizo nostálgica:

Decadencia de España.

–Después... Después el caos, Pedrito. Nadie se ha explicado la tremenda decadencia española en los tiempos siguientes al siglo XVII... Y, sin embargo, es bien fácil de explicar... El quid está en que todos los españoles valientes y sanos habían emigrado a América, y en España no quedaban más que cobardes, reumáticos y frailes, pero frailes tontos, pues los frailes inteligentes también habían emigrado... ¿Cómo no va a decaer una nación habitada exclusivamente por cobardes, por reumáticos y por frailes tontos? Lo maravilloso es que España no desapareciera del mapa. La ley de emigración y de decadencia se cumplió asimismo, naturalmente, con los Valdivia. Fíjate en nuestros antepasados de los siglos XVIII y XIX *(y le mostró el álbum abierto).* Mira qué caras... ¿Qué se podía esperar de ellos?

Pedro examinó los retratos que le señalaba su tío y suspiró. Realmente de aquellos tipos hubiera sido demasiado optimista esperar algo; parecían vendedores de chufas al por mayor.

El tío Félix concluyó:

–Y por si todo ello hubiera sido poco, un orgullo feudal les prohibía celebrar casamientos con gentes que no fueran nobles, gracias a lo cual los hombres degenerados de nuestra familia se casaban inexorablemente con mujeres degeneradas de otras famillas nobles y viceversa. ¿El resultado? Ahí lo ves en el álbum: 120 muertos en manicomios desde 1710; y 148 dedicados a la Iglesia, que es otro signo de locura que tira de espaldas, y 230 entre maniáticos, histéricos, epilépticos, impotentes y coleccionistas de pipas. La guerra de la Independencia y las contiendas civiles acabaron de desmochar definitivamente la estirpe; y así, cada vez peor, hemos llegado a nuestros días... Tu bisabuelo fue ya un memo declarado; tu abuelo, un idiota absoluto, y tu padre murió pelando guisantes, más loco que nueve cabras. Y ahora contéstame, Pedro: ¿No es natural que tú, el último de la familia, hayas resultado un perfecto imbécil?

Una pausa.

–Si, tío; es natural –contestó Pedro.

La pregunta del tío.

–Bueno, hijo mío... –replicó amablemente el tío Félix–. Me agrada ver que discurres y que te conoces a ti mismo. Quedamos en que eres un imbécil de la manera más honrosa que se puede ser imbécil en el mundo: por herencia. De tus padres, además de la imbecilidad, heredas varios millones, que yo te entregaré a tu mayoría de edad, y esta segunda parte debe llenarte de gozo, sobre todo si consideras cuántos muchachos hay que heredan de sus padres la imbecilidad y no heredan los millones.

–Es verdad, tío.

–Pero hasta ahora, héroes o curas, conquistadores o epilépticos, santos o maniáticos, impotentes o coleccionistas de pipas, todos los Valdivia fueron algo en el mundo... Tú tienes trece años y un metro setenta de estatura. Ha llegado la hora de que decidas... Para eso he querido hablarte. Vamos a ver, Pedrito... ¿qué quieres ser? Y Pedro contestó sin vacilación:

–Lo que tú has sido, tío Félix.

–Pero ¿tú sabes lo que he sido yo?

–Ya lo creo, tío Félix. Un sinvergüenza.

–¿Quién te ha dicho que yo he sido un sinverguenza? –indagó levantándose.

–El aya.

–¡Ah, el aya!... Conque el aya...

Y gruñó entre dientes, respondiendo a una idea oculta y dando paseos:

–Las mujeres... ¡Siempre las mujeres!

De pronto, acaso convencido de que había sido realmente un sinvergüenza, quedó frente al sobrino, apoyado en un facistol gótico que se alzaba en el centro del salón y que parecía la catedral de Burgos vista desde un aeroplano.

–Bueno, pequeño... ¿De manera que tú quieres ser un sinvergüenza también?

–Sí, tío –declaró Pedro con el entusiasmo con que otros muchachos declaran querer ser ingenieros industriales, ventrílocuos o desolladores de reses bravas.

–Pero, vamos por partes... *(Y sonrió indulgentemente)* ¿Tú qué entiendes por sinvergüenza, hijo mío?

Otra respuesta rápida:

–Pues el hombre que se pasa la vida divirtiéndose, huyendo de lo desagradable, gastándose el dinero heredado, negándose en absoluto a trabajar y enamorando a todas las mujeres que encuentra.

Aquí la sorpresa del tío Félix al ver su propio retrato fue tan grande, que se echó a llorar.

Lloraba de entusiasmo. Se abrazó a Pedro y exclamó:

–¡Pedrito! No sabes la alegría que me das... Desde que me quedé viudo no había vuelto a sentir una alegría así de grande... Tú, queriendo ser un sinvergüenza, un verdadero sinvergüenza, un sinvergüenza por todo lo alto...

Pedro –que no había tenido la suerte de presenciar la viudez de su tío– jamás le había visto tan contento.

–¡Un Valdivia que a los trece años ya quiere ser un sinvergüenza! Si me parece un sueño... ¡Ah! Si tu padre levantara la cabeza... ¡Si tu padre levantara la cabeza se volvería a morir inmediatamente! ¡Qué risa!

E hizo un gazpacho de risas y lágrimas.

El pasado del tío Félix.

Porque él había sido un sinvergüenza, pero le había venido tarde la inspiración de serlo y los cuarenta primeros años de su vida los había vivido hecho un bobo, junto a su mujer, y creyendo que la familia, la sociedad, Dios, su apellido y el mundo merecían la tristeza, el aburrimiento, el renunciamiento a todas las cosas amables y divertidas y la desesperación contenida y sorda en que vivía. Hasta los cuarenta años no había visto claro. Hasta los cuarenta años no se había dado cuenta de que las mujeres son un rifle de muy poco alcance. Hasta los cuarenta años no se había fijado en que el hogar es una losa de plomo bajo la cual sólo pueden vivir a gusto los seres que no piensan: comerciantes, empleados, esposas, loros, galápagos y cucarachas. Y que los hijos son podaderas que dejan desnudo en el padre el árbol de las ilusiones y de los deseos de superación. Hasta los cuarenta años no se había dado cuenta de que los amigos son unos imbéciles o unos canallas. Y la religión, un anestésico. Y la ciencia, una sandez destinada a tomar la cuenta a la cocinera. Y el arte, un placer solitario. Y la honradez, un cáncer que lleva a la tumba entre los sufrimientos del desengaño y los dolores del arrepentimiento.

Entonces el tío Félix había decidido largarse con viento fresco y abandonarlo todo: mujer, hogar, amigos, religión y honradez, para danzar por la tierra dedicado exclusivamente a divertirse y a hacer la deleitosa vida del perfecto sinvergüenza.

Pero no tuvo necesidad de fugarse: su mujer, anticipándose a aquella decisión y en un rasgo de sensatez inconcebible, se murió de una angina de pecho, la cual la destruyó en hora y media. La satisfacción del inesperado viudo no puede describirse por medio tan imperfecto como es la palabra escrita. Saltó, cantó, abrazó a todo el mundo; no le faltó más que organizar danzas del país.

Y desde los cuarenta años a los sesenta y dos el tío Félix se había dedicado a hacer el sinvergüenza de lo lindo. El aya decía la verdad...

Pero en medio de su satisfacción siempre tuvo agarrada al alma una pena: no haberlo hecho también hasta los cuarenta.

El sueño dorado del tío.

Por eso, el descubrir de pronto que Pedro, su sobrino, mostraba ya a los trece años deseos de ser un sinvergüenza, volvió loco de alegría al tío Félix.

Y añadía con las manos apoyadas en los hombros de Pedro:

–¡Lo serás, hijo mío, lo serás! Yo te lo prometo y Félix de Valdivia jamás ha prometido en balde... ¡Pero, señor, si mi sueño dorado fue siempre tener un hijo para hacerle absolutamente feliz convirtiéndole en un sinvergüenza perfecto!... Eres rico, Pedrito; eres guapo, porque hay que reconocer que eres guapo, en lo cual, al fin y al cabo, sales a mí; tienes un aire distinguido y una buena figura, como yo también. Y tienes vocación. Y por último, tienes a tu tío Féiix que es un maestro sin par... No te falta nada, nada... ¡Ah, qué clase de sinvergüenza puedes llegar a ser! Un sinvergüenza estupendo...

Y agregó con los ojos brillantes y el tono de un catedrático a principio de curso:

–Desde mañana empezaremos las clases, hijo mío.

4 PEDRO LLEGA A SER UN PERFECTO SINVERGÜENZA TEÓRICO

Las clases.

Las clases duraron cinco años, y en ellas trabajaron de firme.

Lo que más le costó al tío Félix fue arrancar del alma de Pedro el amor al prójimo y el respeto a la mujer. Sentados en un banco del parque era frecuente oír que el anciano aristócrata le decía a su sobrino:

Del amor al prójimo.

–Esto no puede ser, Pedrito, ¡esto no puede ser!... Mientras no aprendas a despreciar al prójimo y a mirar a las mujeres como a gatos, perderemos el tiempo... Esta mañana, un mendigo se ha acercado a la verja del parque a pedir limosna y tú has avisado al aya, que le ha sacado al poco rato un panecillo.

Pedro fue a disculparse, pero el tío atajó su protesta.

–Me parece bien que lo niegues, porque la mentira es la única verdad del mundo; pero tu negativa es inútil, pues yo mismo te he visto desde uno de los ventanales de mi despacho. Socorrer a un mendigo estaría pasable en un muchacho que se preparase para arquitecto, por ejemplo; pero en un muchacho que está estudiando para sinvergüenza, es imperdonable, Pedrito. Si me haces otra de éstas, dejamos la preparación...

–¡No, tío Félix, no!...

–Bueno, pues que no vuelva a suceder. ¿Qué dijimos en la lección octava respecto al prójimo?

–Que todos los hombres se odian; que la solidaridad humana es un camelo de los socialistas. Que el que no hace daño al semejante es unas veces porque no puede y otras porque no encuentra en ello beneficio. Que sólo los poderosos de la tierra prescinden a veces de utilizar su fuerza contra los humildes y eso a causa de que por el único hecho de ser poderosos saben ya que hieren, ofenden y molestan a los que no lo son. Que los hombres son individualistas, se alegran del mal del prójimo y tienden a separarse unos de otros y sólo se unen cuando se convencen de que necesitan hacerlo si quieren reventar a un enemigo superior: origen de los Ejércitos, los Sindicatos, las Sociedades de fútbol, etcétera.

–Muy bien... ¿Y qué más dijimos en esa lección octava?

–Que entre los hombres las injurias y los daños pueden llegar a perdonarse, pero los elogios insuficientes o los favores, ésos no se perdonan jamás.

–Perfectamente.

–Que en la Humanidad son humildes los que no pueden ser soberbios y son soberbios los que carecen de talento en absoluto, lo que motiva el que unos y otros deban ser despreciados por igual. Que la bondad hace nacer la ingratitud; de suerte, que la verdadera bondad consiste en ser malo para evitar que los demás caigan en el horrible vicio de ser ingratos. Que los tontos sólo aman a los que los adulan, y los listos, ni a ésos.

–Bueno... ¿Y recuerdas cuál era el resumen de la lección?
–Sí, un proverbio japonés, de Hata-Hari.
–Venga.
–Si cortándote un solo cabello puedes salvar de una catástrofe a la Humanidad, déjate el pelo largo hasta la tumba.

De la manera de tratar a las mujeres.

Y también era frecuente que en aquel banco del jardín de Sagarreterrat –ahora convertido en jardín de Akademos– don Félix de Valdivia dijera a su sobrino:
–Me parece, Pedrito, que estás muy flojo en la lección séptima.
–Me la sé de cabo a rabo, tío Félix.
Y Pedro se recogía un momento en sí mismo y exponía sin vacilaciones:
–El verdadero sinvergüenza debe prescindir, al amar a las mujeres, de toda piedad y de toda compasión y debe mostrarse con ellas absolutamente egoísta, obedeciendo a lo que le dice su cerebro y no haciendo ningún caso de lo que le diga el corazón, única manera de conservar la independencia.
–Muy bien.
–El amor es la guerra de dos que no se odian... hasta que no se aman.
–¡Eso!
–Y en toda guerra vence el más fuerte, el más preparado y el que mejor conserva la serenidad.
–Adelante.
–La mujer tiende a abandonar al que la ama, por lo cual –y para evitarlo– el hombre debe apresurarse a abandonarla después de haberla amado. Los sentimientos deben analizarse y nunca obedecerse. El instante de seducir a la mujer es aquel momento en que su belleza nos tienta, y el instante de abandonarla es aquel momento en que su suerte empieza a preocuparnos.
–¡Al pelo!
–No debe amarse a la mujer; debe amarse al amor, que es lo único que aman las mujeres. No debe amarse a la mujer por ser mujer, sino por la satisfacción que ella proporciona a nuestros sentidos. La mujer no debe ser nuestra compañera, debe ser nuestra vanidad, nuestro objeto de lujo, un cacharro de adorno, un capricho, un juguete, una pelota de tenis. Para vencerla, hay que violarla; para interesarla, no hacerla caso; para dominarla, tratarla como a una cosa de fácil sustitución. Amarla es perecer; inclinarse sobre su amor es como inclinarse sobre un acantilado: se ensucia uno de agua y está en peligro de caerse al mar, y encima se sirve de diversión al público. De la boca de una mujer deben interesar siempre

los labios, pero jamás las palabras. La mujer seducida es una esclava; la mujer amada es un tirano y en amor no deber haber otro tirano que el hombre. Esperar generosidad de la mujer es como esperar el paso de un expreso en el desierto del Sahara...

Etcétera, etcétera.

El programa de estudios.

Llegó un momento en que Pedro de Valdivia se supo de carrerilla las quince lecciones del *Tratado teórico del sinvergüenza* que el tío Félix le había escrito y entregado para su estudio y cuyo programa acaso sea conveniente que estampemos aquí:

TRATADO TEÓRICO DEL SINVERGÜENZA

Escrito expresamente por don Félix de Valdivia para lograrle la máxima felicidad a Pedro, su sobrino

LECCIÓN 1.ª– *Males y perjuicios vitalicios que acarrean al Hombre la vergüenza, la compasión y la bondad y sistema de huir de las tres plagas.*

LECCIÓN 2.ª– *La Religión como anestésico contra la indignación del Hombre que piensa, ante la desigualdad humana.*

LECCIÓN 3.ª– *Del egoísmo, del cinismo, de la explotación al débil y de otros medios diversos para alcanzar la felicidad y la fortuna.*

LECCIÓN 4.ª– *De los mil derechos que la Patria tiene sobre el ciudadano, a cambio de que éste se pudra en una fosa cavada en la tierra que le vio nacer.*

LECCIÓN 5.ª– *La Política como sistema para engañar a los bobos y que se aguanten con todo, pensando en que «la cosa» va a cambiar de un momento a otro.*

LECCIÓN 6.ª– *Semejanza de la importancia de la mujer con la del gato.*

LECCIÓN 7.ª– *Clase de sentimientos que deben utilizase para amar a las mujeres.*

LECCIÓN 8.ª– *Necesidad de tratar al prójimo a zapatazos.*

LECCIÓN 9.ª– *De lo lícito de quitarles los bienes a los otros cuando los otros son tan tontos que se los dejan quitar.*

LECCIÓN 10.ª– *El remordimiento y la conciencia, fantasías moriscas.*

LECCIÓN 11.ª– *Del talento, de la perseverancia, de la laboriosidad y de otras cosas igualmente funestas.*

LECCIÓN 12.ª– *El trabajo como sistema de estropear la ropa.*
LECCIÓN 13.ª– *Necesidad biológica de la mentira, de la falsificación y del fraude.*
LECCIÓN 14.ª– *Ventajas que se derivan del matrimonio de nuestros semejantes: la viudez y el adulterio.*
LECCIÓN 15.ª– *De la satisfacción de no cumplir el deber ni pagar las deudas.*
(A) APÉNDICE PRIMERO.–*Cien sistemas para enamorar mujeres sin recurrir al estacazo en la base del cráneo.*
(B) APÉNDICE SEGUNDO.–*Cien sistemas para abandonar a las mujeres sin recurrir a la fuga en avión.*

Era un tratado completísimo que quizá deshonraba al que lo pusiera en práctica, pero que –desde luego– honraba a su autor.

El resultado.

Y al cabo de aquel quinquenio de trabajo concienzudo, en opinión de don Félix de Valdivia, Pedro –convertido en un guapo muchacho de dieciocho años– era ya un perfecto sinvergüenza teórico.

–Para ser un sinvergüenza completo, hijo mío, ya no te falta más que un viaje de prácticas –le dijo.

Y al día siguiente emprendían el viaje de prácticas.

5 INICIACIÓN Y VIAJE DE PRÁCTICAS DE PEDRO DE VALDIVIA

La iniciación amorosa de Pedro había ocurrido veinte días después de empezado el viaje.

En París.

–No hay que tener prisa –contestaba el tío Félix a los apremios del muchacho–. No hay que tener prisa, Pedrito. El primer idilio se recuerda toda la vida, y por ello conviene que sea una cosa verdaderamente exquisita. Déjame obrar y yo te buscaré una mujer que merezca la pena.

Estaban entonces en París y una mañana, leyendo la Prensa

durante el desayuno, el tío Félix mascullό una palabrota, como hacen todos los aristócratas cuando se tropiezan con una noticia interesante.

–¿Qué es?–había dicho Pedro extrayendo una tostada del biombito de níquel.

–¡Ya está aquí lo que buscábamos! Bueno; no está aquí; está en Berlín, pero es igual... Hoy mismo saldremos hacia Berlín, Pedrito.

–¿Una mujer para mí...?

–Sí. Una mujer maravillosa, antigua amiga mía, a quien conocí un verano en Escocia. Lady Sylvia Brums... El periódico da cuenta de su llegada a Berlín, donde se propone rifar una noche de amor, a beneficio de la «Asociación de Ex Combatientes Calvos de la Guerra AngloBóer». Nos plantaremos mañana allí y le pediré a lady Sylvia que te ame. ¡Qué suerte para ti, tener por iniciadora una paíresa, Pedrito! ¡Qué suerte!

–Pero ¿tú crees que lady Svlvia accederá?

–Es no conocerla. En cuanto Sylvia sepa tu condición de «no iniciado» se volverá loca de alegría.

¡Una mujer extraordinaria, lady Brums! Y le contó su historia*. Con lo cual, Pedro quedó entusiasmado hasta el rojo blanco.

. . . .

En Berlín.

Al otro día, a las siete de la tarde, se apeaban del expreso en la estación de Friedrich, y el tío Félix daba al chófer una dirección que había apuntado en París.

–Hotel Essen. Parisier Platz.

Se instalaron en el piso cuarto y ordenaron un recado telefónico al piso segundo, habitaciones número 41.

. . . .

Sylvia Brums.

Lady Sylvia, tumbada en un diván, en pleno *sloth,* recibió a don Félix con gritos de júbilo internacional:

–*Dear!* ¡Valdivia! *Mon vieux! Ahc Gott!* ¡Querido! ¡Dos siglos sin verle!

–¡Encantadora Sylvia!...

* Aquellos lectores que también quieran conocer la historia de lady Sylvia Brums, deben apresurarse a comprar *Amor se escribe sin hache*, novela del mismo autor publicada en esta Colección.

–¡Qué suerte ha tenido usted llegando en un momento en que me abruma el tedio! Esto me pone en condiciones de hacerle un recibimiento afectuoso... ¿Qué es de su vida, viejo infatigable? Cuénteme... Usted siempre tenía cosas interesantes que contar... Creo que en cierta ocasión le dije que con hombres como usted se comprende la pederastia. ¿No? ¿No se lo dije nunca? Pues bien, se lo digo ahora... ¿Una copa de *Kummel*? No le ofrezco un *grogg*, porque sería ofenderle... Y los años pasan por usted como la brisa por las veletas, moviéndole de un lado a otro, pero sin estropearle en absoluto.

Estaba hermosísima, envuelta en un *rubah* circasiano que le dejaba un pecho fuera.

Don Félix se lo advirtió enseguida, mientras se sentaba a su cabecera y se servía la copita de *Kummel* y unas *bretzel*.

–¡Cuidado, Sylvia! Se ha dejado un seno al aire y se le puede enfriar.

–¡Oh, no se preocupe, *darling!* Tengo otro de repuesto...

. . . .

Media hora después el tío Félix abordaba la cuestión que le había llevado hasta allí. Lo hizo rápidamente y como el que trata un negocio resuelto de antemano.

Su sobrino... Un muchacho maravilloso, educado por él... Estaba arriba. Aún no conocía la práctica del amor... Y como él sabía que a Sylvia le gustaba esta clase de *platos* exquisitos...

Lady Sylvia se incorporó sonriente en la otomana:

–¿Cómo, Valdivia? –dijo–. ¿Se dedica usted ahora a la trata de blancos?...

El tío Félix rió y se sirvió otra copita de *Kummel*. Luego se encajó el monóculo e insistió, esta vez con cierto calor. Valía la pena... Pedro era un muchacho excepcional...

Sylvia cortó su discurso con el cortaplumas de un bostezo.

–Por favor, Valdivia; dejemos eso. Hablemos de otra cosa cualquiera. Usted sabe cómo me aburren las conversaciones eróticas.

Y para huir de las conversaciones eróticas, inició ella ésta:

–Dígame... ¿Es verdad que en el Senegal hay unas negras que se hacen tatuar en la matriz el nombre de su amante?

. . . .

Y sólo al despedirse, cuando don Félix se retiraba ya considerando el pleito perdido, lady Brums le propuso:

–Comeremos juntos esta noche... ¿no le parece? ¿Dónde comeríamos? Elija un sitio que no sea demasiado infecto, Valdivia... Y, por supuesto, llevará a su sobrino, ¿eh? Si es como usted dice, puede resultar una comida capicúa, comenzada con caviar y rematada con un muchacho de estirpe.

–¿Y por qué capicúa?
–¡Bobo! Porque ¿qué más da caviar que muchacho? Los dos son para llevárselos a la boca...
–¿Qué le parece un café allí por el Spittelmark?
–¡Valdivia! Le he pedido un sitio que no fuera infecto...
–¿El *Walhalla* de Bellevuestrasse?
–Cursilísimo.
–¿Y el *Western-Club?*
–Demasiado cardinal.
–Entonces, *Dnieper,* en Kurfürstendamm, ¿eh?
–Bueno. Van a veces mujeres honradas de esas que fingen no serlo, pero transijo con el *Dnieper.* Recójanme en los almacenes *Alles.* Hoy voy a invertir la tarde en hacer un *shopping**. ¡Hasta luego, querido!
Y le dio su mano a besar.
Y con la puerta en las narices.

La primera aventura de Pedro.

De camino hacia los almacenes *Alles,* el tío Félix instruyó rápidamente a Pedro en lo que debía hacer.
–He aquí tu primera aventura, Pedro. El campo está ya preparado. Te bastará con mostrarte ingenioso y audaz para triunfar en toda la línea... Adelante.
Y Pedro de Valdivia marchó hacia la primera aventura de su vida...

Fue una comida interesante, durante la cual Pedro demostró no haber echado en saco roto las instrucciones del tío y los cinco años de teoría, y estuvo ingenioso y audacísimo.
Mientras vaciaban el barrilito del caviar sobre las rebanadas de pan, rociándolo con limón, Pedro dijo a lady Sylvia:
–Es usted tan hermosa que no comprendo cómo puede mirarse en los espejos sin desmayarse.
Al servirles los tazones de *consommé-schatz,* exclamó sin dejar de contemplar su descote y sus hombros desnudos:

LADY SYLVIA BRUMS
Pairesa de Inglaterra y condesa de Mersk.–28 años.

* Hacer un *shopping* llaman las inglesas a pasarse la tarde recorriendo las tiendas de modas de la ciudad. (La Humanidad hace en todas partes las mismas bobadas.)

–Me gustaría ser una de sus amigas más íntimas.
–¿Para qué?
–Para quitarle la piel...
Cuando consumía los huevos imperiales, ella le preguntó:
–Y siendo usted tan joven, ¿no le infundo respeto?
Y él tuvo el acierto y la audacia de contestar:
–No. Con las mujeres como usted ocurre lo que con las espadas: que sólo infunden respeto cuando están desnudas...
Al servirles el lenguado a la *Chambord*, replicó Sylvia:
–Siendo así... ¿tendría yo que tomarme la molestia de desnudarme?
–¡Oh, no! Yo mismo lo haría, para que usted no se molestara...
Al llegar al pollo-*cartoffel,* ella ya le preguntaba:
–¿Y sería usted capaz de hacerme feliz?
A lo que replicaba el muchacho:
–Nunca conoce uno por completo las aspiraciones de las mujeres...
El tío Félix estaba encantado de su sobrino y le sonreía de vez en cuando con un gesto aprobatorio. ¡Así, así! ¡Adelante!...
Y el muchacho, estimulado, tuvo dos frases aún más felices y audaces. Una, en el instante en que apuraban una *mousse de foie-gras* helada al Oporto. Sylvia le preguntó para desconcertarle:
–¿Acaso sabe usted dónde está su felicidad?
Y él, sin desconcertarse lo más mínimo y mirando hacia la parte del cuerpo de Sylvia que desaparecía entre los manteles, contestó:
–Sí. Debajo de la mesa.
La otra frase, la definitiva, coincidió con la llegada del *maître*, que traía un *soufflé praliné* final.
–Debajo de la mesa sólo están mis piernas, amiguito; las columnas de mi templo, como si dijéramos...
Y Pedro replicó con su tono de voz más delicado:
–Pues bien, lady Sylvia: yo quisiera ser el Sansón que las separase para hacer que «cayera» el templo...
Lady Brums no contestó, pero se volvió hacia el tío Félix mirándole de tal manera, que el anciano aristócrata comprendió que debía dejarlos solos.
Y salio del *Dnieper* y se fue a pasear a la luz de la luna por la Branderburger Tor, encantado de la vida y orgulloso del éxito de su sobrino que, –después de todo– era su propio éxito.

. . . .

Ya de madrugada, y empapado en perfume de «lirios tumefactos»*, Pedro se remitió a sus habitaciones del *Essen*.

---

* Véase *Amor se escribe sin hache*, que es de suponer que el lector habrá comprado ya a estas horas.

El tío Félix aguardaba su regreso envuelto en un batín amaranto y leyendo un libro culinario: el *Manual de la Cocina Antropofágica*.

–¿Te separas de ella ahora?

–Ahora mismo.

–¿Todo fue bien?

Pedro sonrió. Sí; todo había acabado por ir bien; pero...

–¿Qué? –indagó el tío, interesado, y dejando caer el monóculo a lo largo del batín.

Y Pedro contó cómo después de hallarse ya en las habitaciones de Sylvia, ésta se había negado a lo prometido y le había ordenado que se marchara inmediatamente.

–¡Ah, ah! Eso es interesante –susurró don Félix–. Esperaba de Sylvia una cosa así... ¿Y tú qué hiciste?

–Le largué una bofetada seguida de dos puntapiés indescriptibles.

–¿Y entonces?...

–Entonces ella gritó: «¡Ven! ¡Te adoro!» Y ha sido una noche divina...

Don Félix de Valdivia se levantó: cogió a su sobrino entre los brazos y lo estrechó fuertemente. Estaba tan emocionado como aquel día en que el muchacho manifestó en el castillo deseos de ser un sinvergüenza.

–Hijo mío, hijo mío... –suspiró–. Ya no tengo nada que enseñarte. Ya sabes todo lo que hay que saber... ¡Enhorabuena! ¡Enhorabuena, Pedrito!...

Triunfos por toda Europa.

Desde ese momento los triunfos del sobrino se unieron a los triunfos del tío.

Siguió el «viaje de prácticas» y pronto fueron populares en todas las playas de moda, en todos los *palaces* de rumbo y en todos los *dancings* de fama, aquellos dos simpatiquísimos sinvergüenzas que viajaban con once *hartmanns* de equipaje, dos criados al servicio de cada uno y un mayordomo al frente de los cuatro criados.

Y en Deauville, en Trouville, en Spa, en el Lido, en Palm-Beach, en las explotadas arenas del Mediterráneo lo mismo que en las del Adriático, o las del Cantábrico, o las del Pacífico; en el *Ritz* de Londres, en el *Roosevelt* de Nueva York, en el *Adlon* de Berlín, en el *Ungarns* de Budapest, en el *Plovibda* de Moscú, en el *Erzherzog* de Viena, en el *Valdelk* de Baden o en el *Bortoli* de Venecia, igual que en *Ambassadeurs,* en *Cyro's,* en *Lummy,* en las *boîtes de nuit* de Montmartre o en los *Tanzlokals* de la Fassenstrasse, su entrada producía siempre una expectación y elevaba una polvareda de comentarios.

Los criados se tiraban en verdaderos *plongéons* a servirles, pues no ignoraban sus prodigalidades de príncipes desdeñosos.

Las damas se volvían a contemplarlos, sintiendo hacia ellos esa atracción que la inmoralidad, en cualquiera de sus formas, ejerce sobre la mujer y que cuando es una inmoralidad popular la enloquece en absoluto.

Y ellos, don Félix y Pedro de Valdivia, avanzaban airosos, sonrientes, alegres, dominadores, elegantísimamente enfundados en sus *smokings* y en sus *fracs,* que por fuera lucían una gardenia como ésta:

Y por dentro ostentaban una etiqueta así:

JOHANS AND BONHAM
38 Albermarle Street;
T.º Gerrard
3356 LONDON

A causa de lo cual daban ganas de ponérselos del revés.

El botín de aquellas excursiones eran mujeres, presa siempre igual y siempre distinta.

Y se hacía difícil saber quién conquistaba más, si aquel Don Juan de pelo blanco y dilatada experiencia que era el tío Félix y al que las mujeres encontraban «muy interesante», o el otro Don Juan, garboso e impetuoso, de experiencia asimilada, de pelo y ojos muy negros y juventud insolente que era Pedro y del que solían decir las francesas entendidas: *Il est superbe!*

Ellos, por su parte, no rivalizaban en absoluto, ni se mezclaba el uno en los «trabajos» del otro, a no ser cuando tropezaban –lo que era frecuente– con mujeres interesadas por los dos. Entonces, con la desvergüenza que les caracterizaba, echaban suertes para saber quién «actuaba» primero, y éste, al traspasarle la dama al otro, le advertía sus características para que se hallase preparado:

–Tiene la boca muy blanda; ¡es magnífica!

o:

–Grita mucho; así es que ve con precauciones porque el marido duerme al lado.

o también:

–Tiene un cuerpo horrible; no vale la pena de que te molestes. Vámonos.

En cuyo caso, tendían el vuelo hacia otro meridiano, pues de sobra sabían el implacable y feroz enemigo que es una mujer desdeñada.

6 ANTECEDENTES DE SILMA DRAKE Y ASESINATO DEL TÍO FÉLIX

En Constantinopla.

Sí.

Sí, sí.

Sí, sí, sí.

Una mujer desdeñada es un enemigo implacable y feroz.

Y uno de estos enemigos, feroces e implacables, fue el causante de la ruina de don Félix de Valdivia y del rumbo cruel que había de adoptar Pedro, su sobrino.

Se hallaban en Constantinopla, instalados en el *Trebizonda*.

Llevaban ya unos días festoneando paseos por las orillas del Bósforo, husmeando los escaparates de la Peraroad y visitando las milenarias tumbas de Eyub, Pedro del brazo de una búlgara de ojos lila, que tenía la valentía de llamarse Varda Andinópolis, y el tío Félix en unión de una yanqui, domadora de cocodrilos, Silma Drake, cuando sobrevino la tragedia con esa sencillez con que sobrevienen las tragedias en la vida y los resbalones en el *parquet*.

. . . .

Silma Drake.

Silma Drake, la domadora de cocodrilos, amante del tío Félix, que actuaba en un circo de Voivoda, había sido en su juventud una mujer terrible y a la sazón arrastraba sus cuarenta años llenos de rencor como los caballos de las minas arrastran sus vagonetas llenas de mineral.

Mujer extraordinariamente vengativa, ella misma contaba cómo se había hecho domadora de cocodrilos por venganza.

Efectivamente: viviendo en África, bastantes años atrás, Silma Drake se enamoró de cierto colono de las márgenes del Níger, llamado Banjo, un buen mozo habituado a hacer explotar a los negros, como si los negros fueran cartuchos de dinamita, que tenía un metro ochenta y cinco de estatura y unas manos del tamaño de la República de Andorra.

Era una noche de mayo *(como en* Ramona). Tumbados en la hierba y junto al río, Banjo cantaba dulcemente, con un compás de habanera y melopea africana el estribillo de una tonada muy de moda entonces entre las tribus cafres del Níger:

Jup, baka-rraote, jup
siskao tan mi mi liá
Koska tapak ma jau,
tapak ma jau,
aorkonda gri liá

TRADUCCIÓN

Ven, cocodrilo, ven
a la suave orilla,
donde se está muy bien,
se está muy bien,
cuando la luna brilla.

Y entonces ocurrió lo que no tenía más remedio que ocurrir. Un cocodrilo oyó la canción, salió del río a la orilla y –falto de imaginación para contentarse con el brillo de la luna– se tragó a Banjo como si fuera una pastilla de café con leche.

Inmediatamente, Silma Drake resolvió vengarse.

Hizo que capturasen al saurio, se lo llevó a su casa y lo encerró en un sótano y a la hora en que antes solía tener sus citas con Banjo, bajaba al sótano y con un látigo de hilos de acero le colocaba sesenta y cinco latigazos capaces de levantar en vilo, no al cocodrilo que se había tragado a Banjo, sino incluso a la ballena que se merendó a Jonás.

Esta espantable faena duró varios meses.

El cocodrilo estaba consternado. No se explicaba nada de aquello y a diario se dirigía a Osiris con sus plegarias*, diciéndole:

–¿Por qué esta tortura, divino Osiris?

Hasta que una tarde, quizás inspirado por Osiris, el cocodrilo creyó ver claro en la cuestión. Y no es que comprendiera que Silma vengaba a latigazos la muerte de Banjo, sino que pensó que ella le destinaba al circo.

Y cuando Silma bajó aquella noche al sótano dispuesta a manejar el látigo, el cocodrilo comenzó a bailar *La danza de Anitra*. Luego, y en vista de que el éxito acompañaba a sus esfuerzos, ejecutó el vals de *Fausto*, *La muerte del cisne* y un fragmento de *El príncipe Igor*. Y remató la sesión con una jota.

Silma no dijo nada, pero tampoco le dio un solo latigazo.

La suerte estaba echada.

---

* Pues ya es sabido que los cocodrilos observan la religión egipcia.

Un mes más tarde, Silma y el cocodrilo debutaban en el *Metropolitan* de Chicago y veían su contrato prorrogado seis veces.

Al año, en lugar de un cocodrilo, eran nueve los que bailaban.

Y a los dos años, Silma Drake gozaba de un renombre internacional y su llegada a cada capital del mundo estaba precedida por la inserción de un anuncio en todos los periódicos y la colocación en todas las esquinas de unas anchas tiras de papel amarillo donde aparecían nueve cocodrilos bailando frenéticamente y donde se leía en inmensas letras rojas:

¡¡NO DEJEN DE IR A VER A

SILMA DRAKE!!

DOMADORA DE COCODRILOS POR VENGANZA

NUEVE COCODRILOS BAILANDO LA
«QUINTA SINFONÍA» DE BEETHOVEN
Y EL «AVE MARÍA» DE GOUNOD.–
ESPECTÁCULO ÚNICO EN EL MUNDO.
ARTE.–EMOCIÓN.

PRÓXIMO DEBUT

NOTA.–Se ruega no llevar niños, porque a los cocodrilos les gustan mucho.

. . . .

La torpeza del tío Félix.

Pues bien, de esta mujer terrible y vengativa el tío Félix se cansó, como se había cansado de tantas otras, a los cuatro días de idilio y de paseos por Constantinopla.

Pero hizo lo que nunca había hecho con ninguna: se lo dijo a ella misma en un momento de mal humor: torpeza que le costó la vida. *(Total, nada.)*

–Es decir, ¿que te vas y me dejas? –había exclamado al saberlo Silma Drake.

–Sí. Me voy a la Costa Azul y te dejo.

Y explicó:

–Estoy ya de ti hasta mucho más encima de la coronilla, Silma.

Los ojos de la domadora brillaron como una *vedette* en su escenario y una bombilla en su portalámparas.

Atacó por la espalda al anciano aristócrata rugiendo:

–Pues ¡toma!... para que no te vayas solo...

. . . .

El tío Félix se fue al hotel tambaleándose por las calles.

Pero no se iba solo.

Llevaba un puñal clavado en la espalda.

La agonía.

Cuando Pedro le vio llegar al *Trebizonda* y lo recogió en sus brazos, don Félix de Valdivia y Garrastazu de Oleoitesingarricacheta de Orduña y Urtubi agonizaba.

Y, claro, a causa de la longitud de su nombre, agonizaba lentamente.

Fue a hacerle una cura y el tío se opuso medio delirando:

–¿Curas a mí? ¡Ni curas ni frailes, Pedrito! Lo sabes de sobra...

(Era el mismo hombre enérgico de siempre.)

Entonces Pedro quiso extraerle de la herida el puñal, pero don Félix tampoco se lo permitió.

–Déjalo... Lo llevo ahí clavado hace tanto rato que le he tomado cariño...

(No perdía su humor de libertino contumaz ni en aquellos instantes decisivos.)

–¡Dime al menos quién te ha herido para hacer que lo metan en la cárce inmediatamente!

–Me ha herido la mujer...

–¿Silma Drake?

El tío se encogió de hombros con dolorosa indiferencia.

–Ella u otra –suspiró–, ¿qué más da? Por eso te digo que me ha herido la mujer; la mujer por antonomasia, Pedrito; ese enemigo secular del hombre...

Agregó, esforzándose por mantenerse erguido en el sillón:

Últimas disposiciones.

–Noto que me muero a chorros, Pedrito... Esto no hay quien lo evite: cuando las mujeres atizan, atizan de veras. Y no es cosa de perder estos momentos finales en ver garrapatear recetas inútiles a un médico o en oírle chapurrear latines absurdos a un sacerdote.

–Entonces, ¿qué quieres que haga?

–Siéntate a mi lado... Óyeme.

Pedro se sentó a beber las palabras de su tío.

–Quiero –ordenó éste– que me entierres en el parque de Sagarreterrat, junto al banco donde yo te di clases cinco años, ¿recuerdas?

–Sí.

–Sobre mi tumba pondrás una losa de mármol gris con un epitafio que dirá:

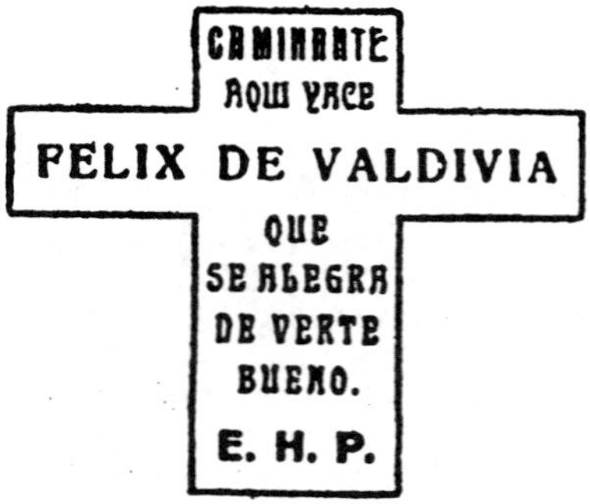

–¿E. H. P.? ¿Y qué quiere decir E. H. P.? –dijo Pedro.

–Está Hecho Polvo. Se refiere a mí –aclaró el tío.

Y siguió:

–Respecto a mi fortuna personal, que pasa a ti, háblale al señor Echandierri, el notario de Bilbao, que guarda mi testamento...

–Eso me tiene sin cuidado, tío Félix.

–No debe tenerte sin cuidado, Pedrito. Eres rico por tus padres, pero el dinero se gasta y algún día puedes necesitar las ochocientas mil pesetas que yo te dejo. Ser rico es una patente de corso. La sociedad te tolerará todo mientras puedas encender tus cigarros con billetes de mil pesetas. Lo único que no te tolerará la sociedad es ser pobre. ¡Ojo con serlo! Cuando lo vayas a ser, pégate un tiro. Y ahora, lo más importante...

–Venga.

Juramentos.

–Ya ves cómo he vivido; ya ves cómo muero. Una mujer me arranca la vida en plena alegría y en plena salud... Tus prendas personales y lo que yo te he enseñado te ponen en inmejorables condiciones de lucha contra la mujer. Júrame una cosa...

–Di...

–Júrame que vas a dedicar tu vida a enamorar mujeres y a abandonarlas cuando más enamoradas estén.

–Lo juro, tío Félix.

–Júrame que nunca te enamorarás de ninguna.

–Te lo luro.

–Jura que harás eso para vengar la ignominiosa muerte de tu tío...

–Jurado queda.

. . . .

La muerte.

Hubo un largo silencio.

Hasta la habitación del hotel llegaban, cernidos por la distancia, los rumores de los barcos que se despegaban del muelle y se dirigían por el mar de Mármara a las azules grutas de Grecia.

El tío Félix, palidísimo por la sangre perdida, exclamó sarcásticamente:

–En una novela yo habría muerto sin poderte decir por completo la cosa más importante que te tuviera que decir... En la realidad, da tiempo a decirlo todo y hasta se queda uno un rato sin saber de qué hablar... Como en las visitas cursis...

Y decidió:

–Pide un ajedrez.

Pedro intentó una protesta. El tío Félix le atajó.

–Pide un ajedrez, Pedrito. No soy de los que aguardan la muerte rezando el rosario.

El mayordomo, el viejo mayordomo de Sagarreterrat, trajo un ajedrez, e informado de lo que sucedía, quedó en pie junto a la puerta, escoltado por los cuatro criados vascos. Todos tenían los ojos charolados por las lágrimas y miraban al tío Félix con el asombro y la estupefacción con que hubieran mirado a Mahoma vestido de buzo.

Comenzó la partida. Pedro luchaba por ocultar su angustiosa emoción inclinando el rostro sobre el tablero.

El tío Félix movía las piezas cada vez más torpemente. Sin embargo, diez minutos después, había logrado acorralar a Pedro.

Trasladó de sitio una torre.

Luego hizo una jugada de alfil, que colocaba al adversario en jaque mate.

–Estoy muerto, tío Félix –confesó Pedro.

–Y yo también, hijo mío –replicó él.

Cayó hacia atrás en el sillón.

Fueron sus últimas palabras.

7 LO QUE HIZO PEDRO PARA VENGAR LA MUERTE DE SU TÍO

El mes que siguió a la muerte del tío Félix lo invirtió Pedro en enterrarle y en vengarlo. Para lo primero, se trasladó a Sagarreterrat. Para lo segundo, regresó inmediatamente a Constantinopla en busca de Silma.

–Te vengaré, tío Félix –había vuelto a prometer estremecido de rabia ante la tumba del aristócrata–. Vengaré tu muerte enamorando a todas las mujeres que encuentre en mi camino; pero primero he de vengarte enamorando a la mujer que te mató.

La venganza de Pedro.

Fingió ignorar lo sucedido entre su tío y ella, y cuando logró tranquilizar a Silma en este sentido, enamorarla fue cuestión de un par de días.

No utilizó táctica especial ninguna.

¿Para qué? Le mordió la boca: sencillamente.

Él sabía que al doblar ese cabo tormentoso de los cuarenta años, hasta las mujeres difíciles se tornan fáciles. Y Silma no había sido nunca una mujer difícil.

Y el enamorarla tampoco constituía para Pedro un sacrificio. Porque una mujer de cuarenta años, para todo *gourmet* del amor es siempre un plato exquisito.

Estas mujeres de cuarenta años, que cada minuto avanzan un peldaño en la ruina de la miseria física, que cada mañana espían aterradas ante el espejo la audacia nueva de una nueva cana o de una nueva arruga, que asisten constantemente a la fuga inexorable de la belleza y con ella la vida, son tan buenas de gozar como un abrazo dado a la esposa en la misma espalda de su marido, como unas vacaciones cor-

SILMA DRAKE
Domadora de cocodrilos.—40 años

tas o como la lectura de un libro en el campo en el instante en que el crepúsculo va llevándose la luz.

Los perfumes más delicados nacen de la materia que ya se pudre

Las flores más divinas brotan en las charcas infectas.

El dinero más agradable es el de la estafa pronta a descubrirse.

Los amigos en quienes se puede depositar toda la confianza son los que se hallan agonizando del tifus.

En resumen, además de por la venganza en proyecto, Pedro se sintió impulsado hacia Silma por el deseo sexual. Se decía:

«Hasta me gusta esta mujer, que empieza a ser vieja, pero que se conserva bien, porque podré llamarla *mamá* en los momentos cumbres.»

Y se apoderó de Silma Drake.

Y Silma, a su vez, tomó a Pedro con la precipitación y el ansia con que se toma el último tranvía.

Silma se enamoró locamente de Pedro.

Porque él, último amante de la domadora, representaba para ella todo, **TODO, ABSOLUTAMENTE TODO.**

Silma comprendía que Valdivia era indudablemente el último, que ya no encontraría otro jamás, y menos así de joven, de elegante y de guapo. Y en tan dramática situación de ánimo, Silma se dispuso a exprimir, a despachurrar, a agotar hasta el límite, a apurar hasta los posos este último vaso ofrecido por la suerte con unas palabras sabias que parecían sonar constantemente en sus oídos:

«¡Silma, aprovéchate, hija! ¡Después de esto, el Diluvio!»

. . . .

Una mujer, consciente de que después de un amor sólo queda el Diluvio, es lo que más se parece a la peste bubónica. Y la peste bubónica fue Silma para Pedro:

A. – *Noches interminables de jadeos continuos.*
B. – *Amaneceres frenéticos de pasión.*
C. – *A la hora del baño, amor furioso.*
D. – *Durante el desayuno, besos infinitos.*
E. – *A continuación el delirio en caricias.*
F. – *En el almuerzo, abrazos epilépticos.*
G. – *Inmediatamente después, explosiones de pasión desatada.*
H. – *Las tardes, consumidas en agotadores transportes.*
I. – *El anochecer, lleno de espasmos.*
J. – *Las comidas, sazonadas con salsas de sensualidad.*
K. – *La alcoba, respirando hambre de amor.*

L. – *Las noches, sumergidas en jadeos, empalmados con la pasión rabiosa de otros amaneceres.*

Y esto un día, y otro, y otro, y otro...

Por fin ocurrió lo irremediable. El Exceso tomó cartas en el asunto y la belleza de Silma Drake se derrumbó.

Sí. La belleza de Silma Drake se derrumbó. Se derrumbó de pronto, bruscamente, en una sola noche, igual que los edificios vetustos y los gobiernos tiránicos.

. . . .

Al darse cuenta de ello, Pedro se dijo:

«Bueno. Lo que había que gozar aquí ya está acabado. Sólo queda la venganza. Se trata de arruinarle la vida para siempre a esta mujer. Vamos a ello.»

Y se puso en campaña.

El primer golpe se lo asestó a la mañana siguiente. Entró en el gabinete de Silma a la hora en que calculó que la sorprendería sin arreglar, en toda la lamentable situación de las mujeres vencidas por los años al tirarse del lecho.

Efectivamente, Silma, frente al tocador, miraba con espanto la situación horrible a que en pocos días había llegado su rostro.

Pedro fingió no conocerla y preguntó:

–¿Qué hace usted aquí, señora? ¿Quién le ha dado permiso para entrar en esta habitación?

Silma dejó escapar un alarido, y cayendo en la trampa, se precipitó a los brazos de Valdivia, gimiendo:

–¡Pedro! ¡Pedro! ¿Es posible? ¿No me reconoces?

–¿Qué?

–Soy Silma... ¡tu Silma!

Él adoptó un aire grave:

–Vamos, señora... Déjese de bromas y tenga la bondad de salir cuanto antes de estas habitaciones.

–¡¡Te digo que soy Silma, Pedro!! –replicó ella, ya con la muerte en el alma.

Valdivia hizo como si empezase a dudar, vaciló sobre los pies y por fin tuvo una exigencia policíaca:

–¡Enséñeme la cédula! –pidió.

La pobre Silma extrajo de un cofrecito todos sus documentos personales pensando con angustia que su ruina física debía de ser horrible cuando su amante necesitaba ver la cédula para convencerse de que era ella en persona.

Valdivia examinó aquellos documentos con la meticulosidad de un carabinero, y al acabar, en un refinamiento de su farsa, se echó a las plantas de ella suspirando:

–¡Oh, Dios mío! Pues es verdad que eres tú... ¡Perdóname! Perdóname...

Y lloró cinco milímetros cúbicos con cada ojo.

Este llanto, archicalculado, acabó de destrozar el corazón de la mujer.

–¿Lloras? –murmuró–. ¡Ah, qué bueno eres! ¡Qué poco te pareces a tu tío Félix, que era la crueldad hecha hombre!... ¡Qué bueno eres, Pedro mío! Pero yo sabré corresponder a tu bondad... ¡Yo procederé como debo! ¡Yo sé lo que me cumple hacer!...

. . . .

Pedro supuso que ella «no haría nada», pues de sobra sabía que una mujer joven prescinde con gusto del amor con tal de poseer cualquier chuchería, mientras que una mujer vieja es capaz de prescindir de todo lo del mundo menos del amor.

Así es que siguió su plan de ataque sin esperar otros acontecimientos.

Comenzó a recurrir a las frases tóxicas. Y si se hablaba, por ejemplo, de las pirámides de Egipto, le preguntaba a Silma con naturalidad máxima:

–Tú no llegaste a verlas construir, ¿verdad?

Recurrió también a los regalos de intención ponzoñosa, y así una vez le envió una jaula de cotorra vacía y con una inscripción de apariencia amable, pero asesina.

«PARA MI QUERIDA SILMA»

Al cabo de dos meses de estas escaramuzas, Valdivia notaba ya perfectamente cómo el ejército contrario iba debilitándose por momentos. Silma Drake sufría mucho y su apariencia era progresivamente ruinosa. Ya el espíritu se deshacía al compás del cuerpo.

Y entonces él ejecutó una maniobra decisiva que le dio la victoria total.

Fue cierta noche durante la cual Pedro se mostró más galante y gentil que nunca. Inició la batalla luchando por convencer a Silma de que se conservaba muy bien. Ella estaba tan persuadida del horroroso estado físico a que los años la habían precipitado, que este trabajo preparativo le costó a Valdivia una hora larga.

Pero al cabo de la hora, su hábil elocuencia y las esperanzas de ser aún joven, que jamás mueren del todo en el corazón de la mujer, hicieron el milagro de que Silma quedara convencida.

Incluso se miró en el espejito de su bolso, se retocó los ojos y la boca con el lápiz y llegó a murmurar:

–Sí... Hoy no estoy mal del todo...

La víctima estaba colocada en forma. Y entonces Valdivia prosiguió el ataque con una serie de fintas:

–De tal manera es eso cierto, Silma –dijo–. De tal manera has conseguido conservarte joven y hermosa, que no es sólo a mí a quien gustas.

–¡Anda, bobo! –susurró ella, acariciándole una mano–. Tú me quieres y el amor hace que me mires idealmente, pero los demás...

Pedro continuó el batir de su sable, preparando la estocada definitiva.

–Te aseguro que me consta que aún gustas mucho por ahí... Sin ir más lejos, tengo un amigo que me ha expresado varias veces la satisfacción con que te raptaría para llevarte a su casa.

El ataque entraba en su período álgido.

–¿Es posible?–habló ella sonriendo–. ¿Y quién es ese amigo que desea llevarme a su casa?

Valdivia se tiró a fondo, con el golpe fulminante y mortal que planeaba:

–Un anticuario.

. . . .

Siguió a esto ese silencio hondo y helado que surge en los duelos cuando uno de los contrincantes acaba de alcanzar al otro en el pecho.

Silma se levantó muy pálida. Fue a decir algo y ya no pudo. Se desplomó blandamente, como una cosa rota e inservible.

Los médicos certificaron derrame cerebral, y Silma que estaba completamente muerta, no se molestó en llevarles la contraria.

Liquidación.

En cuanto a Pedro, vendió los cocodrilos de la domadora a un ropavejero de la calle de Biskra y se embarcó en un *steamer* hacia Génova, contento y satisfecho de sí mismo.

Don Félix de Valdivia y Garrastazu de Oleoitesingarrincacheta de Orduña y Urtubi estaba vengado.

8 DOS MUJERES DE LAS 20.195 QUE HABÍAN IDO A BUSCARLE

Tenía entonces Pedro de Valdivia diecinueve años.

Y fue también entonces cuando comenzó su triunfal carrera de Don Juan internacional.

Carrera triunfal.

De los diecinueve a los veintinueve viajó, amó, triunfó; persiguió mujeres de todas las razas y de todos los continentes; rindió a cuantas se propuso con los sistemas y los procedimientos más varios. Desarrolló todas las teorías que le enseñara su tío y otras muchísimas que la práctica le hizo idear a él mismo.

Adquirió un renombre mundial.

Y llegó a los veintinueve años –septiembre de 1918– con 16.392 aventuras en catálogo.

A partir de esta época, Pedro ya no tuvo necesidad de ir a la caza de la mujer. Eran las propias mujeres quienes, atraídas por su fama, iban a buscarle y a mendigar su amor.

Esto le permitió fijar su residencia y abandonar un trashumantismo continuo, que ya empezaba a hacérsele fatigoso. Puso casa en Madrid, en París y en Londres. Y, como buen comerciante que ha acreditado su establecimiento, esperó tranquilamente a la parroquia.

Ésta fluyó hacia sus tres domicilios en cantidades tan grandes que, ocho años después, en abril de 1927, su catálogo de Madrid señalaba la cifra monstruosa de 36.857 mujeres amadas y abandonadas.

Allá en su tumba de Sagarreterrat el tío Félix debía bailar de contento *(la danza macabra)* al ver cómo se habían cumplido sus deseos póstumos.

La primera mujer que había ido a buscarle era una muchachita irlandesa, Margaret Wicklow.

La primera que había ido a buscarle.

¡Pálida y azulada Margaret, que parecía arrancada de un cuadro de Reynolds por un marchante francés, pero que en realidad había sido arrancada de un pensionado de Dublín por un ansia de conocer de cerca a Valdivia!...

Su historia era de una sencillez indignante.

Desde el nacimiento a los tres años, Margaret no había hecho más que aprender el inglés. De los tres años a los once, se dedicó a ampliar los conocimientos de inglés aprendidos hasta entonces. Y de los once a los dieciséis empleó todas sus energías en dominar el inglés por completo.

Y eso era su historia.

Valdivia la había encontrado una noche de invierno, sentada y tiritando a la puerta de su casa de la Leicester Square londinense, como en una balada de Coleridge.

–¿Qué haces aquí? –le preguntó, porque sus ojos eran tan azules, tan azules, que no se atrevió a llamarla de usted.

–*I love you...** –replicó la muchacha.

–¿Tienes frío? –indagó Valdivia.

–*I love you* –contestó ella.

–Ya lo he oído. Pero ¿de dónde vienes? ¿Quién eres?

–*I love you.*

–¿Tienes familia?

–*I love you...*

–¿Quieres venir conmigo?

–*I love you* –replicó Margaret.

–Pues, anda, vamos...

Y la entró en su casa. Y le dio un *toddy* bien caliente. *(Para poderla desnudar sin que se enfriase.)*

Al desnudarla sucedió lo que suele suceder en estos casos: que su cuerpo quedó al descubierto. Hecho que permitió a Pedro ver que era blanca como una cuartilla; que estaba maravillosamente formada *(«made in England» después de todo...);* que la boca le sabía a fresa y que, con sus ciento cuarenta y dos centímetros sin tacones, resultaba tan pequeñita, tan pequeñita, que apoderarse de su organismo era como violar la neutralidad de Bélgica.

MARGARET WICKLOW
Ex interna del colegio de Dublín.
16 años.

–Seducirte, Margaret –la dijo–, debe ser como un delito previsto en el Código Penal.

Quizás ella no le entendió *(en realidad, él hubiera hecho bien en sustituir el Código Penal por la* Criminal Law Amendment Act, *pero estaba poco versado en jurisprudencia británica)* y se limitó a contestar:

–*I love you...*

---

* Le amo a usted.

Y el peligro de que caía dentro del Código excitó extraordinariamente a Valdivia*.

–¡Ven! –rugió–. ¡Te voy a deshacer en caricias!

–*I love you* –replicó ella.

Y así que Valdivia, después del sacrificio, observó:

–¡Parece mentira que funciones tan bien siendo tan pequeñita!

Ella respondió, todavía suspirante:

–*I love you*.

Pero cuando cinco horas después, entusiasmado de una noche indescriptible, Pedro le confesó abrazando su torso y con la boca apoyada en su cintura:

–Te adoro, Margaret...

entonces la niña elevó los brazos al cielo y lo que contestó fue:

–*God save the King* **.

Las muchachas educadas en Dublín son así de absurdas.

. . . .

Noviembre. Diciembre. Enero.

O, mejor dicho, porque estaba en Londres:

November. December. January.

Tres meses de idilio, que Pedro barajaba con otros diez o doce idilios diversos. Al tercer mes, Valdivia estaba harto de Margaret y de sus *I love you*. El 11 de enero pensó de ella:

–Es una pelma.

El día 19 había llegado a este superlativo:

–Es pelmísima.

El día 28 Valdivia definió:

–Es una imbécil bañada por el Támesis.

Y el día 30 se la trasladó a un amigo a cambio de unos prismáticos y diciéndole:

–Te la cedo. Es pequeñita, pero, como todas las mujeres pequeñitas, muy resistente. Es, además constante y fiel. Y sabe decir *I love you* en noventa y ocho tonos de voz diferentes.

El amigo se llevó a Margaret muy a gusto. Era un inexperto e ignoraba que el peor vicio de una mujer es la fidelidad y la peor virtud la resistencia física.

Y Valdivia también quedó contento de cambiar la inglesa por los prismáticos. Razonó:

---

* Freud, *Las aberraciones judiciales del impulso sexual*. (Historia del caso clínico de un sujeto que para hallar la satisfacción amorosa tenía que ponerse una toga y un birrete y oír gritar a su amada: «¡Señor fiscal! ¡La cadena perpetua es insuficiente!») Un volumen de 300 páginas, Berlín, 1913.

** ¡Dios guarde al Rey!

–Por buena que sea una mujer y por malos que sean unos prismáticos, siempre se ven las cosas más claras con la ayuda de los prismáticos que con la ayuda de la mujer.

El lector se habrá dicho...

Aquella muchacha sin historia, aquella pálida y azulada Margaret Wicklow había sido la *primera* de todos los miles de mujeres que a lo largo de los últimos nueve años habían ido a buscar a Pedro de Valdivia.

Pero me apuesto cualquier cosa a que ya el lector se ha dicho:

–¿Y cuál fue la más interesante? Porque seguramente habría una que fuera más interesante que todas las demás juntas...

Y el autor advierte:

–En efecto, lector; hubo una muy interesante, hubo una interesantísima... y peligrosísima.

La más interesante, la que estuvo a dos dedos de enamorar a Valdivia y de dar al traste con aquella carrera triunfal, ésa sí tenía historia; una historia maravillosa.

Se llamaba María Cristina de Orellana.

M.ª CRISTINA DE ORELLANA
Última descendiente de los monarcas incas.– 30 años.

Llegó a él cierta tarde, en París, con un vestido vaporoso y una carta de presentación de un *attaché* del Consulado del Perú, llamado Interaymi.

El vestido dejaba al descubierto las partes más suntuosamente morenas del cuerpo de María Cristina, y la carta dejaba al descubierto el estilo florido, tan indigerible como un huevo con cáscara, en que Interaymi escribía.

Decía la carta así:

«Mi amado de siempre amigo Valdivia: Tengo una verdadera, intensa y grande satisfacción de presentar respetuosamente a usted a María Cristina de Orellana, dulce mujer, compatriota mía, arrogante virgen peruana que al nácar puro de las razas europeas une en su cuerpo el cobre esplendoroso de los pueblos andinos...»

Al llegar aquí, Valdivia bebió un buchecito de agua para poder seguir leyendo sin atragantarse. Y continuó:

«La citada y dulce señorita, flor tropical, abeja del sur que liba lo artístico elaborando así la miel de una vida intensa; esta señorita, esencia concentrada de una civilización opalescente, ya esfumada

en la bruma del pasado; esmeralda de las minas del Potosí; riquísimo filón de un Eldorado prodigioso perfume que ...»

Valdivia pasó cinco carillas más, repletas de lirismos putrefactos, y prosiguió leyendo más allá:

«...esta señorita, María Cristina de Orellana, es la última descendiente de aquellos reyes incas, de cuya historia fascinante está henchida la leyenda, y tiene un interés decidido en conocer a usted. En vista de ello, y porque juro que favorezco a ambos –a ella porque ve su deseo cumplido y a usted porque le pongo en contacto con una criatura ciertamente extraordinaria–, le presento a la señorita María Cristina de Orellana, amado amigo mío, y...»

Valdivia todavía hizo una nueva pausa. El *attaché* añadía seis carillas más de reiteraciones poéticas de amistad explicando en copiosas y bien olientes figuras retóricas la imposibilidad de hacer personalmente la presentación por hallarse muy sujeto a las obligaciones de su oficio. En lo cual no había nada de raro, pues es lógico que esté muy sujeto un *attaché**...

Al concluir la carta del diplomático, Valdivia estaba extenuado, pero lo disimuló lo mejor posible. Y se inclinó hacia María Cristina de Orellana, la cual aguardaba acariciando distraídamente la cinta de *moaré* que sujetaba el cenicero de plata al brazo de un butacón, contemplándola con todo detenimiento.

Era una mujer magnífica, una de esas mujeres a las que les duelen el cuerpo y la cara de hermosas.

Vestía una túnica gris-hielo de vicuña; no llevaba medias, y en sus piernas prodigiosas unos coraquenques, finamente tatuados en colores, desplegaban triunfalmente las alas. Su cabeza se cubría con una pamela negra en cuyo lado izquierdo centelleaban dos esmeraldas. Sobre los hombros dormía su sueño aletargado un zorro-plata. Y la cintura muelle y redonda de la dama se señalaba por un sencillo prendido de tres rosas blancas, tres rosas tan puras, tan delicadas, tan fragantes y tan perfectas, que parecían...

Que parecían artificiales.

Valdivia arrastró un asiento hasta colocarlo enfrente de María Cristina y dijo:

---

* Aquí Jardiel Poncela juega, merced a una de las más características estratagemas de su estilo, con los dos significados de la palabra *attaché*, que puede traducirse por *atado* y por *agregado diplomático*. (Nota del editor al leer el original del autor.)

Desde mucho tiempo atrás tenía ya gana de hacer uno de estos juegos de palabras que necesitan ser explicados y que tanto abundan en las novelas mal traducidas. Hoy lo he logrado al fin y ya sólo me resta dar gracias a Dios que me ha puesto en condiciones de conseguirlo. (Nota del autor al leer la nota del editor.)

–Después de leer la carta del amigo Interaymi, y después de mirarla a usted, me lo explico todo a excepción de dos cosas.
–¿Qué son?–cantarineó ella con una voz que tendríamos que llamar argentina si no supiéramos ya que era peruana.
Valdivia la miró ardientemente antes de contestar:
–El que pueda usted ser virgen y el que tenga interés en conocerme.
María Cristina, ¡claro!, rió.
Porque el amor entre hombre y mujer tiene dos únicas trayectorias:

o empieza en una carcajada para acabar en un sollozo...

...o empieza con un juramento para acabar con una blasfemia.

Y aquél empezó con una carcajada.
Luego de reír, María Cristina habló con graciosa gravedad:
–Interaymi me llama virgen en su carta, es cierto... Pero usted ya sabe, amigo mío, que los diplomáticos, lo mismo cuando se trata de países que cuando se trata de mujeres, nunca confiesan a nadie la verdadera situación *interior*...
Rieron juntos, encantados de la frase. Y Valdivia objetó:
–Todavía le falta algo por explicar.
–¿Mi interés en conocer a usted?
–Precisamente.
María Cristina agitó su cabecita provocando múltiples centelleos iridiscentes en las esmeraldas de la pamela.
–Desde que allá, en Lima, una tarde sofocante contemplé cierto retrato que te publicaba *Excelsior*, he vivido asfixiada por el deseo de ser tuya...
–¡María Cris...
–...y me decía continuamente: *Lo lograré, lo lograré, necesito lograrlo para no morirme de ansias*... ¡Oh! ¡Qué horribles noches y qué terribles días!...
Su acento se había hecho seco y ronco. Siguió:
–Yo no era ya más que una triste fiera hambrienta y cada uno de mis poros parecía un volcán... Por fin pude arreglar los asuntos personales, saltar al auto y coger el vapor en el Callao. La travesía no fue para mí más que un excitante; cierta locura especial, hecha de metal líquido e hirviente, me corría por las venas. Pasaba largas horas contemplando tu retrato que, desde Lima, dormía entre mis senos, besándolo, estrujándolo, mordiéndolo, mancillándolo de todas suertes a fuerza de querer convertir una simple imagen fotográfica en una realidad tangible y disfrutable...
Hizo una pausa para respirar y continuó con el frenesí de quien teme no tener tiempo para decirlo todo:
–Una noche mi furor de ti era tan vibrante que salí al tránsito, cogí por el brazo al primer pasajero que pasó ante la puerta de mi cama-

rote y le obligué a hacerme suya, mientras me forjaba la ilusión de que aquel hombre eras tú, y gemía retorciéndome: *Pedro, Pedro, Pedro...*

Valdivia saltó entonces hacia ella.

–¿Por qué no me lo has dicho antes? ¿Por qué has permitido un prólogo tan largo? ¡Yo te deseo también, María Cristina! *(Y la despojó del* renard *y de la pamela.)*

–¡Ah, qué feliz soy! –suspiró ella–. ¡Sólo temía no gustarte! *(Y le quitó a él el batín.)*

–¡Me gustas como ninguna mujer me ha gustado nunca! *(Y la arrancó la túnica de vicuña.)*

–¿Es posible? *(Y le despojó de la camisa.)*

–¡Te adoro, María Cristina! *(Y la quitó la combinación.)*

–¡¡Pedro mío!! *(Y le desciñó del traje interior.)*

–¡¡Mi alma!! *(Y la quitó el sostén.)*

. . . .

¿Qué iba a hacer ella, si ya no tenía sostén?

Caer.

María Cristina cayó.

. . . .

Y dos horas más tarde, ya extenuado y sin fuerzas, Valdivia luchaba un instante contra el sueño para preguntar:

–¿Nunca has sabido quién fue aquel pasajero a quien obligaste a hacerte suya mientras pensabas en mí?

María Cristina, que también se hallaba a la puerta del alcázar del sueño, reunió sus últimas energías y contestó con un soplo:

–Sí... Lo supe porque a la mañana siguiente el pasajero no estaba ya a bordo... Era un virtuosísimo sacerdote de Antofagasta que se tiró al mar de madrugada, desesperado de su culpa y después de atarse al cuello...

–¿Una piedra?

–No... Un Misal de la biblioteca vaticana.

Y se durmieron.

(Este misal que se ató al cuello el sacerdote había sido una copia del Missale Gothicum, *el más conocido –como se sabe– de* los Missali Galicani *después del* Missale Galicanum Vetus *y del* Sacramentorum Leonianum.)

(Notas de cultura religiosa que el autor destina a congraciarse con el elemento ortodoxo español, que le tacha de irreverente.)

Pero a las seis horas justas de haberse dormido –nueve de la mañana– en brazos de María Cristina, un criado entró a despertar a Valdivia:

–Señor... Salga en seguida el señor... El señor se encuentra en peligro de muerte...

–¿Estás idiota?

–No lo sé, señor... Pero créame el señor que se encuentra en peligro de muerte... Acaba de decírmelo un caballero que espera al señor en el despacho...

Valdivia sintió miedo.

Recordó de pronto el caso de su antepasado Ondegardo de Valdivia, el gran político croata, al cual había ido a ver cierta mañana un individuo, diciéndole:

–Vengo a advertirle de que se encuentra en peligro de muerte.

y que al contestar él:

–¡Eso no es posible!

había replicado el otro, con absoluto convencimiento y descerrajándole un tiro en la cabeza:

–Ya ve usted que sí lo es, don Ondegardo...

¡Pero él no era político, ni croata!... Lanzó una ojeada hacia María Cristina, que dormía a su lado en medio de un pasional desorden de ropas y con una sonrisa en los labios. Y este estimulante cuadro le tranquilizó lo suficiente para preguntar al criado:

–¿No sabes quién es ese caballero?

A lo que el criado replicó pasándole una tarjeta de pergamino que decía así:

> *Viracocha Interaymi*
>
> **AGREGADO CONSULAR DEL PERÚ**

–¡Haberlo dicho! Se trata de un amigo...

Se ciñó el batín, se calzó unas chinelas y encaminóse al despacho pensando como Aníbal cuando la visita de Alorco:

¿Qué querrá este guacamayo?

En el despacho, paseándose y mordiéndose las uñas de impaciencia, estaba el *attaché* Interaymi.

Al aparecer Valdivia en el despacho, Interaymi se le echó en los brazos con el terror pintado al duco en su semblante y borbotando preguntas:

–¿Recibió usted ayer una carta mía? ¿Vino a verle una señorita peruana? ¿Ha hablado usted con esa señorita? ¿La ha vuelto usted a ver desde ayer? ¿Ha ocurrido algo entre ustedes?

Valdivia le atajó con un gesto y fue a decirle:

–Querido Viracocha... ¡cálmese!

Pero en aquel momento una voz arrullante traspasó las paredes llamando desde la alcoba:

–¡Pedro!

Al oír a María Cristina, Viracocha Interaymi cayó anonadado en un sillón. ¡Dios mío! Entonces *aquello* no tenía arreglo ya. ¡Había pasado la noche con María Cristina! E inspeccionó a Valdivia igual que lo habría hecho un médico, ensartando dos nuevas preguntas:

–¿No se siente usted enfermo? ¿No nota nada anormal?

–Sí, noto algo anormal, Viracocha: la conducta de usted.

Interaymi le cogió entonces por el brazo y lo sacó a una *serre* entoldada que caía sobre el jardín.

–Venga inmediatamente... Hablemos aquí, donde ella no podrá oírnos... ¡Usted no se imagina sobre qué volcán está viviendo desde ayer tarde!

Y ya más sosegado, enjugándose el frío sudor de su frente con el *stor,* Viracocha Interaymi agregó:

–Voy a llegar tarde a la oficina; pero no hay más remedio... Para salvarle de una muerte inminente tengo que contar a usted la verdadera historia de María Cristina de Orellana...

. . . .

Y en treinta y nueve minutos y por el procedimiento anonadante de incluir de vez en cuando bellas parrafadas líricas, el *attaché* Interaymi puso al corriente a Valdivia de estas seis cosas que todo el mundo sabía en el Perú:

1.–*Que María Cristina de Orellana había nacido hacía justamente treinta años sin que al principio se hubiera sabido quiénes eran sus padres, ya que –como una Moisés de los Andes– apareció cierto amanecer en una cestita de «totora» que flotaba en las aguas del lago Titicaca.*

2.–*Que hasta los doce años, María Cristina había vivido pobremente en el seno de una familia de indios* quichúas, *habitantes de una casita de adobes de los alrededores de Puno, junto al lago.*

3.–*Que a los doce años cumplidos, María Cristina desapareció una noche (de plenilunio por más señas), sin dejar rastro y de un modo tan inexplicable, que la familia de* quichúas *se lo explicó al punto mediante la hipótesis de que se había caído al lago, ahogándose, como se suelen ahogar las personas en estos casos.*

4.–*Que diez años después, una dama hermosísima, de educación refinada y a la que se calculaba poseedora de riquezas fabulosas, se había instalado en Lima, proveniente de Europa, comprando a peso de oro un antiguo palacio-residencia de las márgenes del Rimac.*

5.–*Que esta dama hermosísima y fabulosamente rica y refinada no era otra que María Cristina de Orellana.*

6.–*Y que, desde entonces, con apariciones bruscas y bruscas desapariciones, la dama había vivido en Lima hasta hacía un mes que partió para España y, utilizando la amistad de Interaymi, se puso en relación con Pedro de Valdivia.*

Y acto seguido, Viracocha Interaymi le trasladó a Valdivia estas otras ocho cosas, mucho más interesantes, y que él solo sabía:

1.–*Que María Cristina era la última descendiente de los Reyes Incas del Perú y que quien la había abandonado en las aguas sagradas del Titicaca era su propio padre, Huayna Quenia Orellana, el cual estaba más loco que una vicuña* y vagaba sin rumbo por el país, cuyo trono habían ocupado sus mayores hasta Atahualpa.*

2.–*Que aquella desaparición de María Cristina en una noche de plenilunio y al cumplir los doce años había sido un rapto.*

3.–*Que la había raptado un monje* quichúa, *el jefe venerable de los* quipucamyas, *es decir: «el que conoce la Historia».*

4.–*Que este monje había llevado a la niña por subterráneos milenarios, sólo recorridos por él y por varios millares de ratas, a un auténtico «Templo del Sol», que todavía se conservaba en las profundidades rocosas de los Andes, tal como los vieron y describieron Pizarro, Hernando de Soto, Garcilaso, Sarmiento y los demás capitanes españoles de la época de la Conquista.*

5.–*Que en aquel «Templo del Sol» se apilaban el oro, la plata y las piedras preciosas en cantidades inverosímiles y que al llegar allí, el jefe venerable de los* quipucamyas, *que por cierto era tartamudo, le había dicho a María Cristina:*

*«–Todo esto es tuyo, ¡oh, Coya!**, Hija del Sol, porque perteneció a tus antepasados, desde Manco-Capac el Fundador, Hijo del Sol, hasta Huayna Quenia Orellana el Delirante***, Hijo del Sol, tu padre, pasando por Atahualpa el Mártir****, Hijo del Sol. Pero Huayna Quenia Orellana, Hijo del Sol, tu padre, acaba de morir en Caxamarca. Y ahora todo este tesoro es tuyo, Aima Huira Orellana, Hija del Sol, por mal nombre María Cristina...»*

6.–*Que al día siguiente el jefe de los* quipucamyas *y Aima Huira Orellana* (née *María Cristina) salían para Mollendo y embarcaban en un paquebot de la «Steam Pacific» con rumbo a Europa.*

---

* La cabra salvaje del Perú.

** *Reina,* en la lengua «aimara».

*** Delicada alusión a la locura del padre de María Cristina.

**** Alusión a la muerte en la hoguera que sufrió el rey Atahualpa cuando la conquista del Perú. No hay que olvidar que el jefe de los *quipucamyas* conocía la Historia.

7.–*Que ambos se instalaron en París, donde vivieron doce años como padre e hija.*

8.–*Que al cabo de aquellos doce años, el viejo jefe de los* quipucamyas *murió prosaicamente de una enteritis. Y que fue entonces cuando Aima Huira Orellana (conocida en el mundo civilizado por María Cristina de Orellana) volvió a Lima para instalarse en su palacio de las orillas del Rimac, convertida en una dama hermosísima, refinada y fabulosamente rica.*

. . . .

–Bueno, muy bien –dijo Valdivia–. La historia de María Cristina es suculenta y usted ha hecho divinamente con llegar tarde a la oficina para contármela. Pero hasta ahora no veo por ningún lado el peligro de muerte de que me hablaba...

Viracocha Interaymi se puso un dedo en los labios, salió de la *serre,* atravesó el despacho, pegó su oído a la puerta de corredera que comunicaba con la alcoba, y sólo cuando oyó distintamente la tierna respiración de María Cristina, que había vuelto a dormirse, regresó junto a Valdivia. Y entonces pronunció esta frase sensacional:

–María Cristina de Orellana viene desde el Perú a asesinar a usted...

–¡Viracocha! –gruñó Valdivia con tal expresión que pareció que gruñía una palabra fea.

Y el *attaché* añadió más misterioso, más incomprensible y más sensacional que nunca:

–Usted es el *octavo que asesina... y aún le faltan cuatro...*

. . . .

Y lo que entonces supo Valdivia, como los dolores de muelas y los atletas, levantaba en vilo. Véase: Parece ser que durante los doce años de estancia en París de María Cristina y el jefe de los *quipucamyas,* éste había ilustrado convenientemente a su reina en el conocimiento de la Historia del Perú.

Todos los hombres que conocen la Historia son funestos, porque el conocimiento de la Historia no vale sino para despertar odios dormidos; pero el jefe de los *quipucamyas* había de resultar más funesto que ninguno.

Poco a poco, con un partidismo fanático, el viejo sacerdote *quichúa* hizo comprender a María Cristina cómo todos sus reales ascendientes, desde Atahualpa, habían sufrido torturas y humillaciones constantes de la parte de los españoles. En la crueldad de los episodios de la conquista, el jefe de los *quipucamyas* se recreaba con una especie de masoquismo ancestral. Contaba, llorando abundantes chorros, la entrada pacífica de los Pizarro y sus tropas en

Caxamarca, la Ciudad Santa, y la visita que allí les había hecho Atahualpa seguido de seis mil guerreros *quichúas* feísimos; contaba –con rugidos de indignación y mordiendo los muebles más próximos– cómo los españoles se habían lanzado de improviso a la matanza al grito de «¡Santiago y a ellos!», y cómo el Apóstol había acudido a repartir porrazos a derecha e izquierda montado en un prodigioso caballo blanco que relinchaba en latín; contaba cómo Pizarro, al extender una mano sobre Atahualpa para conservarlo vivo, había sido herido por el propio Apóstol, lo que motivó que el viejo conquistador dijera a su Santo aliado: «¡Santiago, hombre, que te entusiasmas arreando!...» Contaba la prisión de Atahualpa, el pago del famoso rescate de la «raya en la pared» que importó 1.326.539 pesos de oro; y, por fin –aullando en todos los tonos–, el jefe de los *quipucamyas* contaba a su reina la traición de los vencedores y la ejecución del inca Atahualpa, que fue quemado como una cerilla en la plaza de la ciudad...

María Cristina quedaba horrorizada al final de tales sesiones de reconstitución histórica, y el jefe de los *quipucamyas* se excitaba tanto recordando las penalidades sufridas por su raza, que hasta pasadas once horas no podía comer nada líquido, porque el temblor de sus manos le vaciaba la cuchara antes de llegar a la boca.

Después de Atahualpa, los reyes incas habían arrastrado una existencia todavía más trágica. Las autoridades españolas no les reconocían como reyes; carecían de tropas y ni siquiera podían disfrutar de los tesoros ocultos en el templo del Sol de Titicaca, pues la tradición los decía sagrados.

Con la independencia del Perú, en 1818, tampoco habían variado las cosas y aquellos tristes reyes nominales –que sólo lucían el *llantu* real en ciertas fiestas celebradas a escondidas en la montaña– se vieron forzados a aceptar los oficios más humillantes para poder vivir.

Y así, desde el siglo XVI hasta el siglo XIX había habido:
seis reyes incas, traperos a domicilio en Lima;
cuatro, guías de caravanas en los Andes;
tres, criados «para todo» en Arequipa;
nueve, cardadores de lana en Pisco,
y dos, limpiabotas en Chorrillos.

Es decir: una total dinastía de 24 monarcas a cual más cochambroso.

En cuanto al desdichado Huayna Quenia Orellana, padre de María Cristina, después de poner una tiendecita de pucheros en Cuzco, había acabado volviéndose loco (primer caso, por cierto, entre los vendedores de pucheros del mundo).

Aquello reclamaba venganza y el jefe de los *quipucamyas* había decidido llevar esa venganza a cabo.

Por eso puso a disposición de María Cristina los tesoros del «Templo del Sol»; por eso se había erigido en tutor de la joven reina, y por eso la educaba refinadamente en París y le contaba la Historia entre aullidos de furia.

Cuando notó que María Cristina odiaba lo bastante a aquellos conquistadores españoles culpables de todo, el viejo *quichúa* le dijo:

–¡Véngate de ellos, Coya! Eres mujer; eres joven; eres hermosa y eres rica... Estás preparada para la venganza. ¡¡Véngate!!

–Pero ¿cómo he de vengarme de aquellos conquistadores? –dijo la muchacha–. ¡Todos están enterrados hace cuatrocientos años!

Y el jefe de los *quipucamyas,* con un relampaguear de ojos, clamó entonces:

–¡¡Quedan los descendientes, Coya!!

Y le tendió un papel en donde había escritos doce nombres seguidos de doce direcciones y precedidos de doce cruces. Y uno de estos nombres, seguido de una dirección y precedido de una cruz, lo conocemos sobradamente:

† *Pedro de Valdivia.* – 28, Rue de Rivoli. *París.* – *Francia.*

. . . .

–¿Comprende usted ahora? –le dijo Viracocha Interaymi a Valdivia–. Desde entonces María Cristina de Orellana ha dedicado su vida a asesinar descendientes de conquistadores. Asesina por patriotismo...

–¡Menudo caso para un discurso en la Fiesta de la Raza!

–Y se vale de sus seducciones de mujer para acercarse a las víctimas... ¡Ya ha matado a siete, Valdivia! Y usted deberá hacer el octavo... Y después de usted, aún tienen que caer cuatro más...

Valdivia chupaba, pensativo, un cordón del batín. ¿Sería su destino acabar la vida como el tío Félix? De pronto, arguyó:

–Pero mi ascendiente, el capitán don Pedro de Valdivia, fue sólo conquistador de Chile y...

–¡Hum! También anduvo mezclado en lo del Perú; era íntimo de Hernando de Soto... Nadie ignora eso. Y por culpa de su ascendiente, esa mujer tiene decretada su muerte, amigo mío...

–¡Pues maldito sea mi ascendiente, Interaymi!

A lo que el otro no tuvo inconveniente en lanzarse a replicar:

–Bueno.

Y antes de que Viracocha pudiera evitarlo, Valdivia entró en el despacho, se encaró con el glorioso guerrero, cuyo retrato pendía de la pared, y le tiró un tintero, que le puso la armadura perdida.

El conquistador de Chile, desde lo alto de la pared donde estaba colgado, arrugó el entrecejo duramente.

Pero no dijo nada.

. . . .

A las diez menos cuarto, Viracocha cogió el sombrero y salió corriendo en dirección a su oficina del Consulado.

Desde la escalera le gritó a Valdivia:

–¡Está usted advertido! Ahora de usted depende el salvarse. Lo mejor es que huya antes de que María Cristina se despierte; no dé lugar a que esa mujer actúe. ¡Sálvese Valdivia! Yo he cumplido con mi deber, pero no puedo detenerme más... Son las diez menos cuarto y el reloj de la oficina va diez minutos adelantado. ¡Adiós!

Y desapareció.

En los primeros momentos de soledad, Valdivia sólo pensó en vengarse de aquel ilustre guerrero del siglo XVI, culpable de la situación comprometida en que se encontraba.

Se subió en la mesa, descolgó el retrato de don Pedro, se dirigió a la cocina, pidió un pedazo de queso y con el queso en la mano y el retrato debajo del brazo, se encaminó al sótano de la casa. Una vez allí, frotó enérgicamente con el queso la cara del vencedor de Otumba y lo abandonó en un rincón.

–Ahora los ratones acudirán al olor del queso –dijo–. Estos ratones completarán la obra de los araucanos y mañana no quedará de don Pedro de Valdivia más que el marco... *(Era la segunda vez que atentaba contra el retrato de un personaje histórico.)*

Después de lo cual se tranquilizó bastante.

Y subió a la alcoba, resuelto a hacer una cosa parecida con María Cristina de Orellana.

Ella dormía aún. *(Pudiera decirse que dormía como duermen los ángeles, si no fuera porque las mujeres duermen de una forma mil veces más bella.)* El tirante izquierdo de su *chemisede-nuit* se había deslizado a lo largo del brazo y media espalda aparecía esplendorosamente desnuda y un seno erguido y altivo, de verdadera reina, quedaba al descubierto. La negrura de la melena se rizaba en un furioso oleaje sobre los hombros; y entre la finura tenue de las sábanas surgía hasta el muslo una pierna de color de luna invernal.

Era una maravilla.

Pero esta «maravilla» asesinaba...

¿Y qué? ¿Morir entre aquellos brazos y sobre aquellos senos no era maravilloso también?...

Amarga y odiosa es la muerte; mas cuando la muerte viene de tal guisa, ¡viva la muerte!*.

. . . .

Fueron unos amores divinos.

¿Sabe nadie la delicia de abrazar y besar a una mujer de la que se espera la muerte a cada instante?

---

* Serafín y Joaquín Alvarez Quintero, *Los vivas en nuestro teatro*, pág. 81.

La muerte y el amor... ¡qué estupendo cóctel!
Morir y amar... ¡qué deliciosa mezcla!

M A O M R A I R R

Cada noche, al ceñirse a las morbideces de María Cristina bajo la ropa, Valdivia se preguntaba: ¿no será esta noche la última?

Y al despertar con la luz de un nuevo día, junto a la desnuda y perfumada laxitud de su amada, se decía Valdivia: ¿no será el último el día de hoy?

Si al llegar a su casa, María Cristina no estaba allí, Pedro murmuraba:
–Ha ido a comprar el revólver.

Cuando, en la noche, ella abandonaba el lecho, el amante suponía:
–Se ha levantado para coger una cuerda... Cuando vuelva me ahorcará silenciosamente...

En medio de un combate de amor, Valdivia pensaba:
–Ahora me clava un puñal en los riñones...

Si se hallaban en el campo, lejos de la ciudad, él se volvía de espaldas y se decía.
–De un momento a otro me descerrajará un tiro.

Nadando en el Cantábrico creyó más de una vez:
–Va a ponerme cabeza abajo para que me ahogue... ¡Qué gusto!

Porque la verdad era ésta: que a Valdivia le entusiasmaba la idea de fallecer a manos de María Cristina.

Pero transcurría el tiempo; el entusiasmo del amor avanzaba y la muerte, como los telegramas urgentes, no acababa de llegar.

Entonces Valdivia se dedicó a provocarla. Comenzó a comprar armas y a deshacer sus viejas panoplias, distribuyendo objetos mortíferos por todos los muebles de la casa con el descuidado aspecto de cosas olvidadas. Pistolas, machetes, sables, puñales, cuchillos, revólveres, rifles, hachas de abordaje, mosquetes, ballestas, lanzas, picas, alabardas; la casa parecía un barco de guerra con la escuadra enemiga a la vista.

Un día surgieron en el *hall* once mozos de cuerda, trayendo embalado un enorme objeto que *había dejado encargado y pagado el señor Valdivia.*

Era un cañón «Schneider». Y Valdivia hizo que lo colocasen en el despacho, apuntando hacia el sofá donde él solía tumbarse para reposar el almuerzo. Le advirtió a María Cristina:

–Está cargado; lo puede disparar un niño de seis años. Lo he traído porque me seduce la idea de tener en casa un cañón cargado...

Y se tumbó a dormir en el sofá. *(Pero no ocurrió nada.)*

Otro día, al sentarse a comer, María Cristina preguntó, señalando una cajita que se veía encima de la mesa:

–¿Qué es?

–Estricnina en gotas. Me la han recomendado contra la debilidad nerviosa. Debo tomar sólo dos gotas diarias...

Y recalcó:

–Porque, figúrate: tomando veinte gotas de una vez, moriría al instante. Y con treinta gotas se mata a un caballo. Y con treinta y cinco, a un presidente de Consejo de Ministros.

Se levantó y salió del comedor.

–Perdona. Vuelvo en seguida.

Y tardó media hora en volver. *(Pero tampoco ocurrió nada.)*

UN AÑO MAS TARDE...

Todo seguía lo mismo. Era la inversa del «caso» de Silma Drake. Entonces él espiaba la muerte de ella. Ahora espiaba su propia muerte...

Viracocha Interaymi estaba asombrado.

Y Valdivia no pudo resistir más. Abordó a María Cristina con estas palabras de drama de Bernstein.

–Amada mía: lo sé todo.

–¿Qué es lo que sabes?

–Tu historia y tus propósitos, Aima Huira Orellana.

Ella abrió sus grandes ojos sudamericanos y cayó al suelo llorando convulsivamente.

–Puesto que lo sabes todo –gimió–, tendré que confesar... Vine a matarte, pero te quiero tanto, ¡tanto!, que...

–Que no has tenido fuerzas para hacerlo, ¿verdad? –acabó él.

–Eso es; que no he tenido fuerzas para hacerlo...

–¡Ah, qué asco! –rugió Valdivia tapándose el rostro con las manos–. ¡Qué asco! Todas las mujeres del mundo habrían dicho igual... ¡Qué asco! ¡¡Qué asco!!

Pero María Cristina no le oía; elevando los brazos al sol, que se escurría tras los tejados de Poniente, impetraba:

–¡Perdóname, Huascar! ¡Perdóname, jefe venerado de los *quipucamyas!* ¡Tu Coya no tiene fuerzas para cumplir su juramento!

(Cuando los bomberos enchufan sus mangas sobre la multitud se disuelven las manifestaciones.)

(Cuando las mujeres dicen MI MARIDO SE HA ENTERADO DE NUESTRO AMOR, PERO SE HA QUEDADO TAN FRESCO, *al amante deja de interesarle la mujer.)*

Cuando Valdivia supo que María Cristina no le había de matar nunca, se desilusionó; perdió todo el interés que –excepcionalmente– había llegado ella a inspirarle y se largó a Madrid.

¡PIIIIIIII! ¡PIIIIIIII!

¡CHACA, CHACA, CHACA! ¡CHACACHACA! ¡CHACACHACA!

Y días después supo:

Que María Cristina había partido, a su vez, para la América del Sur.

Y que que el mayordomo había empeñado el cañón «Schneider» para atender a los gastos de la casa de París durante la ausencia de su amo.

9 ...Y LLEGAMOS A LA MUJER QUE TRANSFORMÓ SU VIDA

De tal manera salvó el Destino a Pedro de Valdivia del amor y de la muerte, la única vez que estuvo a punto de enamorarse y de morir.

Sí. De las 20.195 mujeres que «habían ido a buscarle», Margaret Wicklow *fue la primera*

Y María Cristina de Orellana *fue la más interesante.*

Pero la que deshizo y disolvió su vida para siempre fue...

El lector lo ha adivinado ya...

¿No? ¿Que no?

Es fastidioso que sea siempre el autor el que tenga que decirlo todo y contarlo todo y explicarlo todo...

Pues la mujer que había de transformar, deshacer y disolver la triunfal vida de Valdivia para siempre, fue aquélla que en la noche del 16 de abril se acercó a su coche para decirle:

–Le invito a un *whisky* en el *Claridge's.* Salga usted...

FIN DE LA SEGUNDA PARTE

TERCERA PARTE

(CONTINUACIÓN DE LA PRIMERA)

DONDE CONTEMPLAMOS EN PLENO TRIUNFO AL DON JUAN QUE SE LLAMA PEDRO

1

VALDIVIA ENCUENTRA DEBAJO DE SU CAMA UNA CHALINA, UNA MELENA, UNA PIPA, UN PINTOR Y UN DISCÍPULO

EL DIA 17 DE ABRIL, A LAS 9,30

1

DESPERTAR, AFEITADO E INFORMES DE LA NOCHE ANTERIOR

VALDIVIA.–¿Qué día indica el barómetro, Ramón?

EL CRIADO.–Un día magnífico.

VALDIVIA.–Pero ¿magnífico con «inclinación a buen tiempo»?

EL CRIADO.–Seguramente, señor.

VALDIVIA.–Me alegro, porque eso quiere decir que pronto empezará a hacer días magníficos.

El criado, un criado singular que en lugar de robarle a su amo las corbatas y los calcetines, le robaba las frases, se apresuró a cumplir el primer deber del día: cogió un cigarrillo de la cajita de sándalo depositada en una shelve *próxima, se lo puso a Pedro en los labios y se lo encendió con el mismo gesto grave con que los nihilistas de la infancia de Gorki encendían las mechas de las bombas. Luego se retiró a cierta distancia: como los nihilistas también.*

Valdivia aspiró dos o tres tufaradas e indagó (en la incertidumbre del hombre habituado a acostarse en un sitio y a levantarse cuatrocientos kilómetros más allá):

–Ramón... ¿En dónde estamos?

–En Madrid, señor.

Calló de nuevo para preguntar:

–La capital de España, ¿verdad?

–Desde Felipe II –repuso Ramón.

Y Valdivia se quedó pensativo, murmurando:

–Felipe II... Felipe II... ¿Dónde he oído yo ese nombre antes de ahora?...

EL CRIADO.–¿Cómo quiere el señor el baño?
VALDIVIA.–A 30 grados.
EL CRIADO.–¿Y el afeitado?
VALDIVIA.–A 100 por hora.

Ramón desapareció por una puertecita que ni Sherlock Holmes hubiera sospechado en el muro y pronto se oyó ese rumor de agua fluyente característico de los cuartos de baño, de los incendios y de las lecherías.

Valdivia aprovechó la soledad para pasear una mirada, aún turbia de sueño, por la habitación. Sí. Indudablemente estaba en Madrid. Aquella era su alcoba del hotelito de Claudio Coello, 139. Allí estaban los muros color cadmio y el gran ventanal apaisado de guillotina. Allí, bajo el ventanal se alzaban las librerías enanas, donde se alineaban algunos de los extraños volúmenes heredados muchos años antes del tío Félix:

Cortesanas célebres por su decencia.
Manual de la cocina antropofágica.
La caza de la mujer con reclamo.
La lujuria al alcance de todos.
Mis viajes por los países a los que no he ido nunca.

Etcétera, etcétera.

Allí estaba el *gong* repujado, que en su cara anterior ostentaba bajorrelieves representando el triunfo de Alejandro en Persépolis, y en su cara posterior, la autopsia de Rodolfo Valentino. Allí, en un rincón opuesto al ventanal, se erguía la reproducción en bronce de *La Muerte* de Ligier Richier, que significaba la transición del gótico al Renacimiento y a la que él había hecho cubrir el cráneo con una chistera para que, en lo sucesivo, significase la transición del Renacimiento a la edad del *Cabaret*. Allí brillaba la gran pecera, donde coleteaba incesante un diminuto rebaño de *nummis* del Nilo, de truchas minúsculas del Monasterio de Piedra, de *flys* del Mississippi y de *nikoios* japoneses, peces estos últimos que tenían la propiedad de volverse reumáticos si todos los días no se les sacaba un par de horas de la pecera. Allí a la cabecera del lecho, en la pared, se veía la *mujer crucificada* que cierto escultor amigo le había regalado tiempo atrás para que recordase siempre a la única «víctima» de la que había estado a pique de enamorarse: la melena desrizada sobre los senos, el rostro crispado por no se sabía qué doloroso placer o qué placentero dolor, y al pie de ella, un nombre de crucifixión clásica:

Sí. Decididamente estaba en Madrid.
Capital de España.
Sobre el Manzanares. Y bajo la Dictadura. *(Dos ríos de poca agua.)*

El criado apareció de nuevo; acercó al lecho un paje de plata en el que todo estaba dispuesto y se engolfó en la tarea de afeitar a Valdivia sin que éste se moviera de la postura en que le había sorprendido al despertar: un problema de álgebra.

VALDIVIA.–¿Me acosté solo anoche, Ramón?
EL CRIADO.–No. Yo ayudé a acostar al señor, como siempre.
–Digo si me hizo compañía alguna mujer.
–El señor vino muy tarde: al amanecer, lleno de polvo y en un taxi.
–¿En un taxi? ¿Yo en un taxi?

Se incorporó bruscamente y el criado tuvo que echarse hacia atrás para que el cigarrillo de Valdivia no se le alojase en el ojo derecho. Permanecieron así un buen rato; el amo sentado en la almohada y el criado con la navaja en alto, como un anuncio de la casa «Gal» Por fin, Valdivia se dio un golpe en la frente a consecuencia del cual volvió a caer en decúbito y Ramón pudo continuar su trabajo.

VALDIVIA.–¡Ya recuerdo! Se me estropeó el coche en la carretera del Pardo. Tendrás que decirle a Eleuterio que lo mande a buscar.
EL CRIADO.–Sí, señor.

Y recordó todo lo de la noche anterior. Su encuentro con Vivola Adamant. Su larga conversación en el *Claridge's;* su paseo en auto; su fracaso, aquel primer fracaso que...

Pero el criado no le dejó amontonar nuevos recuerdos.

–A las cinco de la mañana –dijo– vino la señora duquesa, a quien el señor tenía citada anoche a la una en Molinero.
–¿A la una en Molinero?
–Sí, señor. De la «ficha» de la señora duquesa, que el señor estuvo consultando ayer, se desprende que es el octavo plantón que le da el señor a la señora duquesa... De manera que la señora duquesa vino esta madrugada dispuesta a todo...
–¿Y es posible que lo consiguiera todo, Ramón?
–Por lo menos entró hasta aquí, se desnudó y se metió bajo las sábanas con el señor. Yo fui a detenerla para que no molestase al señor...; pero es más fácil detener un expreso que a una mujer cuando ambos están decididos a descarrilar.
–He aquí una frase ingeniosa, Ramón.

El criado se inclinó modestamente.

–Es del señor, que la pronunció en Barcelona el 25 de junio

de 1925, a raíz de su aventura con la princesita Elisabeth de Dinamarca. Y mientras el señor incorporaba a su repertorio a la princesita, yo incorporé a mi repertorio la frase –aclaró suavizando la navaja.

–¿Y qué duquesa era, Ramón? ¿La de Riccione, la de Lauria o la de Somahoz?

–La de Lauria, señor.

–Debí sospechar que era la de Lauria, porque la almohada huele todavía a disolución «Michelin». ¡Cada día me revientan más las mujeres que practican el automovilismo!

–Sí. Les sabe la boca a neumático y convierten su sesión de amor en una carrera de las XII horas...

–¿Cuándo he dicho yo eso?

–El mes antepasado, señor; en Marsella; la noche en que *quedó* fichada *mademoiselle* Gaby, la hija del fabricante de automóviles Cocagnne...

–¡Es verdad, es verdad! ¡Cómo me va flaqueando la memoria!

Ramón prosiguió las noticias.

–A las seis de la mañana –dijo–, la señora duquesa se marchó.

–¿Sola?

–Con su marido, que vino acompañándola y que se había quedado abajo en el automóvil.

–¡Ese duque es un santo!

Y agregó:

–Y la duquesa también, después de todo...

El criado hizo un gesto de extraordinario asombro.

–¡Qué sorpresa! –exclamó–. ¡Oír que el señor defiende a una mujer!

–¡Oh! –repuso Valdivia–. Lo hago únicamente por mantener la tradición. Parece ser que los españoles hemos tenido siempre un gran espíritu caballeresco.

–¿El señor me permite que le pregunte en qué consiste el espíritu caballeresco?

–En tratar a todas las mujeres como a cortesanas despreciables y en hablar de ellas como de damas virtuosas.

–Sí, sí... ¿Al señor le molestará que incorpore esa frase a mi repertorio?

–Haz con ella lo que quieras: incorporarla o ponerla de pie.

–¡El señor es muy amable!

Ramón embadurnó de nuevo en jabón la cara de Valdivia y volvió a mover la cabeza tristemente. Luego le dio prudentísimos consejos e innumerables pasadas: como todas las mañanas desde hacía años.

El señor se estaba matando con esta vida de continuos ajetreos femeninos. ¿No lo había notado el señor?

–El señor amanece como amanecía Petronio –resumió Ramón, en cuya memoria había quedado impreso a dos tintas, el *Quo Vadis?*, leído en una edición infantil.

Y era verdad.

Valdivia amanecía tan destrozado como aquel *árbiter elegantiarum,* que dedicó su vida a tomar el pelo a Nerón, a universalizar los vinos de la Campania y a organizar cuadros plásticos con esclavas en buen uso de honor arrebatable.

–Al señor –sentenció Ramón– le están aniquilando sus propias seducciones. ¡Ay, eso de que ninguna mujer se le resista al señor! El señor se curaría si una mujer se le negase...

Sin sospecharlo, Ramón acababa de poner el dedo en la llaga. O, dicho de un modo menos simbólico: acababa de meter el pie. O, expresado a lo Rabindranath Tagore: había hecho el indio.

Valdivia, que durante la charla del criado permaneciera en un nirvana somnoliento, volvió a recordar de súbito lo sucedido horas antes con Vivola Adamant y se incorporó bruscamente.

Esta vez Ramón no se retiró a tiempo y el cigarrillo de su amo le churruscó once pestañas.

–¿Y por qué me curaría yo si una mujer se me negase, Ramón?

–¡Oh! Está bien claro... Porque el señor se enamoraría de ella... –anunció el criado frotándose el ojo.

Valdivia rompió en carcajadas.

–¡Es gracioso! –exclamó–. ¡Es gracioso! Entonces pronto me verás curado, Ramón... porque anoche, primera vez en diecinueve años, se me negó una mujer...

Y agregó.

–¡Pero ni por ésas, Ramón! ¡No me enamoro!...

El criado sonrió maliciosamente, como el que ha llegado justamente adonde quería llegar. Se alzó –ya concluido el afeitado– y habló con afectada sencillez.

–Creo darle una prueba de adhesión y de interés al señor diciéndole que conozco el nombre de la mujer que se le negó anoche.

Y pronunció separando bien las sílabas:

–Vi vo la A da mant...

El rostro de Valdivia se puso grave; se puso muy grave; casi a la muerte.

–¿Cómo sabes ese nombre? –indagó.

Ramón, que ya se alejaba con el paje del afeitado, se detuvo para murmurar:

–Porque el señor se ha pasado la mañana pronunciándolo en sueños...

Y desapareció por la puertecita que ni Sherlock Holmes hubiera sospechado en el muro.

A LAS 9,45.

2 LO QUE SE DIJERON VALDIVIA Y LA VOZ MISTERIOSA

Estuvo un rato en la situación de los intelectuales gloriosos: con la cabeza vacía de ideas. Y cuando quizá –merced a esa contumacia en el error propio del ser humano –iba a reflexionar, le sacó de su ensimismamiento una voz, que decía:

–Es verdad que ha pronunciado usted en sueños ese nombre, señor Valdivia. Yo también lo he oído...

Ahora sentía la cabeza vacía, pero por obra del estupor. ¿Quién había hablado? En la habitación no se veía a nadie y...

Entonces la voz misteriosa sonó de nuevo, orientándole:

–Estoy aquí, señor Valdivia, pero no puedo salir...

Pedro descolgó medio cuerpo por uno de los lados del lecho para mirar. Un hombre estaba allí, entre el suelo y el somier, en una postura retorcida e inverosímil. Le apostrofó:

–¡Oiga! ¿Qué es eso? ¡Salga usted ahora mismo!

La voz misteriosa replicó siempre cabeza abajo:

–No puedo; le juro a usted que no puedo...

Valdivia se dejó caer hasta quedar sentado en una de las pieles de leopardo asmático que circundaban el lecho lleno de poderoso afán interviuvatorio:

–¿Cómo está usted ahl?

–Muy incómodo, señor Valdivia.

–Digo que por qué.

–Porque tengo completamente aplastada una oreja.

–¿A qué ha venido a mi casa?

Y la voz misteriosa declaró compungida:

–Si yo le dijera a usted, señor Valdivia, que me he introducido anoche furtivamente impulsado por la sed de amar...

Valdivia retrocedió a lo largo de la piel de leopardo. Retrocedió escamadísimo.

El instalado debajo de la cama debió adivinar la causa de la escama, porque protestó dignamente:

–¡SEÑOR VALDIVIA! ¿QUÉ CREE USTED? ¡YO SOY UN ARTISTA! ¡SOY PINTOR!

Pedro se encogió de hombros para replicar:

–Los he conocido generales de división, joven...

Se oyó un gruñido indefinible; crujió el somier y de entre éste y las pieles surgió una mano empuñando un papelito:

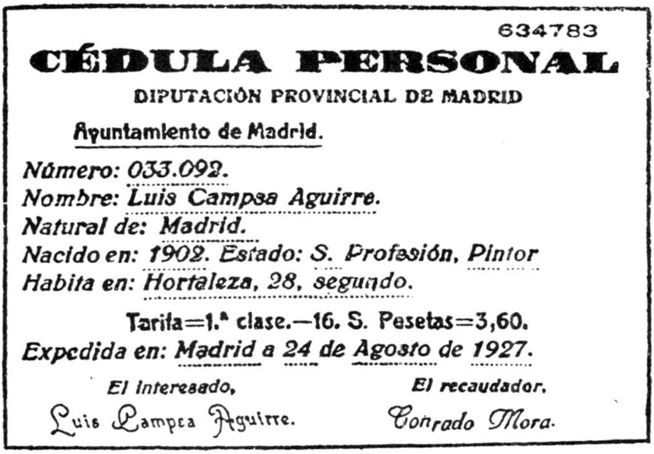

634783

CÉDULA PERSONAL

DIPUTACIÓN PROVINCIAL DE MADRID

Ayuntamiento de Madrid.

Número: 033.092.
Nombre: Luis Campsa Aguirre.
Natural de: Madrid.
Nacido en: 1902. Estado: S. Profesión, Pintor
Habita en: Hortaleza, 28, segundo.

Tarifa=1.ª clase.—16. S. Pesetas=3,60.

Expedida en: Madrid a 24 de Agosto de 1927.

El interesado, *El recaudador.*

Luis Campsa Aguirre. *Conrado Mora.*

Valdivia dio la vuelta al papel entre sus dedos.

–Bueno, ¿y qué? –preguntó.

De debajo de la cama exclamaron:

–¿CÓMO QUE Y QUÉ? ¿ES QUE NO PRUEBA NADA?...

–Prueba que ha sacado usted la cédula; pero eso lo hacen todos. Sinceramente, ¿piensa que tiene algo que ver el Ayuntamiento de Madrid con el ayuntamiento sexual?

Esta pregunta inicua bamboleó de tal manera al pintor que nuevos sollozos conmovieron el somier, comunicándole una epilepsia de carácter urgente.

La voz volvió a sonar:

–¡Y YO QUE CREÍ QUE ME TOMARÍA POR UN LADRÓN!...

Entonces Valdivia contempló atentamente al intruso.

Era un muchacho de unos veinte años, en cuyo rostro se adivi-

naba cierto aire agradable y melancólico, como una pavana. Iba provisto de una chalina irresistible, de una melena de la misma índole que la chalina y de una pipa que hacía juego con la chalina y con la melena. Vestía traje de pana negro, uno de esos trajes de pana que suelen ponerse los malos cazadores y los artistas malos para que la gente les suponga buenos artistas o cazadores buenos.

En suma: para tomarle por un ladrón, como él había creído que podía suceder, era preciso ser un hombre que tuviera la imaginación desordenada de Ponson du Terrail o que hubiese vivido desde la infancia en lo alto de un baobab *australiano.*

Y Valdivia estaba a dos mil kilómetros de ambas cosas.

Además creía recordar haber visto aquella cara y, sobre todo, aquella melena, otras muchas veces, vagando, como vaga un cangrejo entre las peñas de la costa, por entre peñas de poker del Círculo.

El otro maulló retirando su cédula.

—¿ME RECONOCE USTED AL FIN?

Y Pedro pisó terreno firme. ¡Sí, hombre! ¿Cómo no conocer al autor de *Campesinos búlgaros huyendo de la vacuna?*

La Tercera Medalla otorgada a Campsa en la última exposición por aquellos ocho metros cuadrados de lienzo, le había dado una popularidad que sólo podía compararse a la de Jack, el destripador, o a la de cualquier otro criminal impune.

Mucho gusto...

—EL GUSTO ES MÍO, SEÑOR VALDIVIA

Se dieron las manos por debajo de la cama, y Valdivia se informó:

–¿Qué? ¿Le ha comprado a usted ya el cuadro el Instituto Llorente, o se lo ha vendido a la Fundación Pasteur?

El pintor torció el gesto, ligeramente amoscado. No. No había vendido el cuadro. Lo tenía en su casa y como no le cabía en ninguna pared, se había visto obligado a clavarlo en el techo del comedor.

–¿Y sigue usted haciendo bien sus digestiones?

Campsa movió la cabeza tristemente todo lo que se lo permitió el somier. ¡Lástima de cuadro! ¡Una tela magnífica que al ser expuesta provocó los comentarios más contradictorios!

Y no mentía, pues mientras unos habían dicho que su tela era una cretona, otros se habían hartado de afirmar que era una harpillera.

Suspiró:

—En España no se reconoce más arte que el de usted, señor Valdivia... Y, después de todo, es justo. Yo cambiaría ahora mismo toda la gloria que pueda alcanzar pintando cuadros por un jirón de la gloria que ha alcanzado usted amando mujeres... ¡Usted sí que es un artista! ¡Un verdadero artista, que utiliza materiales humanos y que con su talento por buril y su maestría por pinceles hace surgir continuamente de la nada la obra de arte de la seducción infalible!...

Valdivia le cortó el párrafo demostrando un total desprecio de aquella oratoria.

–Creo que la postura en que se halla, con el somier gravitando sobre las meninges, le hace desbarrar, amigo mío –dijo.

El somier se agitó infructuosamente y la voz de Campsa rogó:

—Si tuviera usted la bondad de levantarlo un poquito...

Valdivia obedeció. El pintor se arrastró por el suelo, como había hecho un año antes para conseguir su Tercera Medalla, y salió por fin de debajo del techo. Al enderezarse, murmuró:

–¡Mecachis!

–¿Qué le ocurre?

–Que llevo ahí desde las doce de la noche sin moverme y me ha dado tortícolis...

En efecto: la barbilla le caía justamente sobre el hombro izquierdo y cuando hablaba, para mirar de frente, necesitaba colocarse de medio lado.

–No le importe a usted –le animó Valdivia–. Eso le da un aire desdeñoso que siempre le va bien a un artista...

–¿Usted cree?

–Sin duda...

–¡Oh! Pues cuando usted lo cree...

Y sentándose de perfil en una butaca, para quedar *vis-à-vis* de Valdivia, le contempló largamente. ¡Qué hombre! ¡Qué elegancia natural! ¡Cuánta distinción emanaba de sus más insignificantes movimientos y qué cantidad de simpatía cautivadora había en su voz y en su mirada! Algo cansado, ¿no? Sí. Algo cansado. El pelo ya le blanqueaba en las sienes, ¿no? Sí. Ya le blanqueaba. Quizá la luz de sus ojos era un poco mortecina, ¿no? Sí. Un poco mortecina. Y tal vez sus labios se plegaban en un esguince de agotamiento, ¿no? Sí. Se plegaban en un esguince de agotamiento...

Pero ¿y qué? Todo eso contribuía a hacerle aún más interesante.

Y luego, ¡qué refinamiento, qué civilización los suyos! ¡Con cuánta sencillez y naturalidad le había sorprendido debajo de la cama! ¡Cómo se veía que una existencia de aventuras extraordinarias le había habituado a todo y que nada podía haber ya en el mundo que le extrañase o le sorprendiera!

Se explicaban sus éxitos increíbles...

Se comprendía que su nombre, como los cepillos «Kolynos», estuviera en las bocas de miles de mujeres.

¡Ay! ¡Ser igual que él! ¡Llegar a ser igual que él algún día!...

A continuación, comprendió que no podía dilatar más las explicaciones y lanzó sobre Valdivia el chorro de su sinceridad.

La verdad era que se había introducido en la casa la noche anterior dispuesto al robo, pero luego le había faltado valor.

–¿Dispuesto al robo? –inquirió Valdivia, ofreciéndole un cigarrillo y la llama de un candil de níquel.

–Sí –replicó Campsa inclinándose a prender el cigarrillo en el candil–. ¡Dispuesto al robo!

–Por la otra punta –masculló Valdivia.

Campsa se puso serio:

–¡Le juro a usted que no miento! He venido a robar...

–Digo que acerque usted el cigarrillo por la otra punta porque lo está encendiendo por la boquilla...

A LAS 10. 3

AHORA HABLAN DE LA VIRGINIDAD HUMANA Y DE LA FEMINIDAD DE DON JUAN

Pedro se envolvió en su batín, se dejó caer en la butaca de enfrente y exigió:

–Vamos a ver, ¿en qué quedamos? ¿Ha venido usted impulsado por la sed de amar o dispuesto al robo?

–Por las dos cosas, señor Valdivia. Yo soy un pobre muchacho...

–Eso lo he comprendido desde la primera vez que le vi...

–Yo soy un pobre muchacho –repitió con la contumacia del barítono que ataca una romanza–. Un pobre muchacho que se enamora locamente de todas las mujeres que ve, y que, no obstante...

–...y que, no obstante, todavía no ha logrado que le ame ninguna.

–¿Cómo sabe usted?

–No ha dicho que se enamora de todas locamente. Las mujeres no aman nunca a los que se enamoran locamente de ellas...

–¿Pues qué tiene uno que hacer para...?

Valdivia se echó a reír.

–¡Caramba! No irá usted a pretender que le resuma en una frase toda una enciclopedia...

El pintor clavó una mirada humilde en el *parquet*. ¡Ay! Valdivia, desde su cúspide de seductor internacional, no iba a comprenderle... Estaba seguro de hacerle reír con la exposición del drama de su vida, única exposición en la que jamás podría aspirar a una Medalla. Pero la verdad era, señor Valdivia...

Y Luisito Campsa le trazó un «apunte a lápiz» de su existencia triste de artista pobre...

Y luego le hizo una «acuarela» luminosa de sus afanes románticos, de su ansia de amor, de su ilusión de saberse querido...

Y después le pintó un «óleo» melancólico de sus fracasos, de su falta de habilidad para el amor...

Y por fin le grabó un «aguafuerte» corrosivo de su situación actual.

–Mi situación actual –se lanzó a confesar heroicamente– es que, huyendo asqueado del amor que se compra y persiguiendo en vano el amor que se da, he cumplido los veintidós años y... Y aún estoy virgen, señor Valdivia.

Aguardó una carcajada de Pedro.

Pero la carcajada no sonó. Entonces alzó la vista asombrado.

Valdivia se contemplaba las uñas de la mano izquierda y su semblante lo indicaba todo menos deseos de reír.

–No me extraña –le oyó exclamar–. Cuando una mujer me dice *«Soy virgen»,* pienso: *¡Es una farsante!* Pero cuando me lo dice un hombre, pienso: *¡Es sincero!* Siempre he creído que la virginidad es una facultad exclusivamente masculina...

El asombro del pintor creció de nuevo; creció tanto que parecía desear presentarse en las ferias.

–¿Usted cree eso?

–Sí.

–¿Y por qué?

–Porque el cetro del sexo masculino continúa en manos femeninas desde Eva. La mujer es la dictadora del sexo; la tirana del sexo; la emperatriz, la reina absoluta. Todo problema sexual lo plantea o lo resuelve, lo enmaraña o lo simplifica por sí sola la mujer: el hombre –a lo sumo– escribe las cifras y las fórmulas en el encerado; pero es siempre la mujer quien las piensa, las calcula, las combina y las dicta. Por eso, fíjese usted bien: por eso *la mujer pierde su virginidad en el amor cuando quiere,* mientras que *el hombre la pierde cuando puede.* ¿Adivina usted la consecuencia de este axioma?

Campsa era todo ojos y oídos.

–Se lo aclararé más. Para dejar de ser virgen, a la mujer le basta con *querer,* o lo que es lo mismo, con *entregarse.* Y el hombre, para dejar de ser virgen, tiene que *poder,* o lo que es igual, tiene que *conquistar.* Ahora bien: ¿qué es más difícil? ¿Conquistar o rendirse, tomar al asalto una ciudad defendida o abrir sus puertas al invasor?

–Es más difícil tomarla al asalto –aseguró firmemente Campsa, como si no hubiera hecho otra cosa en su vida que asaltar ciudades.

–Y ahora ¿ve la consecuencia?

–Sí: que –contra lo que opina *todo el mundo*– los vírgenes en el amor somos los hombres, y no las mujeres.

–Exactamente. Porque la virginidad en el amor del hombre es siempre forzosa, mientras que la de la mujer es voluntaria.

–¡Claro, claro! Diga usted, señor Valdivia, y resultando evidente que los vírgenes en el amor somos los hombres y no las mujeres, ¿a qué achaca usted que *todo el mundo crea* y sostenga lo contrario?

–A la hipocresía ambiente; a las mentiras seculares; a la absurda idea del sexo que se transmite de padres a hijos, y en virtud de la cual infinidad de mujeres, que no son vírgenes, aseguran serlo, mientras que otra infinidad de hombres, que lo son, afirman no serlo en absoluto.

–Es evidente.

–Por todo lo expuesto –resumió Valdivia– mi «caso», por ejemplo, el «caso» de un hombre que dispone a su antojo del cetro del sexo, que dicta leyes a la mujer y que no ama cuando *puede,* sino cuando *quiere,* causa, y ha causado siempre al través de los siglos, el asombro y el estupor de ese *todo el mundo.* Yo no busco ya a las mujeres: son ellas las que me buscan a mí. Yo no *conquisto:* me *entrego.* Y en tal sentido...

–...En tal sentido tiene usted algo de femenino –acabó el pintor.

–Eso es. Y ahí ve usted disecada, en su justo medio la feminidad del donjuanismo, que, al ser investigada en los últimos tiempos, ha provocado la rechifla general de los bobos.

–Es decir, que Marañón se sale con la suya...

Valdivia sonrió maliciosamente y murmuró:

–Sí. Y no crea usted que yo quedo completamente ajeno a los trabajos de Gregorio... Somos muy amigos y, cuando él empezó a ocuparse del donjuanismo, tuvo conmigo varias conversaciones previas...

Dejó de contemplarse las uñas de la mano izquierda para contemplarse las de la derecha y dio por agotado aquel tema diciendo:

–Al tanto ya de su situación sexual, amigo mío, situación que me explico tan bien como no se la explicaría nadie, no me extraña que haya acudido a mí en busca de apoyo y de consejo; pero lo que no acierto aún a explicarme es lo que usted pretendía robar en esta casa.

La respuesta, una respuesta vergonzante, no se hizo esperar:

–Usted, señor Valdivia, tiene archivadas sus 36.857 conquistas... He sabido que en cada una de esas fichas consta el procedimiento de que usted se valió para rendir a las interesadas. Y yo vine anoche a robarle su archivo, señor Valdivia...

Pedro dejó escapar una risa jovial.

–Pero, ¡querido amigo!... Eso es como si para estudiar astronomía comenzara por desenterrar y llevarse a su casa los esqueletos y las cenizas de Newton, de Copérnico, de Tico-Brahe y de Laplace...

Volvió a reír.

–Yo le enseñaré mi archivo, puesto que lo desea. Pero lo importante para usted es hacerse con el tiempo un archivo propio...

–¿Eh? ¿Dice usted?...

–Digo que yo le ilustraré; yo le aconsejaré; yo le pondré en condiciones de éxito...

El pintor se daba golpes en la nariz para asegurarse de que no soñaba.

–Pero... Pero... ¿se sentiría usted capaz?... –susurró débilmente.

–¿Por qué no? Me ha sido usted simpático... y, además, amigo mío, me aburro; me aburro inmensamente. ¡Y hay tan pocas cosas entretenidas!

Ahora Campsa se daba golpes en un ojo.

Y cuando se hubo dado golpes en todas las partes sensibles de su organismo, había adquirido varios cardenales y la seguridad de que Valdivia hablaba en serio.

¡Dios mío! ¡Examinar a sus anchas aquel archivo, donde se encerraban 36.857 fórmulas *para hacerse amar*! ¡Estudiar aquellas fórmulas! ¡Asimilarse los consejos de Valdivia! ¡Conseguir un amor, en fin!... Él no era ambicioso y con un solo amor tendría bastante...

–Con un solo amor tendría usted demasiado –susurró Valdivia.

La alegría había curado al pintor de su tortícolis.

Balbuceó:

–¿Y yo? ¿Qué podré darle yo a cambio de eso?

Valdivia dejó de contemplarse las uñas, pulidas y brillantes, como si hubiera llegado al fin al convencimiento de que no le faltaba ninguna, y contestó:

–Usted me dará su desagradecimiento. Es la costumbre.

Pero Campsa se deshizo en sinceras protestas de lealtad. Él era honrado; él era un artista... Quiso sacar la cédula nuevamente.

Valdivia lo impidió.

Entonces el pintor se llevó una mano al pecho, como los hombres honrados y las amas de cría, y declaró:

–¡Le daré una cosa más grande que el desagradecimiento!...

Y aclaró:

–Le daré mis *Campesinos búlgaros huyendo de la vacuna.*

Realmente era lo más grande que le podía dar.

2

LO QUE HACÍA VALDIVIA POR LAS MAÑANAS Y LO QUE VIO EL PINTOR EN EL FAMOSO ARCHIVO

4

UNA «TOILETTE» POCO MINUCIOSA

A LAS 10,10

El criado acudió al quinto golpe de *gong*.

VALDIVIA.–¿Está todo dispuesto?

EL CRIADO.–Cuando el señor guste...

VALDIVIA.–Querido amigo, ¿quiere usted acompañarme al baño? Es cuestión de un instante...

El pintor se inclinó. ¡No faltaba más!

Y en fila india

Valdivia

Campsa y

el criado

se trasladaron al salón de baño contiguo, donde la piscina fingía ser un lago suizo y donde la luz de la mañana se divertía reflejándose en los mármoles y en los cristales.

Valdivia se despojó del batín y se tiró al agua como se tiran los jóvenes al matrimonio: de cabeza y sin pensar para nada en que pueden ahogarse.

El pintor ocupó las escalerillas de la piscina, y Ramón se instaló junto a él, con un albornoz desplegado en las manos. En aquella postura, mirando hacia otro sitio, según cumple a un criado discreto, esperó a que Valdivia emergiese del agua, y en cuanto lo tuvo en su poder, debajo del albornoz, le frotó y refrotó con indecible furia como si quisiera pulimentarlo.

Pronto el cuerpo de Pedro quedó igual de seco que el cerebro de una tanguista.

Entonces el criado le ajustó un *maillot,* se lo echó a cuestas y, haciendo de anuncio de la «Emulsión Scott», se encaminó hacia la puerta. Por encima del hombro del criado, Valdivia le propuso al pintor:

–¿Tiene usted la bondad un momento? Vamos al masaje.

–Con mucho gusto...

MASAJE

A LAS 10,15.

Entraron en otro salón de paredes desnudas y gran claraboya de cristal sin más adorno ni moblaje que una mesa de variolita colocada en el centro.

El criado depositó su carga en la mesa, calzóse unos gruesos guantes de crin y comenzó a golpear a Valdivia. Le golpeaba con las dos manos, insistiendo en la nuca, en la espalda y en el coxis; se subía encima para clavarle una rodilla en los riñones mientras le tiraba fieramente hacia atrás de la cabeza; le plegaba y desplegaba las piernas con crujidos que presagiaban un próximo desprendimiento; le retorcía los brazos para retorcerle a continuación los pies y retorcerle inmediatamente después el cuello; le doblaba en dos como se dobla un libro; le doblaba en cuatro como se dobla un mapa. Y de contrapunto a aquellas operaciones, seguía golpeándole sin cesar con la precipitación y la furia con que seguramente habría golpeado las puertas de un castillo feudal al llegar a él perseguido de cerca por dos mil sarracenos.

Campsa estaba aterrado.

A los cinco minutos de aquel masaje despiadado, Ramón apareció agotado y jadeante, y el pintor no se atrevió a mirar hacia la mesa porque tenía la seguridad de que Valdivia había muerto

Pero Valdivia no había muerto en absoluto. Por el contrario, se echó al suelo ágilmente. Le propuso al pintor:

–Venga por aquí... Con su permiso voy a hacer un poquito de gimnasia.

Y de nuevo desaparecieron por otra puerta, sin que esta vez les acompañase el criado, que, sin duda, necesitaba reponerse.

A LAS 10,20.

GIMNASIA SUECA

Ahora se trasladaron a una terraza, que caía sobre el jardín como un paracaidista.

Allí Valdivia se dedicó animosamente a ejecutar esa serie de desperezos –rítmicos y tolerados por la urbanidad– que recibe el nombre de gimnasia sueca.

Y al acabar, se dirigió de nuevo al pintor:

–Haga el favor de seguirme. Ramón me va a dar unas fricciones...

A LAS 10,25.

FRICCIONES

Pasaron a un cuartito-tocador, de muros blancos, grandes espejos y muebles de níquel, que parecía un quirófano durante una huelga general de cirujanos.

Ramón, ya repuesto, esperaba. Friccionó concienzudamente todo el cuerpo de Valdivia durante diez minutos y al cabo de ellos, la atmósfera quedó cargada de emanaciones de alcohol, alcanfor y «Varón Dandy».

Entonces, con los cabellos de punta como un polinesio, Valdivia se encaró nuevamente con el pintor:

–Venga un momento a la estufa...

A LAS 10,35.

BAÑO TURCO

Y se lo llevó a una estancia contigua, estucada en azul y caldeada hasta los cuarenta grados.

En la estufa permaneció todavía un rato sentado, estirado, inmóvil. De vez en cuando, Ramón, de pie a su lado, le enjugaba el rostro con una felpa. Campsa pensaba:

–¡Debe ser difícil ser criado de este hombre!

Y a falta de otro criado que le atendiese, el pintor se atendió por su propia mano, enjugándose también el rostro con el pañuelo.

Chorreando sudor Valdivia dio al fin la orden de marcha en dos breves palabras.

–¡Al secadero!

Y echó a correr, para no enfriarse, seguido del criado. El pintor galopó detrás de ambos, resignado como un perro de caza, y sudando también por todos los pelos su melena.

A LAS 10,40.

SECADERO

Entraron al trote por segunda vez y por una puerta distinta, en el saloncito de la claraboya donde se había desarrollado el masaje.

Valdivia se tumbó de nuevo en la mesa de variolita, y el criado le envolvió en un lienzo blanco, finísimo, empapado en agua fría.

Pronto el calor del cuerpo secó la tela, y entonces Ramón la sustituyó por una manta inglesa, empaquetó en ella a su amo, volvió a echárselo a la espalda con un gesto despreocupado e inició el mutis.

El pintor les siguó lentamente, arrastrando los pies.

A LAS 10,50.

5

VALDIVIA EXPLICA TRES DE SUS FÓRMULAS PARA HACERSE AMAR

Cuando irrumpió al través de vestíbulos, habitaciones y pasillos, en el gabinete contiguo a la alcoba, donde Ramón había llenado a Valdilvia, Campsa encontró a éste ya embutido en su batín y peinándose ante el tocador.

–En honor a usted –le dijo al verle entrar–, hoy he precipitado un poco mi *toilette*. Pero no importa: la haré más minuciosa mañana.

Campsa se derrumbó en un diván. ¿A qué llamaría Valdivia una *toilette* minuciosa?

–Hoy –siguió Pedro–, he renunciado al ratito de *cross*, a la manicura, el pedicuro, a mi diaria sesión de *puek roller*...

Suspiró; se lamentó. Su criado tenía razón. Cada día se levantaba de peor aspecto. Y eran precisos la reacción del baño frío, la contundencia del masaje, el estimulante de la gimnasia y del *cross* y los acetábulos enérgicos del *puek roller* para que sus ojos volvieran a resplandecer, se esfumaran las arrugas, los músculos recobraran la elasticidad y los nervios se decidieran a cumplir sus deberes.

Realmente, ahora parecía ya otro.

Se contempló en las lunas del tocador, satisfecho.

–¿Quién diría que he cumplido los treinta y ocho, años? En este instante represento dos semanas menos –observó–. Mi criado, que es todo lo inteligente que le permite su absoluta falta de inteligencia, dice que yo amanezco como amanecía Petronio, y es verdad... Incluso era propia del *árbiter* esta peregrinación del *oleoteclio* al *tepidario,* del *tepidario* al *frigidario* y del *frigidario* al *unctuario* en la que usted acaba de seguirme...

Agregó encarándose con el pintor:

–Por lo demás, aprenda, amigo mío, que lo primero que necesita un Don Juan es ser cuidadoso de su persona.

Especificó:

–La mujer tiene que ser deslumbrada, y en ese sentido no olvide usted que lo que no se consiga con los destellos de un talento excepcional, puede conseguirlo con la raya de un peinado irreprochable. ¿Quiere usted conocer tres de las mejores fórmulas previas para seducir a las mujeres? Pues saque su estilográfica, que se las voy a dictar...

Campsa obedeció.

Y Valdivia dictó las siguientes extrañas líneas:

–JOHANS AND BONHAM; ALBERMARLE STREET.

–MAZWELLS; DOVER STREET. BARTHEY'S; OXFORD STREET.

–HILLDITCH KEY; DMKE STREET. MAYFAIR.

El pintor levantó los ojos estupefacto.

–¿Y esto qué es?

–Eso, amigo mío, son las señas de los mejores sastres, de los mejores zapateros y del mejor camisero de Londres. Mañana mismo deberá usted preocuparse de escribirles, enviándoles sus medidas y pidiéndoles un equipo completo, que ellos cargarán a mi cuenta. Yo le facilitaré una lista detallada de lo que necesita y cuando usted vista la ropa de Bonham y pise con el calzado de Mazwells y se cubra la cabeza con «Habigs» legítimos, tendrá usted recorrida la mitad del camino que conduce a la dominación de la mujer. Por lo pronto, córtese hoy mismo la melena, tire la chalina a la basura, ponga su cachimba en los rieles del tranvía y procure olvidar que tiene algo dentro de su cabeza...

Concluyó:

–Porque, fíjese bien, amigo mío, y reténgalo eternamente: lo único que les interesa a las mujeres de la cabeza de un hombre, es el sombrero.

El criado apareció en la puerta (tenía la suerte de llegar siempre a tiempo de oír alguna frase aprovechable) y anunció que estaba servido el desayuno.

Todos, menos el desayuno, se alegraron de la noticia.

6

DE CÓMO HABÍA RESUELTO VALDIVIA EL PROBLEMA DE LA SERVIDUMBRE

A LAS 11.

Y pasaron al comedor, una pieza redonda, luminosa y alegre, en la que las paredes, los muebles y los cortinajes componían una sinfonía en verde pálido. En un extremo, la mesa aparecía vestida; es decir: casi desnuda. Sendos mantelitos de encaje bajo los platos y las copas y un cacharrazo de cristal de roca, con lirios negros, en el centro.

Al entrar, una gramola comenzó a desarrollar la espiral salvaje de una canción recién desembarcada entonces y sus frases llegaban tolerablemente tamizadas por la distancia:

Hallelujah! Hallelujah!
Helps to shoo
the clouds a way
Sing Halleway!

Valdivia explicó:

–Con frecuencia la música no dice nada al sentimiento, pero ¡si viera usted cómo facilita la digestión! Mis abuelos acostumbraban recurrir a Bishop en busca de su magnesia bisurada y digestónica... Yo, para lograr el mismo objeto, recurro a las melodías de Youmans y a las palabras de Clifford Grey y, al parecer, me va tan bien como a ellos...

Y se sentó.

Campsa le imitó con visible encogimiento.

El desayuno, un desayuno a lo príncipe de Gales, quedó cubicado por aquel sonsonete estimulante:

Hallelujah!	**HUEVOS CON ESPECIES**	**Hallelujah!**
Hallelujah!		**Hallelujah!**
and you'el shoo	**TRUCHUELA GENTLEMAN**	**and you'el shoo**
the blues away;		**the blues away;**
Whencares pursue ya,	**BEEFSTEAK**	**Whencares pursue ya;**
Hallelujah!		**·Hallelujah!**
Gets you through he	**PLUM CAKE**	**Gets you through he**
darkest day...		**darkest day...**

–Pero esto no es un desayuno... Esto es un almuerzo serio –observó el pintor luchando contra su azoramiento.

–¡Precisamente! Un almuerzo serio –contestó Valdivia–. El almuerzo más serio que existe en la cocina inglesa. Yo sólo hago fuerte esta comida, y si usted quiere llegar a ser un perfecto seductor le aconsejo que me imite.

–¿Es posible que exista una relación entre la comida y la seducción personal?

–El amor, en fin de cuentas, no es más que un deporte, ¿y usted cree que los deportistas no cuidan muy especialmente su alimentación? El seductor debe estar preparado a todas horas para seducir, y una digestion pesada, mal estado gástrico, un simple *glú-glú* intestinal, sonando intempestivamente, puede hacer retroceder a la mujer más ilusionada. Lo que se come por la mañana se digiere bien y de un modo rápido; conviene, pues, comer fuerte únicamente por la mañana y el resto del día no tomar más que fruslerías, tentempiés, cosas que no pongan en peligro el funcionamiento del píloro ni el del romanticismo. Aparte de que un estómago pesado resta ingravidez al pensamiento y espiritualidad al diálogo. Y sin contar que el exceso en la alimentación lleva a la gordura, enemiga furibunda del amor...

En su propósito de fijar sus lecciones por medio de aforismos, para que Campsa las retuviese mejor, Valdivia sentenció:

–Una mujer podrá perdonarle a usted que tenga lepra, pero nunca le perdonará que tenga grasa.

Y volviéndose hacia el criado, que permanecía de pie y rígido a dos pasos de la mesa, advirtió:

–Ramón: te autorizo para que incorpores esa frase a tu repertorio...

(El criado se inclinó agradecidísimo.)

Entonces una doncella rubia, blanca, clara como un paisaje de Ruysdael, y tan pintada también como el paisaje, entró empujando un pequeño *dine-car* de caoba y níquel, donde el bistec aguardaba, acariciado por el fuego de alcohol que ardía debajo.

Desde que entró, sus ojos azul pervinca no se apartaron un instante de Pedro. Traspasó el *dine-car* al criado, quien lo hizo rodar sucesivamente hasta el pintor y hacia su amo para que se sirviesen, y ya iba a retirarse de nuevo, cuando Valdivia la hizo un gesto cariñoso y cordial:

–¿Cómo va, querida Corina?

La doncellita replicó con un suspiro:

–Bien, Pedro... Va bien.

–Sabes que mi mayor deseo es que seas feliz y...

–Sí, Pedro... Ya lo sé...

Y suspiró todavía más bajo:

–Ya lo sé...

Hubo una pausa extraña y molesta.

El azul pervinca de los ojos comenzó a empalidecerse con el brillo de unas lágrimas incontenibles y la doncellita –ruborizándose de súbito– se marchó.

Campsa estaba perplejo. Ni comprendía la familiaridad con que la doncella había hablado a Valdivia, ni su tristteza, ni su rubor, ni sus lágrimas, ni su rápido mutis.

–¿Qué le ocurre? –no pudo por menos de indagar.

Valdivia tuvo un gesto de indiferencia.

CORINA REY
Masoquista.—26 años

–¿Qué va a ocurrirle? Le ocurre lo que a tantas otras... ¡Ay! Las mujeres no conciben que un amor acabe sino cuando lo acaban ellas mismas...

Y aclaró:

–Corina es el número 16.351 de mi Catálogo... Un «caso» interesante, no crea...

Ya la primera vez que Valdivia vio a Corina Rey emergiendo una mañana de las aguas de Deauville, asaetada por baterías de «Kodaks» y de «Zeiss» comprendió que no era una mujer vulgar. En aquel azul pervinca de sus ojos había algo de febril y de toda su persona emanaba no se sabía qué de tortuoso y artificial.

Era joven y era muy hermosa, y Valdivia, que observaba todo esto y que se sentía atraído hacia ella, decidió descubrir su misterio y conseguirla.

Podía estudiarla, sondearla, ir levantando poco a poco el velo de su personalidad, pero precisamente Valdivia, por aquellos días, tenía prisa: estaba citado en Baden con tres hermanas suizas –Milka, Velma y Noissetine–, a las que venía *trabajando* desde dos meses antes y que se hallaban ya lo suficientemente maduras, y apenas disponía de una semana. Optó, pues, por celebrar una interviú con la doncella de Corina, y en aquella interviú, y merced al pequeño sacrificio de acostarse con la doncella, supo todo lo que necesitaba saber.

Es decir: supo que Corina era masoquista*.

* En un país como España, donde todavía se le llama amor al hecho de que dos personas coman cocido juntas y donde el adulterio sirven aún de tema par escribir dramas, quizá es necesario explicar que masoquistas son aquellos chiflados que experimentan placer al ser maltratados por el ser querido.

Y desde este momento, Valdivia la consideró en sus brazos.
La estratagema de atraerse a Corina la puso en práctica aquella misma tarde. Ella sorbía *pippermint* en una mesa de «chez Brummel», y él la abordó de esta manera desconcertante:
Se acercó a la mesa de Corina, cogió el búcaro del *pippermint* y lo estrelló contra el suelo. Corina había levantado hacia él sus ojos estupefactos, y entonces Valdivia completó la acción con sus palabras:
–¡Y lo mismo la estrellaría a usted! –dijo secamente.
Después de lo cual desapareció del salón.
Un minuto después, Corina tenía ante sí otro *pippermint* intacto. Y Valdivia, que la había espiado desde el vestíbulo, volvió a entrar en el salón, volvió a acercarse a la mesa y volvió a estrellar contra el suelo el segundo *pippermint*. Pero entonces Corina no le dejó marcharse. Se colgó de su brazo y propuso:
–¿Le parece bien que demos un paseo, señor?
Pasearon.
Y durante el paseo, Valdivia hizo pasar a Corina del interés al entusiasmo, gracias al sencillo truco de fingirse un hombre brutal.
–¿Por qué estrelló usted mis dos *pippermints?* –indagó Corina.
–Pchss... No sé; la verdad es que no lo sé... –murmuró Pedro–. Estaba usted allí tan quieta, tan tranquila, tan aparentemente feliz, que me entraron unos grandes deseos de estorbar su sosiego. Yo siento dentro de mí una segunda personalidad que me arrastra a las mayores crueldades e injusticias... Me encanta, por ejemplo, cortarle la cabeza a los gatos, comer pájaros crudos, despanzurrar ranas con el tacón...
El brazo de Corina se estremeció, y sus ojos brillaron ardorosamente. Valdivia, haciendo que no lo notaba, siguió:
–Siempre que conduzco mi automóvil, busco anhelante la manera de atropellar a alguien, aunque sólo sea una gallina, y cuando lo consigo y paso con mis ruedas por encima del atropellado, doy marcha atrás en seguida para pasar sobre él nuevamente...
Esta vez, Corina no pudo evitar el exhalar un gemido de gozo Le preguntó:
–¿Y sería usted capaz de hacer sufrir también a una mujer?
–¡Ya lo creo! –replicó él rechinando la dentadura.
–¿A una mujer hermosa y joven?
–¡¡Es el sueño de mi vida!! –gruñó torvamente.
–¡Amor mío!
Y Corina pegó su boca a la suya.
Con aquel beso fue lo primero con que se pegaron. Porque una hora después, en las habitaciones de ella, se pegaron con toda clase de objetos.
Fue una escena inolvidable.
Valdivia había comenzado por aplicarle seis bofetadas tan extraordinarias que transportaron a Corina a un verdadero éxtasis y a seis

metros de distancia. En seguida la levantó en vilo y la tiró de cabeza contra un bargueño.

Ella declaró:

–¡Ah, qué feliz soy!

Entonces, Pedro cogió una *Venus de Milo* de una repisa y se la pulverizó en la frente:

–No es posible ser más feliz... –susurró ella desplomándose otra vez.

Y antes de llegar al suelo, todavía recibió encima dos sillas y una lámpara de bronce. Desde el suelo sollozó:

–Pedro...

Lo cual animó a éste lo suficiente para arrastrarla de los cabellos por toda la habitación; a continuación de lo cual, y no desperdiciando ocasión de serle agradable, la pateó concienzudamente.

–¡Pedro! ¡Me matas!...

Se detuvo. Pero cuando oyó que ella añadía:

–¡Me matas de felicidad!

entonces arrancó la pata de una mesa y la atacó con fiereza, persiguiéndola entre aullidos.

Al séptimo estacazo con que logró alcanzar a Corina, ésta abrió los brazos, se dejó caer en los de Valdivia y suplicó:

–Te adoro... ¡Quiero ser tuya!... Te adoro, te adoro...

. . . .

Y él la adoró.

Cinco días.

Porque en la madrugada del día sexto, saltó al «directo de Viena» y se marchó a Baden a buscar a sus suizas.

–Pero lo que no comprendo es que Corina...

–Esté de doncella en mi casa, ¿verdad? –dijo Valdivia embadurnando su bistec de salsa «Perrin's».

–Precisamente...

–Pues es bien sencillo: todo consiste en que Corina volvió. Volvió a verme; volvió suplicando la prolongación de mi amor; algo que yo no concedo jamás a las mujeres...

–¿Y por qué no concede usted eso nunca? –indagó el pintor, que no perdía ocasión de instruirse.

–Porque en amor, las segundas ediciones llevan a la ruina.

Valdivia se inclinó sobre el *dine-car* para servirse otro bistec y siguió su explicación:

–Corina –dijo– volvió a suplicarme y yo le repliqué: «*No, Corina. Lo que nació en Deauville murió en Deauville. El amor es como la mayonesa: cuando se corta una vez hay que tirarlo y emprender otro nuevo. Tú ya no eres para mí una mujer, sino el número 16.351 de mi catálogo. Lo siento; creeme que lo siento, pero no me inspiras ya ilusión ninguna y hasta te pegaría flojo»...*

–¿Y ella qué contestó?

–Ella contestó lo más que puede contestar una masoquista: *«Te amaré aunque no me pegues.»* Pero yo volví a negarme y entonces Corina limitó sus aspiraciones: *«Déjame al menos vivir en tu casa, verte a diario, saber que te tengo al lado»*... Y yo accedí diciéndole: *«Bueno; quédate de doncella. Pero no pienses en sueldo; y procura sacar bien la cera, porque si no, vas a la calle»*...

El pintor dio un respingo.

–¿Es posible que trate usted así a las mujeres?

Valdivia se alzó de hombros y se sirvió «Diamante».

–No es Corina la única... Fuera de Ramón, del jardinero y del chófer, toda mi servidumbre, absolutamente femenina, está reclutada entre mis antiguas amantes. Han sido muchas las que procedieron como Corina, las que volvieron suplicándome que las permitiese por lo menos vivir a mi lado, y yo no he tenido que hacer sino tomarme la molestia de elegir... ¡Oh! He elegido bien, se lo aseguro... Puedo vanagloriarme de disfrutar una servidumbre verdaderamente selecta; ningún potentado de la Tierra osaría en esto compararse conmigo... Las otras tres doncellas compañeras de Corina son Eleonora Fuggi, la famosa deportista italiana que atravesó las cataratas del Níger metida en una caja vacía de *pemmican;* María Lorenzo, la viuda de Thomas Arlen, un bolsista australiano, que se suicidó tragándose un plato a raíz del *crak* del Banco de Sidney, y Genoveva Bretón, ex esposa morganática del príncipe Chelotte, inventor del duelo a martillazos. Mi cocinera no es otra que Vera Ningassiskaia, aquella cantante rusa que Mussorgski llamó «el sol de Siberia» y que tanto dio que hablar hace unos años, cuando le chafó las narices al zar Nicolás cierta noche que él la había llevado con engaño a Tsarkoie-Selo para seducirla: un puñetazo cuyo eco resonó en todo el mundo civilizado y que le dejó al zar las narices respingadas para siempre. En cuanto a mi lavandera, es una rumana preciosa a quien conocí en Londres, comiendo en *Cheshire Cheese* con lord Asquith, el cual, como suelen hacer siempre los hombres galantes cuando convidan a almorzar a una mujer, le halagaba el estómago con la esperanza puesta en otros órganos...

–Por supuesto, ¿todas ellas figurarán en su catálogo?

–Sí, claro, y a esos números hay que añadir todavía los correspondientes a la secretaria y a las cuatro mecanógrafas...

–Pero ¿también las empleadas de sus oficinas son antiguas amantes suyas de las que se conforman con verle, con tenerle al lado?

–Sí, también.

–Pues deben sufrir horrorosamente al colaborar con usted en las nuevas conquistas...

Pedro volvió a encogerse de hombros, como el sordo que oye un discurso en huehuenche. Luego, y para tranquilizar al pintor, que le miraba igual que a un monstruo antediluviano, observó:

–Sí... Supongo que sufrirán. Pero teniendo en cuenta que el sufrimiento es inexorable en la vida, siempre es preferible que sufran los demás a sufrir uno mismo, ¿no le parece?

Y preguntó:

–¿Otro trozo de *plum-cake?* Está riquísimo. Vera Ningassiskaia canta maravillosamente; pero, a mi juicio, guisa mejor que canta y está más en su elemento delante de la batería de una cocina que delante de la batería de un escenario...

7

DONDE CONCLUYE, AL FIN, LA «TOILETTE»

A LAS 11,30

Agotado el almuerzo, volvieron a pasar al gabinete de Pedro.

EL CRIADO.–¿Traje?

VALDIVIA.–El gris número 7. Y los zapatos número 31.

EL CRIADO–¿Corbata, pañuelo, calcetines, guantes, sombrero y bastón?

VALDIVIA.–El «juego» número 20.

Volvió el criado con todo lo indicado.

Valdivia se vistió rápidamente –ayudado por Ramón, con una serie de maniobras habilísimas– un traje gris en cuyo conjunto sobresalían en grises más oscuros, la corbata, los calcetines, el pañuelo de bolsillo, la cinta del sombrero, los guantes y el puño del bastón. Se miró en el espejo. Brillaba en grises.

Parecía un rascacielos con ropa tendida.

EL CRIADO.–¿Flor?

VALDIVIA.–Una diamela.

EL CRIADO.–¿Perfume?

VALDIVIA.–«Ceylán».

EL CRIADO.–¿Coche?

VALDIVIA.–El «Chrysler».

De nuevo se agitó el criado. Valdivia se dejó perfumar las solapas y clavetear el ojal con una diamela blanca mientras se ceñía a la muñeca el reloj. Y por último, recibió de manos del criado el billetero, el «Dunhill», la pitillera repleta, los guantes, el bastón y el sombrero.

Entonces, perfilado, indignantemente perfecto, se volvió hacia el pintor:

–Vamos a las oficinas un instante... Despacho al vuelo.

8

LAS OFICINAS DEL AMOR Y
LOS AMORES DE LA OFICINA

A LAS 11,35

Entraron en las oficinas. Armarios, ficheros, clasificadores.
CINCO MESAS: *sobre las que se alzaban sendos ramos de flores junto a sendos retratos de Valdivia, los cuales no se diferenciaban más que en las dedicatorias:*

CUATRO MÁQUINAS DE ESCRIBIR: *«Mercedes».*
UNA SECRETARIA PARTICULAR: MERCEDES *también, pero más grande que las máquinas y mucho más rubia, aunque tan pulsada y tecleada como ellas.*
Y CUATRO MECANÓGRAFAS: ALICIA, *alta, blanca, maciza y espléndida como el Mont-Blanc;*
«LULÚ», *delgada, aguda, vertiginosa y punzante como una flecha;*
THÉRÈSE, *lánguida, azulosa, romántica y dulce como un paseo en lancha,*
y la MARQUESITA DEL SAUCE, *ondulante, tortuosa, llena de curvas y de peligros, como una carretera del Norte.*

La entrada de ambos produjo un gran efecto. Parecía como si los almacenes de la casa «Coty» se derrumbasen de pronto, rompiéndose todas las bombonas de perfumes. (Era que la secretaria y las mecanógrafas se habían puesto en pie.)

Valdivia caracoleó entre ellas, repartiendo sonrisas, pellizcando mejillas y manoseando gargantas.

Y Mercedes, la marquesita, Thérèse, Lulú y Alicia resplandecían de felicidad

Rodearon a Pedro como a un piloto que vuelve del Atlántico

después de haberlo atravesado con un avión y como a un chino que vende collares después de haberlos atravesado con un hilito.

–Buenos días, Pedro.

–¿Has descansado bien?

–Creo que anoche viniste muy tarde a dormir.

–¡Es preciso que te cuides!

–Sé prudente, Pedro.

Ojos inefables le acariciaban. Labios abarrotados de besos se le brindaban al paso. No tuvo más remedio que ir besando aquellos labios, después de lo cual se volvió hacia el pintor diciéndole en un aparte justificativo:

–Perdone, amigo mío... Lo hago solamente para estimularlas al trabajo. ¡Bregan tanto al cabo del día las pobrecillas!

Luego se absorbió cuidadosamente las huellas de *rouge* de que los sucesivos besos le habían embadurnado.

A continuación se puso serio. Dio una palmada y exclamó:

–¡Ea! Y a trabajar..., que el tiempo vuela...

Se inició la desbandada con un segundo oleaje de perfumes diversos. Alicia, la marquesita, Thérèse y Lulú, después de colgarse nuevamente del cuello de Pedro, se reintegraron a sus mesas a continuar desmenuzando la atmósfera con el tecleo de sus máquinas.

Valdivia se sentó ante la mesa de Mercedes y ésta se colocó de pie a su lado, envolviéndole en una malla de miradas ardorosas.

–¿Muchas cartas hoy, Mercedes?

–Cincuenta y seis.

–¿Nada más?

–Ya sabes que los lunes suelen ser días flojos... *(Y le pasó una mano por los cabellos.)*

–¿Las hay interesantes?

–No creo... *(Y rodeó amorosamente el cuello de Pedro con un brazo exquisito, de una belleza indecible, belleza que –como, siempre ocurre tratándose de brazos femeninos– fracasaba en el codo.)*

–¿Están ya clasificadas?

–Sí... *(Y atrayéndose la cabeza de Pedro, se inclinó sobre él y pegó su boca a la suya en uno de esos besos voraces que dejan la médula deshilachada.)*

El tecleo de las cuatro máquinas cesó de sonar entonces; Alicia, Thérèse, la marquesita y Lulú habían levantado las cabezas y fijaban en el grupo sus pupilas coléricas.

Pero ya Valdivia se había desceñido de Mercedes en un brusco movimiento, con el enojo del violinista genial a quien quieren hacer tocar a la puerta de una cacharrería:

–¡Vamos, vamos! –murmuró frunciendo las cejas– ¡Sabes que no me gustan ciertas bobadas! Esto no es serio, Mercedes...

La secretaria se apartó, los brazos caídos a lo largo del cuerpo; dio la vuelta alrededor de la mesa y fue a sentarse enfrente de Pedro.

Éste siguió aún enojado:

–Quisiera saber qué satisfacción puedes encontrar en una caricia que a mí no me produce emoción ninguna... ¿Te he dado yo pie para esto? ¿No tenías bastante con los besos que os repartí al entrar?

Mercedes susurró:

–Te adoro, Pedro...

–¡Hum! Conozco el disco... *«Te adoro. Ninguna mujer te quiere como yo... Yo me basto para hacerte feliz...»* Y esto a todas horas del día... En casa, fuera de casa, en la calle, en el teatro, en el restaurante.. ¡Empiezo a estar harto! ¿Que me adoras? Muy bien. Lo creo. Y me parece perfectamente. Pero cállatelo. Es lo menos que puedes hacer para serme agradable. ¿O es que yo estoy en la obligación de corresponder a todas las mujeres que me digan «te adoro»?

Mercedes tuvo el valor de replicar:

–Sí. Ya sé que el procedimiento es meterse tranquilamente en tu cama, como hizo anoche la duquesa de Lauria.

Valdivia lanzó sobre Mercedes una mirada helada, que la estremeció de pies a cabeza. Apretó el segundo botón de una batería de timbres instalada en la mesa y aguardó, repantigado en el sillón y lanzando al techo los chorros del humo en que se deshacía su *abdulla*.

Ramón apareció en la puerta y Valdivia le dijo:

–La señorita Mercedes acaba de despedirse. Así es que haz su equipaje; procura que no se te olvide nada; mete sus joyas en uno de los cofrecitos de filigrana de oro que hay en el *hall*, que tengo mucho gusto en regalarle de recuerdo, y cuando todo esté listo, ella te dirá dónde debes llevarlo.

El criado se inclinó e inició el mutis, pero Valdivia le detuvo:

–Espera –dijo–. La señorita va a desmayarse de un momento a otro...

Pero Mercedes, que se había levantado con los ojos llameantes, no parecía dispuesta a desmayarse en absoluto.

–De manera que me despides –rugió sofocadamente–. ¡Muy bien! Estás en tu derecho... Pero si crees que voy a desmayarme, si te figuras que me voy a desmayar, ¡¡vives muy equivocado, Pedro!!...

Y abriendo los brazos, echando hacia atrás la cabeza y lanzando un gemido, se desmayó.

–¿Ha visto usted? –le preguntó Valdivia al pintor–. Pues en todo cuanto les oiga decir a las mujeres deberá usted poner el mismo fundamento.

Mercedes cayó en manos de Ramón, el cual, consciente de que en materia de psicología femenina su amo no se equivocaba nunca, había avanzado para recogerla.

Se marchó, llevándosela en brazos. De las cuatro máquinas de escribir salieron unos rumores y unas risitas crueles.

Valdivia acalló aquellas risas con una nueva mirada fría, y un silencio de 35 grados bajo cero se extendió por la habitación. Entonces se volvió hacia el pintor, como se vuelven hacia el público los domadores cuando han conseguido meter la cabeza en las bocas de sus tigres sin que a los tigres les entren náuseas. Y dijo señalando las cincuenta y seis cartas, ya clasificadas y ordenadas por Mercedes, que yacían sobre la mesa:

–Vea usted qué curioso fenómeno... Los lunes son siempre los días que menos cartas de amor recibo. Y es que en domingo las mujeres se abstienen, por lo general, de ocuparse de amor...

–¿Y a qué achaca usted eso?

–Está bien claro. Ello obedece a que las mujeres hacen del amor un oficio. Y el domingo descansan...

Rieron. Valdivia, con todas sus ganas. El pintor, con ocho o nueve ganas solamente. Y el primero le rogó a Thérèse Lecourvoisier:

–Teresita... ¿quieres sustituir a Mercedes en la secretaría? De aquí a mañana deberás elegir entre las listas de aspirantes otra mecanógrafa que llene el hueco que tú dejas al ascender.

–Así se hará, Pedro.

Y Teresita se colocó junto a Valdivia, en el lugar de Mercedes.

Durante unos minutos ambos despacharon la correspondencia. Las cincuenta y seis cartas de amor de aquel día se clasificaban de la siguiente forma:

37 ..... *de mujeres desconocidas, que se declaraban a Pedro en los tonos más diversos;*

8 ..... *de amantes en ejercicio que le citaban o le anunciaban su visita o –simplemente– le dedicaban lirismos;*

1 ..... *de cierto autor de tangos que le proponía una pasión romántica;*

10 ..... *anónimos repletos de insultos delirantes.*

Pedro las despachó en un momento, dictando a Thérèse lo que debía contestar

–A las treinta y siete primeras, que *No* –dijo.

–¿Y les dice usted a todas que no? –indagó Campsa–. A lo mejor son mujeres interesantes que...

Valdivia negó con la cabeza.

–Puedo afirmarle que no hay entre ellas una sola mujer interesante.

–¿Por qué?

–Porque las cartas todas traen fecha de ayer domingo. Las mujeres que esperan al domingo para escribir una carta son empleadas, dactilógrafas, señoritas cursis que no han salido aquel día con sus papás o con el novio y se aburrían toda la tarde en casa...

Y siguió resolviendo:

–Las otras ocho no tienen respuesta. Quédate con ellas, sin embargo, para apuntar las fechas y las horas de las citas. Y desde luego puedes señalarlas con una P.

–¿Qué quiere decir esa P? –preguntó Campsa.

–Quiere decir *Plantón.* Es que no pienso ir a verlas Son mujeres de las que ya no me inspiran interés, pero con las que no he roto del todo por agradecimiento hacia el marido, o porque tienen alguna amiga a la que estoy trabajando, o porque van a sacar del colegio una hija, etc.

Continuó volviéndose hacia Thérèse:

–Al *tanguisto* contéstale con una carta agradable. Debes decir en ella que sería para mí un placer corresponder a esa pasión romántica que él siente hacia mí, tanto porque soy un admirador de su belleza, como porque reconozco la necesidad de estrechar lazos entre España y América; pero que me es imposible hacerlo porque un atavismo, ancestral y selvático, me impulsa al estrangulamiento cada vez que veo a un tío pulpo como él poner los ojos en blanco. Puedes añadir que le mando un bandoneón de gracias por haberse acordado de mí.

Thérèse taquigrafió todo lo dictado, y Valdivia se volvió hacia el pintor para explicarle:

–Muchas veces, en los azares de mi vida galante, me topo con seres de estos que han equivocado la papeleta del instinto sexual y que, a su vez, me toman a mí el número cambiado... Por eso me escamé cuando le encontré a usted debajo de la cama... Pero créame: no sólo les tengo cierto afecto, sino que siempre que puedo los defiendo y los aliento, porque opino que *cuantos más hombres haya que prescindan de las mujeres, más mujeres nos quedarán disponibles a los que no prescindimos de ellas...*

–¡Pues es verdad! –dijo Campsa.

Y Valdivia siguió dirigiéndose a Thérèse nuevamente:

–En cuanto a los diez anónimos, archívalos para cotejarlos a fin de mes con las cartas recibidas, y averiguar quiénes son sus autoras.

El pintor volvió a intervenir, como un *clown* que sale a la pista a estorbar la colocación de alfombras.

–¿Sus autoras? ¿Y en qué nota que están escritos por mano de mujer?

–En que todos son letra de hombre. Al escribir un anónimo se verifica siempre un cruce de sexos; la mujer finge una letra de hombre y el hombre imita una letra de mujer.

–¿Y cuando el que redacta el anónimo es de la cuerda de ése de los tangos?...

–Entonces viene escrito a máquina –remató Valdivia.

Se puso en pie, dando por terminado su trabajo, pero no llegó a retirarse de la mesa. Parecía imantado a ella...

¿Qué le retenía? Le retenía un papel, una carta que aparecía debajo de todas, con sólo ocho líneas de texto, al pie del cual dos palabras fulgían como trazadas con fuego:

Vivola Adamant

Cogió el papel; devoró lo escrito, que era esto:

Adiós, buen amigo. Me voy; no sé adónde: eso es lo de menos, me voy para no volver nunca. ¡Qué amargura ver que los únicos sueños que no pueden hacerse realidad son los sueños hermosos! Pero quizás esto es mejor, porque así cuenta uno con la hermosura perenne de sus sueños.

Sea feliz y deséele lo mismo a la única mujer que pensó en usted hasta el instante de conocerle y dejó de pensar desde el instante en que le conoció...

Valdivia permaneció unos momentos pensativo. Luego su sonrisa de siempre le bailó en los labios. Levantó una ceja y murmuró, quedamente, con aire despectivo y definidor:

–¡Literatura!

Thérèse, con un impulso natural, fue a coger la carta para unirla a las demás, pero Valdivia atajó el movimiento.

–No –dijo–. Ésta, no.

Y haciéndola pedazos muy pequeñitos, fue hacia el ventanal y la nevó sobre el jardín.

Luego extendió las manos instintivamente, como si quisiera recogerla.

Después volvió a retroceder y dejó volar los pedazo. En seguida se puso serio.

A continuación volvió a sonreír.

Era la primera vez que Pedro de Valdivia no se sentía dueño de sí mismo.

A LAS 11,55

9

SE CIERRAN LAS CARTAS CON
EL LACRE DEL DONJUANISMO

Para reaccionar se sentó de nuevo a la mesa de la secretaria y pidió:

–Tráeme la firma.

Thérèse le puso delante un montón de pliegos y Valdivia fue estampando su nombre al pie de ellos, después de informarse de lo que decía cada uno.

Eran respuestas a cartas recibidas el día anterior, epístolas cuyo texto había facilitado Valdivia en dos palabras y redactadas después por las mecanógrafas con arreglo a plantillas previstas ya en los archivos.

–Esto facilita mucho la tarea –explicó Pedro al pintor mostrándole un cajón lleno de cartoncitos y en cuyo marbete se leía

MODELOS DE CARTAS

Campsa hizo escalas glisadas sobre los cartoncitos ojeándolos y murmuró:

–Es muy completo. Están previstos todos los casos.

Sí. Estaban previstos todos los casos. Había modelos para cartas

de cita;
de rompimiento;
de amistad;
de pasión;
melancólicas;
de entusiasmo;
de fatiga;
inteligentes;
idiotas;
filosóficas;
materialistas;
astronómicas;
científicas;
rememoradoras;
dramáticas;
irónicas;
burlescas;
dulces;
amargas;
refinadas;
ardientes;
poéticas;
soeces;
frías;
provincianas;
cosmopolitas;
tiernas;
duras;

Había modelos para cartas de enhorabuena –y de pésame– por próximo divorcio; pésame –y de enhorabuena– por próximo matrimonio; de pésame por nacimiento de hijo; de enhorabuena por muerte de marido...

Con ese fichero –explicó Valdivia– el trabajo de contestar mi correspondencia se simplifica hasta el colmo. Yo me limito a señalar el número que corresponde de respuesta a cada carta que hay que contestar, y las mecanógrafas sólo tienen que copiar el modelo correspondiente...

Sentenció:

–En estas cuestiones en que batalla el corazón, créame que no hay nada mejor que proceder con la cabeza...

Y siguió firmando cartas.

Por fin se levantó y ordenó a Thérèse:

–Ya están listas. Perfúmalas y que las echen.

Thérèse cogió de la mesa un perfumador de jade y fue perfumando y cerrando las cartas. Luego, con una barrita de *rouge* de los labios, se dedicó a marcar cinco huellas en el reverso de cada sobre.

–He ahí el lacre del donjuanismo–explicó Valdivia

Y tomando al pintor por un brazo, agregó:

–Ahora, si le parece, echaremos un vistazo a mi archivo, a ese archivo que usted tenía la idea de robar y que ha sido la causa de que nuestra amistad naciese... En él podrá completar sus conocimientos sobre el secreto del alma femenina, aunque, si usted me cree, desde ahora mismo puede darlo por conocido sobradamente.

–¿Sí? Pues ¿cuál es el secreto del alma de las mujeres?

–El secreto del alma de las mujeres consiste en carecer de ella en absoluto.

10

EN DONDE EL PINTOR VISITA, AL FIN, EL FAMOSO ARCHIVO

A LAS 12,05.

Se trasladaron de nuevo a una habitación contigua; era un cuarto pequeño y empequeñecido todavía más por un cinturón de armarios-clasifcadores en cuyos copetes los amores que allí se enterraban habían pasado a convertirse en guarismos: lo menos vil en que puede convertirse el amor:

Del 1 al 1.200
Del 1.201 al 2.500
Del 2.501 al 4.000

Y así, hasta el 36.857. (De manera que mejor será dejarlo.)

Luisito Campsa se detuvo cohibido. Algo había en el aire que se agarraba a su garganta, oprimiéndosela poderosamente...

¿Qué era ese algo? ¿Los fantasmas de aquellas 36.857 mujeres? No. Porque las mujeres, cuando se agarran a un hombre, no lo hacen por la garganta jamás. ¿Era el misterio del amor, el misterio 36.857

veces repetido, que flotaba sobre los armarios? ¿Era la angustia que da el acercarse a una fuente de la sabiduría? ¿Era la emoción que produce el estar próximo a descorrer el velo de la Verdad?*.

Por espacio de media hora, el pintor pudo bañarse en agua de rosas, husmear, leer, releer, ponerse al tanto de docenas de *casos* y de centenares de aventuras, en las que se veía cómo Valdivia había desplegado en su carrera los más diversos recursos y tocado la serie más infinita de resortes.

Y esta variedad de trucos y sistemas, esta infinidad de estratagemas y procedimientos, convertía las «fichas» en otras tantas hojas de un archicompleto tratado de Psicología.

Campsa comprobó que no estaba mal informado respecto al catálogo de Valdivia. En efecto, en cada ficha aparecía compendiada la historia de su protagonista correspondiente: nombre y apellidos; apelativo dado en las horas de intimidad; resumen de su persona y de su carácter, y procedimiento de seducción empleado.

Repasarlas era apasionante. Cuando se leía, por ejemplo...

NUM. 7.492

Carvajal y Martínez (Hortensia)

—«Teny».
—30 años.
—Casada con un coleccionista de sellos.
—Alta; morena; con lunares.
—Ardiente; impresionable por la risa.
—Conquisté primero al marido regalándole unos sellos de Venezuela. Frecuenté la casa. Cierta noche aproveché la ocasión en que el marido dudaba entre marcharse al Círculo o quedarse a pegar una colección de sellos, y le dije:
—Usted váyase tranquilo, que ya se la pegaré yo con Hortensia.
La frase produjo en ésta el efecto de regocijo calculado y se me entregó en cuanto se marchó el marido.

NUM. 14.603

Díaz de Torregui (Emilia)

—«Milita».
—25 años.
—Soltera de nacimiento
—Alta; rubia; piel color cerveza.
—Sensual disimulada; aparentaba una absoluta frialdad.
—Para conquistarla me fingí más frío que ella todavía. La enumeré todas las combinaciones de amor corrientes, asegurando que ninguna de ellas me producía emoción. Y que cuatro que yo había inventado, tampoco me producían efecto. Se me entregó para conocer esas combinaciones, que no existían. Y luego fue ella quien me hizo saber cinco que no conocí yo. Lo cual me ha pasado otras varias veces en mi vida.

NUM. 10.090

Larra y Barrios (Mercedes)

—«Merche».
—21 años.
—Soltera; bailarina.
—Pequeña; rubia; sonrosada.
—Nerviosa; idealista; poco sexual.
—Se me presentó muy difícil. Agoté varios procedimientos, y por fin se me ocurrió apostarla que no era capaz de bailar doce horas seguidas. En la décima hora de baile cayó al suelo exhausta, y en este momento me apoderé de ella. Le hizo gracia la cosa, y desde entonces me propuso bailar a diario.

NUM. 688.

Verdugo-Gómez (Marina)

—«Mary».
—18 años.
—Soltera.
—Mediana; redondita; ojos violeta.
—Sensibilidad extraviada.
—Le excitaban los ruidos desagradables, y para que cayera en mis brazos, me bastó ordenar al criado que raspara platos con un cuchillo a la puerta de la alcoba, mientras en la gramola sonaban músicas de zarzuelas.
Estos ruidos archidesagradables tuvieron gran éxito y se rindió.

* EL LECTOR.– Diga usted... ¿y no sería la molestia que siente al entrar en una habitación tan pequeña como la que describe?

Había procedimientos de conquista que aparecían en varias fichas, pero el pintor tuvo ocasión de leer: 73 sistemas de seducción diferentes:

1. *La seduje enamorando a su mejor amiga.*
2. ...... *con regalos.*
3. .... *fingiendo que no me gustaba.*
4. ...... *hablándole de cosas que no entendía.*
5. .... *explotando su* snobismo *y asegurándole que las mujeres honestas tienen siempre un aire vulgar y provinciano.*
6. ...... *con lirismo.*
7. ...... *emborrachándola de* champagne.
8. ...... *haciéndole creer que mi amor la obligaría a adelgazar.*
9. ...... *fingiéndome tímido.*
10. ...... *disfrazándome de sacerdote.*
11. ...... *estudiando a fondo al marido y presentándome a ella con todos los vicios de él y sin ninguna de sus virtudes.*
12. ...... *asegurándole que tendríamos un hijo.*
13. ...... *afirmando que no existía peligro ninguno de tener hijos.*
14. ...... *mirándola a los ojos.*
15. ...... *a besos.*
16. ...... *prometiendo darle todo lo contrario de lo que ella ya poseía.*
17. ...... *fingiendo un suicidio.*
18. ...... *imbuyéndole la idea de que era mi protectora.*
19. ...... *a fuerza de silencios.*
20. ...... *con caricias enervantes.*
21. ...... *haciéndome pasar por descendiente de César Borgia.*
22. ...... *acumulando audacias sobre audacias y poniendo encima de todo esto más audacias.*
23. ...... *a majadería limpia.*
24. ...... *satisfaciendo su afán de viajes.*
25. ...... *excitándola a reír.*
26. ...... *forzándola a llorar.*
27. ...... *aprovechando las puestas de sol.*
28. ...... *metiéndome en su lecho sin más explicaciones.*
29. ...... *espiando y explotando sus momentos de disgusto familiar.*
30. ...... *diciéndole que iba de parte de su amante.*
31. ...... *fingiendo creerme que era virgen y prometiéndole casarme.*
32. ...... *proponiéndole indignidades.*
33. ...... *aprovechándome de su despecho hacia otro.*
34. ...... *jurándole ser el hombre más desgraciado del mundo.*
35. ...... *obligándole a contraer deudas desproporcionadas con sus recursos.*
36. ...... *haciéndole creer que la consideraba como una «mujer fatal».*
37. ...... *con ternura.*
38. ...... *a fuerza de delicadezas.*

39. ...... *removiendo los posos turbios de su alma.*
40. ...... *fingiendo estar enfermo y desahuciado de los médicos.*
41. ...... *embriagándola de poesía.*
42. ...... *con músicas lánguidas.*
43. ...... *confesándole cosas inconfesables.*
44. ...... *alimentando su sed de lujo.*
45. ...... *ahuyentando su aburrimiento.*
46. ...... *con filosofías pesimistas.*
47. ...... *haciéndome pasar por duque de Valdivia y regalándole un juego de ropa interior bordado con la corona ducal.*
48. ...... *desnudándola con el pretexto de ver si tenía las proporciones exactas de la* Venus de Milo.
49. ...... *diciéndole que yo asesinaba a las mujeres después de amarlas.*
50. ...... *afirmándole que mi amor sería su libertad.*
51. ......*prometiéndole llevarla a Hollywood y hacerla «estrella» de cine, con el nombre de Yema-Bow.*
52. ...... *fingiendo una pasión delirante.*
53. ...... *exagerando mis facultades eróticas.*
54. ..... *imbuyéndole la idea de que ella había nacido para ser una Mesalina terrible.*
55. ...... *con desprecios.*
56. ...... *alternando la ingenuidad con el cinismo.*
57. ...... *contándole historias de miedo.*
58. ...... *aprovechándome de una tormenta.*
59. ...... *invitándole a oler hojas de valeriana.*
60. ...... *excitando sus glándulas.*
61. ...... *haciendo juegos malabares.*
62. ...... *recitando los pasajes más «estimulantes» de la Biblia.*
63. ...... *fingiéndome anarquista.*
64. ...... *con la promesa de introducirla en el Gran Mundo.*
65. ...... *preguntándole: «¿Qué te importa uno más?»*
66. ...... *diciéndole: «Ya sé que soy el único.»*
67. ...... *procediendo como un canalla hasta en los menores detalles.*
68. ...... *apostando su «sí» a una partida de* poker *y ejecutando trampas en el juego.*
69. ...... *bailando bien.*
70. ...... *haciéndole creer que me hallaba constituido de distinta manera a los demás hombres.*
71. ...... *asegurando estar casado con una compañera suya de colegio.*
72. ...... *convenciéndola de que lo que le proponía era un pecado horrible.*
73. .....*diciéndole que sus negativas obedecían a que tenía los pechos caídos.*

Valdivia le indicaba de vez en cuando un caso curioso.

–Vea usted ésta:

(Se trataba de una gran dama, muy inclinada a hacer la caridad, a quien Pedro había buscado las vueltas disfrazándose de mendigo y diciéndole:

–Señora: no pido limosna en metálico, pido una limosna de amor, porque no sé lo que es eso...

Y la dama, siempre caritativa, le facilitaba el acceso bajo sus sábanas.)

–Ésta también merece verse –exclamaba, tendiéndole otra ficha.

(Era el caso de una viuda joven, próxima a la ruina a causa de lo embrollados que había dejado sus negocios el marido, y a la que Valdivia arreglaba los asuntos, creándole una próspera situación económica. Entonces le pasaba una original minuta que decía:

POR MIS SERVICIOS COMO ABOGADO...

8 NOCHES DE AMOR

Y ella, encontrándolo demasiado barato, le abría una cuenta corriente por valor de todas las «noches» que quisiera.)

–Ahí casi procedió usted como un buen hombre... –observó el pintor.

–Sí –explicó Valdivia–. Las mujeres son tan terriblemente incongruentes, que a veces hasta da resultado el mostrarse con ellas sincero, noble y desprendido...

–¿Quién fue la primera mujer que...?

Valdivia le tendió la ficha de lady Sylvia Brums, y el pintor buscó inmediatamente el procedimiento empleado para rendirla. Era escueto:

«Le di una bofetada gigantesca».

–¡Buen principio de carrera!

–Sí. Mi tío Félix me preparó lo bastante en el oficio para que yo empezase por donde los otros suelen acabar.

–¿Y nunca le ha fallado una mujer, Valdivia?

Pedro tuvo un pequeño estremecimiento. Acababa de acudir a su memoria el pálido rostro de Vivola Adamant, pero pudo dominarse.

–¡Jamás! –replicó con una firmeza de tal modo firmísima que cualquiera habría notado lo poco firme que era.

Nuevas fichas aparecieron, la de la princesita Elisabeth, la de Silma Drake, que a Valdivia le traía el recuerdo doloroso del tío Félix; la de la duquesa de Riccione... una chocó al pintor. Era triple; pertenecía a las hermanas Suizas a quienes Pedro había hecho alusión durante el almuerzo:

NUMS. 16.352-16.353-16.354.

Lausanne (Milka, Velma y Noisettinne)

—16-17 y 18 años.
—Solteras.
—Pelirrojas, esbeltas, blanquísimas.
—Melancólicas y muy unidas entre sí.
—Las cultivé tres meses por el sistema epistolar. Luego me presenté a ellas, y hablando aparte sucesivamente con una sola, convencí a cada cual de que era ya amane de las otras dos. Entonces, la tercera, por ser igual que las otras, se me entregaba. A las tres veces de repetir la operación, mi mentira había pasado a ser verdad y cada una de ellas era mi amante por sus propios deseos, y mi cuñada, por los deseos de sus hermanas.

–¡Estupendo! –exclamó Campsa.

Continuaron revisando fichas.

–¿Y monja? ¿No tiene usted ninguna monja? –preguntó el pintor como si se hallase ante el mostrador de una tienda.

–¿Cómo no? Ya lo creo... Tengo dos novicias y una madre superiora.

Y buscó el fichero del 8.501 al 10.000, extrayendo de él lo pedido.

–Pero lo que no me explico es que estas monjas fueran casadas...

–¡Caramba! Como todas las monjas... ¿No ha oído decir que son esposas del Señor?

–¡Es verdad! ¡Es verdad!

NUM. 9.906.

Sor Reverberación de las Catorce Llagas.

—Edad, sólo confesada al confesor.
—Casada.
—Morena; andaluza; risueña.
—Carácter, sólo confesado al confesor.
—Gran lectora de Palacio Valdés, soñaba con ser igual a la Hermana San Sulpicio. Me bastó con enviarle una carta, como don Juan, pero firmado *Ceferino*, para que ella comprendiera que el Cielo había atendido sus deseos. Me habló luego de matrimonio; mas yo le dije que nuestro matrimonio era imposible, por ser ella casada. Arrepentida de su pecado, se resignó nuevamente a ser sor.

NUM. 9.907.

Sor Insolación de los Diez Puñales.

—Edad, no confesada ni al confesor.
—Casada.
—Castaña; esbelta; ojos grises.
—Carácter, imposible de adivinar bajo sus tocas.
—Entré en su celda por equivocación, al ir a ver a sor Reverberación, y ella quedó aterrada, tomándome por el Demonio. Entonces yo encendí una cerilla y el olor a fósforo la hizo desmayarse convencida. Gritó: «*¡El Malo!*». Y cuando me fui se quedó murmurando: «*Pues el Malo es bastante bueno*».
No volví más.

Y agregó:

–Y a la superiora, ¿cómo la deslumbró usted?

–Recitándole trozos escogidos de fray Luis de León. El trozo que más le gustaba de fray Luis era la oda a la vagancia.

–¿La oda a la vagancia?

–Sí. Esa tan popular que empieza diciendo:

¡Qué descansada vida
la del que huye del mundanal ruido...

–¡Ah, ya!

En cuanto al trozo que más le gustaba de mí, nunca pude saberlo... Nos conocimos en una peregrinación al Santo Sepulcro de Jerusalén y allí se quedó entonando salmos.

–Y realmente, ¿era superiora?

–¡Era superiorísima!

Había otros muchos «casos» curiosos:

LA LITERATA (a quien Valdivia seducía por medio del sencillo e infalible procedimiento de elogiarla a todas horas sus escritos, ninguno de los cuales había leído jamás).

LA ESPOSA DEL MILITAR MUERTO HEROICAMENTE EN LA GUERRA (a la que Valdivia se presentaba de uniforme y asegurándole haber asistido a la muerte del marido; y ella se rendía entre llantos y gimiendo al abrazarse a pedro: *«¡Pobre Manolo! ¡Pobrecito Manolo! ¡Quién se lo había de decir cuando hizo la primera comunión en Murcia!»)*

LA MUCHACHA NOVELESCA (a quien Valdivia conseguía raptándola de noche en un caballo y caracterizado de José María el Tempranillo).

Etcétera, etcétera.

11 EL ARTE DE AMAR DE VALDIVIA

El procedimiento general.

Al cabo de media hora de registrar lo más interesante del archivo, el pintor no sabía aún a qué atenerse. Había encontrado docenas, centenares, miles de fórmulas particulares. Pero, ¿dónde estaba el *procedimiento general* para seducir?

–Pregunte usted a los médicos –le dijo Valdivia– si conocen algún medicamento que lo cure todo... Cada mujer es un caso, como lo es cada enfermo. Y a lo más que puede llegarse es a conocer la ciencia abstracta de seducir y a estudiar luego cada caso para aplicarle el procedimiento concreto.

–Pero, ¿y no existe una fórmula que abarque varios casos?

Tratamientos previos.

–*Tratamientos previos,* sí existen, pero únicamente valen para despejar el terreno en que uno ha de moverse luego. Aprenda usted, por lo pronto, que *no hay una sola mujer completamente imposible.* Esto no me lo oirá a mí solo: muchísimos hombres creen que no hay ninguna mujer imposible... a excepción de la propia. Lo que yo añado de original a ese concepto, es que la mujer de ellos tampoco es imposible, sino que, con frecuencia, es la más posible del mundo...

–¡Ya!

La lisonja y la ofensa.

–Hay efectivamente, *varios tratamientos previos.* Por ejemplo: *la lisonja.* Todas las mujeres, las más honestas, las más dignas, encuentran bonita y bien dibujada la boca que las lisonjea. Y, como distintas causas producen los mismos efectos, si usted desea que una mujer le recuerde eternamente, no tiene que hacer sino dirigirle una ofensa...

La audacia.

Otro tratamiento previo de carácter general es *la audacia.* Sea usted audaz, tan audaz como un pirata borracho. Cuando ya le parezca imposible ser más audaz, sea usted más audaz aún. En amor hay que alcanzar el frenesí de la audacia para, al llegar allí, ser más audaz.

La paciencia.

todavía. Otro procedimiento también general es la *paciencia.* Insista y espere en una postura cómoda. No se canse de insistir y de esperar; insistiendo y esperando ceden las mujeres más difíciles. Otro procedimiento

Ofertas.

general es *ofrecerlas lo contrario de lo que tienen.* Ofrézcales, si dependen de alguien, la vida independiente; si trabajan, la holganza; si son ricas, la probreza en «que uno se sacrifica por el otro»; si son libres, la esclavitud; si son pobres, la riqueza; si han vivido siempre en un rincón, los viajes; si han viajado mucho, una existencia quieta y tranquila; si son cortas de vista, unos impertinentes... No olvide que la mujer es un ser envenenado de ilusión, por lo cual la honorable piensa con envidia en la cortesana, y la cortesana querría ser una dama honorable...

La humildad.

Otro procedimiento general es *la humildad.* Fínjase humilde; hágase el «pobrecito»; imbuya usted en el corazón de la mujer la idea de que usted necesita una protección moral –¡cuidado!, fíjese que le digo una protección moral, no física– y la mujer, con su instinto de protección maternal, que nunca muere en ella, le protegerá y, protegiéndole, le hará un huequecito en su lecho...

El dinero.

Otro procedimiento general es *dar dinero...* Luisito Campsa saltó como si le hubieran hecho una punción raquídea:

–¡Dar dinero! Pero, ¿usted cree que a las mujeres debe dárseles dinero?

–Si se tiene, ¿por qué no? Darles dinero es colocarse con respecto a ellas en un plano de superioridad, eficacísimo también. Darle dinero a una mujer es tanto como decirle de una manera delicada que no pasa de ser algo que se compra y que se vende... Y en este respecto, cuando una mujer le rechace el dinero, ofrézcaselo otra vez diciéndole que se lo da para que lo distribuya entre los pobres y ella lo aceptará inmediatamente para sí, porque el dinero que se rechaza no se rechaza por dignidad, sino por soberbia.

Hizo una pausa, jugueteó con una rosa que había cogido de la mesa de la secretaria y terminó:

–Finalmente, y para acabar mi primera sesión, que empieza a ser demasiado larga, le voy a dar un consejo también de carácter general...

El pintor aguzó los oídos.

Las más fáciles.

–Aprenda usted que las mujeres más fáciles son las casadas.
–¿Las casadas?
–Sí. Por cinco razones.
Y las expuso:
PRIMERA: Porque han gustado ya la mecánica enloquecedora del amor.
SEGUNDA: Porque sabiendo cómo es un hombre les interesa con más ahínco saber cómo son los demás.
TERCERA: Porque disponen de persona solvente a quien endosar los posibles hijos.
CUARTA: Porque la sociedad –que le pone el pie para que caiga, y luego no le perdona la caída a la mujer soltera– ampara el pecado de la casada, si ésta lo ejecuta de un modo hipócrita.
QUINTA: Porque en el adulterio se cumple una ley física necesaria para la vida: la ley del equilibrio; y así vemos que en el hecho de elevar a un ser –el amante– la mujer causa el despachurramiento de otro ser: el marido.
Continuó:
–Y por lo que afecta a las casadas, no retroceda nunca dejándose llevar del sentimentalismo; no le preocupe la idea de que va a causar el oprobio de un hombre. Piense usted en que ese mismo hombre, en cuanto puede, causa también el oprobio de un tercero. ¡Cuántas veces el marido engañado, que nos da lástima, está en aquella misma hora sintiendo lástima de otro marido al que engaña él!...
–¿Y cómo saber que le gustamos a una casada, Valdivia?
–¡Eso es lo más fácil! Cuando la casada le diga a usted «mi marido no me comprende», puede ir ya alquilando un piso para entrevistarse con ella hasta que se dé cuenta de que usted «no la comprende tampoco».

Las más difíciles.

Y las mujeres más difíciles, ¿cuáles son?
–Contra lo que cree todo el mundo, las mujeres más difíciles son las cortesanas ricas e inteligentes. Éstas lo saben todo: lo han pasado, lo han visto, lo han conocido, lo han probado todo... con ellas no hay truco posible, A ésas sólo las logrará usted de una manera: aguardando a que ellas se lo propongan.
–¿Y si ellas no me lo proponen?
–Entonces dese usted duchas y se notará más tranquilo.

A LAS 12,50

12

MUTIS DE OPERETA Y FINAL DE DRAMA TRÁGICO

Salieron.

Al pasar por las oficinas, Thérèse abordó a Valdivia:

–¿No recibes hoy?

–¿Cuántas hay esperando?

–Dieciséis.

Dieciséis mujeres que en vez de escribirle preferían ir a su casa con la esperanza de ser recibidas y de parecerle lo bastante seductoras para atraérselo.

–No. No recibo. Que vuelvan mañana si quieren. Y como querrán, despídelas hasta mañana.

Thérèse aprobó con una sonrisa y le entregó un papel. Valdivia le explicó al pintor:

–Es la lista de amantes que debo visitar hoy. Son veintinueve... Imagínese... No acabaré antes de las seis de la tarde. Y a las seis y media he de acudir a un té donde me he comprometido a conocer a cuatro más. Y de ocho a diez, tengo que ir a tres citas ineludibles. Y a las once debo asistir a la función del Español para romper con otras dos –madre e hija–, que ya me resultan irresistibles, porque la madre presume de niña y la niña va a presumir pronto de madre...

–¡Pero no tiene usted un minuto libre!

–¡Oh! Créame que empiezo a estar harto. Este oficio, como todos, es muy bonito para mirarlo desde fuera... ¡Ya verá usted, ya! Porque, además, es inútil querer abandonarlo: no se puede; no le dejan a uno...

Susurró:

–¡No tiene usted idea de lo pesadas que se ponen las mujeres!

Atravesando habitaciones llegaron al *hall*. El criado les precedía y detrás marchaban Thérèse, Lulú, Alicia y la marquesita, que jamás dejaban de salir a despedir a su amo hasta el automóvil.

En el *hall* se les unió otro nuevo grupo de mujeres resplandecientes, que habían abandonado sus ocupaciones con el mismo gentil objeto. Eran Eleonora Fuggi, María Lorenzo, Corina Rey, Genoveva Bretón y Vera Ningasisskaia, doncellas, lavanderas y cocinera, respectivamente, de Pedro de Valdivia.

Éste tuvo que repartir otra tanda de besos apasionados antes de hundirse, junto a Campsa, en los almohadillados del «Chrysler».

Parecía el final del segundo acto de una opereta de Lehar.

Partió el coche. Viró en redondo por el jardín y traspuso la verja.

De pie junto a la casita del portero aún se encontraron a otra dama: envuelta en un abrigo fileteado de *renard argenté;* la cabeza embutida en un gorrito de plumas.

Y esta dama esperó que el coche estuviera a su lado para clavar en Valdivia una mirada terrible y para gritarle:

–¡Asesino!

Luego alzó su mano derecha, se aplicó una pistola a la sien, disparó y cayó como un premio de la lotería.

El auto siguió adelante.

–¡Se ha suicidado! ¿No lo ha visto usted? ¡Se ha suicidado! –gritó Luisito Campsa retorciéndose para observar por la mirilla trasera del coche.

–Sí. Ya lo he visto –replicó Valdivia aplicando el encendedor eléctrico a su cigarrillo–. Es la séptima que se me suicida este mes.

3

SE COMPRUEBA QUE LA CIENCIA DE VALDIVIA ERA TAN INFALIBLE COMO UN ECLIPSE DE SOL

1 2 3 4 5 6 7 8 9 10 11 12 13 14 15

Un mes pasó: el de mayo.

Para Valdivia aquel mes no signifcó cambio ninguno. Otros brazos femeninos se le arrollaron al cuello; otras cabelleras perfumaron su almohada; otras naricillas asomaron por el embozo de su lecho... Cuatro suicidios más... varias fichas nuevas en su archivo...

Total, nada.

Pero para Luisito Campsa el cambio había sido completo en ese mes...

16 17 18 19 20 21 22 23 24 25 26 27 28 29 30 31

13

LOS ÚLTIMOS MOMENTOS JUNTO A VALDIVIA

Aquel día en que se conocieron, Campsa había acabado acompañando a Valdivia en su *visita*. Le vio subir y bajar escaleras como un cartero manteniendo el fuego sagrado en los hogares de sus amantes vigentes; asistió a una de aquellas jornadas de *amor a domicilio* que tanto quebrantaban al seductor y oyó de labios de éste otros muchos de los consejos que debían servirle para encadenar al niño revoltoso de la venda en los ojos y las flechas en el carcaj*.

* Cupido, por si no se habían dado ustedes cuenta.

Y a las seis de la tarde, maestro y discípulo llegaron al palacio de Florencia Robim, mujer de una belleza progresivamente decadente y que tenía el buen gusto (entendiendo por *buen gusto* un capital de cinco millones de pesetas) de vivir en el paseo de la Castellana.

–Debo quedarme aquí a tomar el té, amigo Campsa, según le advertí hace unas horas –anunció Valdivia–. Florencia quiere presentarme unas muchachas con las que enriquecer mi archivo, y aunque empieza a fastidiarme el oficio, no tengo más remedio que persistir en él toda vez que me siento ya sin ganas de emprender otro...

–Pero, ¿no es Florencia amante de usted?

–Sí. De las recientes: la 36.853...

–Entonces, ¿cómo va a presentarle unas muchachas para...?

–¡Oh! Trucos de las mujeres, querido, que cuando han gustado a un hombre lo sacrifican todo a seguir gustándole... Como Florencia ve que en el campo de batalla de nuestro amor yo me bato ya en retirada, trata de atraerme de nuevo con el cebo de la carne nueva...

–¿Y ella?

–Ella espera que su belleza y su *esprit* saldrán triunfantes de la prueba y que nuestro idilio renacerá sobre las cenizas de los corazones de las otras... Todas las mujeres confían en su belleza y en su *esprit* hasta las que tienen por belleza una ruina y por *esprit* un plumero...

Agregó a modo de resumen de lo dicho ahora y antes:

–La mujer es un amasijo de muchas pasiones confusas sostenido por una sola pasión diáfana: la vanidad. Pero ya llegamos...

El auto avanzó por los senderos cubiertos de gravilla del palacio de Florencia con un tenue e interminable ¡CRAAAAAAAAC! que hacía pensar en que iba aplastando brillantes.

Valdivia saltó a tierra, dio orden al chófer de que llevara «al señor donde dijera» y se encaró afectuosamente con el pintor:

–Si la sesión de hoy no le ha bastado para formarse una idea de cómo hay que proceder con las mujeres y de qué manera se logra el amor, vuelva a verme siempre que quiera. Mi archivo y yo estamos a su servicio...

Decididamente era la exquisitez con traje gris.

14 ROPA INGLESA, AUDACIA Y CRUELDAD

Pero Luisito Campsa no necesitaba más sesiones.

Después de lo visto, lo oído, lo leído y lo observado en aquellas ocho horas, se había formado ya su composición de lugar.

Y mientras el coche de Valdivia le conducía a su casa, el pintor repasó mentalmente las tres consecuencias principales deducidas del *arte de enamorar mujeres*. Y se dijo:

PRIMERO: *Hace falta vestir bien.*

SEGUNDO: *Hace falta ser audaz.*

TERCERO: *Hace falta ser cruel.*

Y añadió:

–Y después de eso, hace falta... que las mujeres le hagan a uno caso.

Estaba clarísimo.

Y como estaba clarísimo, como estaba suficientemente claro, Luisito Campsa se arrellanó en el *pullman* del coche y se quedó dormido.

Cosa que al chófer le extrañó mucho cuando abrió la portezuela al final del trayecto.

Pero que al lector no debe extrañarle nada, puesto que sabe de sobra que el pintor se había pasado la noche debajo de la cama de Valdivia.

Ropa Inglesa.

Lo primero que hizo, siguiendo las instrucciones de Valdivia, fue cortarse la melena, tirar la chalina a un tejado y poner la pipa en los rieles del tranvía.

(La melena se la quedó el dueño de la peluquería para regalársela a una hija suya que quería peinarse a lo garçon *y tenía de todo –tijeras, peines, etc.–, de todo menos pelo.)*

(La chalina fue a adornar el cuello de un gato que merodeaba por el tejado en busca de amores fatales.)

(Y la pipa hizo descarrilar el tranvía. Una verdadera juerga, porque murieron siete.)

Luego, Luisito Campsa escribió a Londres enviando sus medidas y pidiendo ropa. Quince días despues, la ropa llegó a sus manos como Moisés a manos de la hija del Faraón; en un cesto de mimbre.

Un surtido completo: trajes, abrigos, gabanes, *raglans, diner-sints, talses y smokings**.

Audacia y Crueldad.

Vestido, perfumado, aderezado y charolado a la moda de la *City*, el pintor se había lanzado a la calle dispuesto a enamorar a la primera mujer con quien se tropezase.

En voz baja, repetía su lema, aquella quintaesencia extraída de su visita a la casa de Valdivia:

–Audacia y Crueldad... Audacia y Crueldad...

Y la primera mujer con quien se tropezó fue Amanda, casada, magnífica y rica, que aquel día había salido a pie. *(Para estirar las piernas, encogidas por un matrimonio demasiado apasionado.)*

–¡Audacia y Crueldad! –se susurró Campsa, con el fin de darse ánimo.

Y la abordó inmediatamente:

–Señora...

Ella siguió andando sin mirarle siquiera.

El pintor la cogió por una mano y la obligó a detenerse. *(Audacia.)*

Y de paso, la apretó la mano con toda su alma hasta hacerle crujir los huesos. *(Crueldad.)*

Entonces Amanda había gritado:

–¡Ay!

Pero él, multiplicando su audacia, replicó mirándola con ojos de chacal:

–¡¡Silencio!! ¡Usted tiene que ser mía y nada ni nadie podrá impedírmelo!

–Pero...

–¡¡A callar!!

Hizo parar un taxi, dio un empujón a Amanda y la zambulló en el coche.

Se echó sobre ella como una trampa sobre una bodega.

–¡Cielo mío! ¡Mi vida!

Y le sorbió la boca una vez, dos veces, cuarenta veces, ciento catorce veces.

A la vez centésimo-catorceava, el automóvil dejó de ser automó-

* Bueno, claro, hay que advertir que en Inglaterra llaman *tals* a lo que nosotros conocemos por *frac*, y *diner-sint*, a lo que nosotros decimos *smoking*, y llaman *smoking* a las batas o batines para estar en casa. Los novelistas brillantes han dejado tantas cosas por decir, que uno se pasa la vida haciendo advertencias.

vil para convertirse en inmóvil. *(Queremos decir que se detuvo.)* Se detuvo ante el domicilio del pintor.

–¡Baja! –ordenó éste a la dama con energía aterradora.

Y Amanda bajó del auto.

–¡Sube! –ordenó de nuevo con una energía idéntica a la anterior.

Y Amanda subió las escaleras del estudio.

Estaba tan estupefacta, que ni se acordó ya siquiera de protestar.

. . . .

En el estudio se había repetido la escena del taxi, aunque con mayor amplitud, despojamiento de vestidos y resultado espasmódico.

Al cabo de media hora, el pintor se puso en pie, se envolvió en uno de los *smokings* de Johans and Bonham, y dijo a la dama rudamente:

–¿Cómo te llamas?

–Amanda.

–¿Eres casada o soltera?

–Casada.

–¿Es hoy la primera vez que caes?

Ella se echó a llorar. (A las mujeres no les hacen llorar los actos propios, sino las palabras ajenas.)*

Pero el pintor *(Audacia y Crueldad)* le gritó:

–¡Nada de llantos! ¡No estoy dispuesto a tolerar una sola lágrima! ¡Di! ¿Caes hoy por primera vez?

Un maullido suavísimo:

Siiiiiií.

–Pues entonces la próxima vez que caigas será la segunda.

Y se fue al cuarto de baño, orgulloso de que ya *hacía frases* como su maestro.

. . . .

Amanda caía, en efecto, por primera vez.

Estaba enamorada de su marido, porque era una mujer original. Nunca había pensado en el adulterio (ni en la canalización del Tajo) por la misma causa. No obstante...

*(Cuando una mujer cae –después de haber pensado mucho en el adulterio– a menudo ve su corazón convertido en un nidal de desencantos; pero cuando cae sin haber pensado en el adulterio nunca, entonces ve su corazón convertido en una motocicleta)***.

Y esto fue exactamente lo que le ocurrió a Amanda.

. . . .

---

* Observación que pertenece por entero a Valdivia y de quien la copió el autor.

** Observación que también pertenece por entero a Valdivia y de quien asimismo la copió el autor.

Días después el pintor, por su parte, se mostró exigente y desdeñoso. *(Audacia y Crueldad.)*

La obligó a abandonar al marido. *(Audacia.)*

Le dijo que su amor era un capricho y que cualquier día la abandonaría él a su vez. *(Crueldad.)*

La propuso un viaje por el extranjero, confesándole que en Madrid y a su lado se aburría horrorosamente. Y advirtió que esperaba que ella lo pagase todo. *(Audacia y Crueldad.)*

Amanda aceptó. *(Idiotez.)*

Éste fue el cambio que en Luisito Campsa se había operado durante aquel mes.

15 CONVERSACIÓN INTERRUMPIDA POR UNA RUBIA PELMA

Y a fines de mayo se encontraron a la puerta del Teatro del Drama Rural.

Salían de un estreno, y como la comedia había obtenido un éxito clamoroso, el público desfilaba de muy mal humor.

De pronto el vestíbulo se llenó de rumores y todas las mujeres miraron hacia el mismo sitio.

O hay fuego o viene Valdivia –pensó Luisito.

Lo que ocurría era lo último, pero la expectación promovida echaba humo, así es que cualquiera podía haber supuesto lo primero.

Instintivamente se le abrió calle. Él avanzó imponente. Colgada del brazo y sin darle más importancia que si fuera un bastón, llevaba una rubia maravillosa; la número...

¿La número cuántos?

¡Cualquiera lo sabía!

–En un mes y a la velocidad suya –pensó Luisito– ha tenido tiempo de llegar a la 37.000.

(Y efectivamente, durante aquel mes Valdivia había llegado a la 37.080.)

Al paso de él y la rubia las opiniones del público se dividieron.

LAS MUJERES DIJERON		LOS HOMBRES DIJERON	
Refiriéndose a Valdivia:	*Refiriéndose a la rubia:*	*Refiriéndose a Valdivia:*	*Refiriéndose a la rubia:*
—¡Es guapísimo!	—¡Es una facha!	—¡Es un idiota!	—¡Es estupenda!

Luisito le tocó en un hombro.

Valdivia se volvió, abrió los brazos, soltó la rubia (es decir, el bastón) y le apretó las manos cariñosamente.

–¡Querido Campsa! ¿Cómo le va? ¡Cuánto me alegra verle!

Y enseguida le indicó con un gesto el bastón (es decir, la rubia) para hacer las presentaciones:

–El señor Campsa, notabilísimo pintor... Mi novia, la señorita... ¿Cómo te llamas?

La rubia suspiró mirándole amorosamente:

–Evelina, Pedro... Evelina.

Y aprovechó esta oportunidad para darle un beso.

–¡Es verdad! Evelina... ¡Ya no me acordaba!

Evelina se apretó contra él:

–¡Qué ingrato eres!

Y aprovechó la oportunidad de que Valdivia fuese un ingrato para volver a besarlo. Pedro se puso serio.

–Evelina, estate quieta, que me despeinas el bigote.

–¡Ay qué gracioso!

Y le besó nuevamente, aprovechando la oportunidad de que era gracioso.

Realmente él no había conocido nunca una mujer que mejor aprovechase todas las aportunidades.

–¡Me tiene frito! –declaró inclinándose sobre un oído del pintor–. Absolutamente frito. Me tiene tan frito, que ya empieza a extrañarme de no oler a aceite.

Y añadió, aprovechando a su vez la oportunidad de que Evelina se había retirado unos pasos a retocarse la boca con la barrita de «Tangee»:

–Es una pelma. Lo que se llama en los países civilizados una pelma. La llevo colgada de la manga hace cuarenta y ocho horas, porque pertenece a esa clase de mujeres cuyo amor, como algunos estacazos, nos obliga a llevar el brazo en cabestrillo; pero afortunadamente esta noche voy a *levantarme la cura*...

–¿Cómo?

–Que esta noche la *planto.*

–¿Qué va usted a hacer con ella para conseguirlo? –indagó Luisito Campsa, que no perdía la ocasión de instruirse.

Los finos labios de Valdivia se abrieron en una sonrisa que tenía algo de la Gioconda y algo de la Telefónica.

–¡Bah! Es muy sencillo... La he propuesto un paseíto en automóvil; un paseíto a 200 kilómetros... y la dejaré en un paraje solitario de la provincia de Soria. ¿Comprende?

. . . .

Luego se interesó por los asuntos del pintor. Lo encontraba desconocido; estaba muy cambiado...

Luisito asintió. Sí; estaba muy cambiado.

Sumergido en un traje de Johans and Bonham, color nefritis, calzado por Mazwells, luciendo camisa, corbata, calcetines de Hilliditch Key y con el cráneo cubierto con un legítimo «Habig», era difícil que nadie le reconociera.

Para reconocerle había que empezar por traducirle.

Y no todo el mundo domina el inglés.

–Y de lo demás, ¿también ha cambiado? –indagó Pedro, aguantando otros dos besos de Evelina, que había vuelto junto a ellos, provista de nuevas fuerzas.

El rostro del pintor se llenó de sombras obscuras.

¿Era que había vuelto a fracasar en el amor?

No. Era que el electricista del teatro había apagado las luces del vestíbulo.

Circunstancia maravillosa, que no podía menos de aprovechar Evelina para estampar a Valdivia otros tres besos voraces.

Salieron. Al pisar la calle, Valdivia estaba ya resuelto alargar su paseo en automóvil cien kilómetros más.

–Prefiero dejarla en una carretera de la provincia de Zaragoza –le comunicó al pintor.

E insistió en voz alta:

–Dígame... ¿le sirvieron de algo mis consejos y la visita del archivo?

El pintor dejó escapar un silbido que quería decir *«¡Ya lo creo! Sus consejos me han servido perfectamente. Desde que usted me inculcó su ciencia, amo y soy amado y están muy lejos aquellos días en que yo suspiraba por el amor inútilmente»**.

Después explicó:

–¡Tengo una amante!...

–¡Eh!

–...¡magnífica! ...

–¡Oh!

_–...¡casada!...

–¡Ah!

–...¡y rica!...

–¡Uf!

Este *¡uf!* lo exhaló Valdivia medio asfixiado por un nuevo beso de Evelina. Y cuando consiguió zafarse de ella:

–Zaragoza está demasiado cerca –le deslizó a Campsa en el oído–. Voy a abandonarla en la provincia de Lérida...

---

* En realidad, no es fácil que exista mucha gente capaz de decir tantas cosas en un silbido.

Para añadir en seguida en voz alta:
–¿Decía que tenía una amante?...
Campsa le contó todas las circunstancias de su idilio. Tardó diez minutos. Al acabar, Evelina había besado tantas veces a Valdivia que éste tenía resuelto ya abandonarla en un paraje solitario de la provincia de Gerona. Respecto al éxito del pintor se mostraba orgulloso y tan satisfecho como si fuera suyo.
–Amigo mío –le dijo–, felicito a usted de todo corazón. Nunca creí que mis consejos pudieran sevir de tanto... Veo que Amanda le adora... Pero, ¿y usted? ¿Está también enamorado?
–Lo estoy, pero lo disimulo de tal manera, que ella no lo sospecha en absoluto.
–¡Bravo! No ame usted nunca a ninguna mujer. Y si ama a alguna procure que ella no lo note... Y si lo nota que se crea que es a otra a quien usted ama... He ahí mi último consejo...
El pintor agregó:
–Amanda y yo salimos de viaje la semana próxima. Francia... Italia... Suiza. Ella lo paga todo.
Valdivia volvió a felicitarle. ¡Estupendo! No se debía olvidar que en el peor de los casos, el que la mujer pague ofrece siempre una ventaja: la de que no tiene que pagar el hombre.
–Es decir..., que han formado una verdadera sociedad, ¿no? Ella pone el capital y usted pone el *trabajo*...
–Exactamente. Y el marido pone...
–...el grito en el cielo.
Se despidieron. Un aparte de Valdivia:
–No le digo a usted que nos acompañe, porque como trata de llegar hasta Gerona...
–¡Claro! ¡Claro!
–¡Adiós!
–Hasta más ver, Valdivia. Y muchas gracias...
Pedro fue a contestar algo. Pero no pudo. Evelina le tenía ocupada la boca con la suya.
–A este paso, va a acabar dejándola en la frontera... –pensó Luisito.
Pero había calculado corto.
Porque dieciséis horas después, donde Valdivia abandonaba a Evelina era en los alrededores de Pau *(Francia-Bajos Pirineos-Capital del antiguo Bearne).*
Y es que verdaderamente hay mujeres que merecen que se las extrañe.
Aunque el primer extrañado sea uno mismo.

4

EN EL QUE EL VIZCONDE PENTECOSTI LE HACE CIERTA PROPOSICIÓN A VALDIVIA, Y VALDIVIA LE HACE CIERTA PROPOSICIÓN A LA ESPOSA DEL VIZCONDE

16 «TEDIUM-VITAE» EN EL CÍRCULO

El general Schneider, el abogado True Bill, el catedrático Lerchundi y el doctor López Laringólogo, sentados alrededor de una mesa, se dedicaban a hacer algo que el lector quizá no adivina. *(Jugaban al poker.)*

. . . .

En un rincón dos socios discutían acaloradamente los años que tenía cierta dama. Y mientras uno defendía su opinión alegando la razón poderosa de que la dama era su amante, el otro quería hacer prevalecer la suya esgrimiendo la razón, también poderosísima, de que la dama era su esposa. *(No lograron ponerse de acuerdo.)*

. . . .

Ms allá otros socios agotaban todas sus provisiones de estatismo empeñados en una partida de masturbación cerebral. *(Ajedrez.)*

. . . .

En los billares otras pandillas de caballeros se contaban bolas al soltar el taco y soltaban tacos al no dar bola. *(Lo de siempre.)*

. . . .

Otros se embrutecían hablando de política, leyendo periódicos o discutiendo de arte.

. . . .

Y por todas partes sonaba esa frase seguida de una conjunción y de una primera persona, propia de las tertulias de todos los Círculos:

–¿Quién, Fulana? Yo me he acostado con ella...

–Y yo...

–Y yo...

–Y yo...

–Y yo...

–Y yo...

–Y yo...

–Y yo...

–Y yo...

–Y yo...

–Y yo...

–Y yo...

–Y yo...

–Y yo...

–Y yo...

–Y yo...

–Y yo...

–Y yo...

–Y yo...

–Y yo...

–Y yo...

–Y yo...

Pero, ¡bah! Ya se sabe cuánto mienten los hombres en esas infames cuestiones en que se deshonra a una mujer; a una desventurada y pura mujer.

Seguramente no era cierto que todos se hubieran acostado con Fulana. A lo sumo, sería Fulana quien se había acostado con todos ellos.

. . . .

Y, por fin, en otro rincón, en su rincón favorito, Pedro de Valdivia bostezaba, siguiendo siempre dentro del círculo de sus costumbres y sus costumbres dentro del Círculo.

Todas las noches, al acabar su sesión diaria, con los hombros mordisqueados por mujeres distintas, la boca pastosa de besos nuevos, la imaginación cansada de pronunciar y oír las mismas palabras;

con un poco más de desilusión en el alma y un poco menos de energía en la médula, volvía a él el aburrimiento: Volvía a él ese *tedium-vitae* que hizo famosos a Margarita Gautier, a don José Espronceda y a otras cortesanas de la Historia.

Y se precipitaba por el peligrosísimo tobogán del pensamiento, diciéndose:

–¿Sufrirían estas mismas crisis de tristeza y de aburrimiento mis predecesores don Juan de Mañara, Casanova, Lovelace y lord Byron?

Sí. Tenían forzosamente que haberlas sufrido...

Y si las sufrieron, ¿cómo no habían dado cuenta de ellas los grandes rotativos de la época?

¡Cualquiera se fiaba de los grandes rotativos!

Pensó en Luisito Campsa, aquel *nuevo rico* de la seducción, y se lo imaginó viajando, feliz, al lado de su Amanda... ¡Feliz! **¡FELIZ!** Y *eso* se debía a él, a sus conocimientos, a su experiencia, inculcados y transmitidos al pintor...

¡Ay! Lo veía bien claro:

LA FELICIDAD PUEDE DARSE, PERO NO RECIBIRSE.

Sentenció con aquella inclinación suya hacia las sentencias:

–Uno les da cuerda a los demás y esta cuerda les sirve para andar. Pero si nosotros nos acercamos a los demás pidiéndoles cuerda, la cuerda que nos dan sólo nos sirve para ahorcarnos...

Y agregóse:

–¡Lo que disfrutaría Ramón si pescara esta frase!..

. . . .

Y fue entonces cuando el botones que solía entregarle la correspondencia, se presentó con un recado misterioso.

– ....

–¿Cómo dices, niño?

– ....

–¿Qué?

– ....

–¿Qué?

– ....

–Tú has tomado algo esta tarde que te ha sentado mal.

Pero al niño no le había sentado nada mal aquella tarde. Lo único que le sentaba mal –y eso desde hacía mucho tiempo antes– era el uniforme.

Así es que Pedro bajó al salón de visitas.

17 VISTA PANORÁMICA DEL VIZCONDE PANTECOSTI

Allí estaba, en efecto, el vizconde Pantecosti.

De pie. Con el codo derecho apoyado en el respaldo de una butaca. Atusándose el bigote con la otra mano. Ensimismado. Barriendo la alfombra con la mirada.

(Como el general Novaliches la víspera de Alcolea.)

Vestía el vizconde con descuido de aristócrata de raza y de veterinario en funciones, y tenía uno de esos rostros consumidos y ojerosos que en los hombres revelan desórdenes diarios y en las mujeres desórdenes mensuales.

(Un rostro extraño que, desde el primer momento, llamaba poderosamente la atención, y que si a él mismo no le llamaba la atención también, era porque venía usándolo desde hacía cincuenta años.)

La entrada de Valdivia le sacó de su ensimismamiento y le varió de postura.

–Caballero...

Se inclinó reajustándose el monóculo y estuvo así unos instantes sin separar la mano del ojo.

(Como Nelson al final del combate de Plymouth.)

–¿Estoy hablando con don Pedro de Valdivia?

–Tengo la seguridad –afirmó Pedro.

–¡Encantado! Un placer en saludarle. ¡Un verdadero placer!

Y avanzó dos pasos y quedó inmóvil otros instantes, ofreciéndole una mano a Valdivia.

(Como Spínola durante la rendición de Breda.)

(Se veía aquella noche en el vizconde una marcada tendencia a hacer cuadros plásticos de personajes históricos.) Valdivia le estrechó la mano ofrecida y le indicó un asiento; ocupó otro, y dijo:

–El botones acaba de decirme que deseaba usted hablarme, vizconde Pantecosti, y le he creído.

–Ha hecho usted muy bien, caballero.

–Pero me ha añadido que usted trae cuarenta mil duros para mí y le he dicho que tomara un reconstituyente

–Sin embargo, lo uno es tan exacto como lo otro –replicó el vizconde.

Y se repantigó en la butaca, donde quedó con la mano en alto, en actitud irrebatible.

(Igual que Aníbal ante Sagunto.)

Valdivia avanzó por su sillón hasta el borde.

–Es decir, ¿que usted viene a entregarme doscientas mil pesetas?

–Doscientas mil.
–¿En billetes?
–De papel.
–¿Legítimos?
–Como un príncipe heredero.
El interés comenzaba a agitar sus hélices sobre Valdivia.
–Esto hay que hablarlo despacio, querido vizconde...
–Como usted guste.
Pedro llamó a un botones:
–¡Niño! ¡Un águila!...
–Gracias; no fumo.
–¡Un *witter!...*
–Gracias; no bebo.
–Es que yo bebo y fumo, vizconde...–explicó Valdivia.
–¡Ah!– murmuró el vizconde ante la plancha.
Y se cruzó de brazos.
(Como Torrijos durante el fusilamiento.)

18 EL VIZCONDE NO SABE CÓMO EMPEZAR

Un criado trajo el *witter* a escape. El botones trajo el águila volando. Y Pantecosti empezó a hablar en el estilo de *Los tres mosqueteros:*

–La verdad es, caballero, que el asunto que me ha arrancado de las delicias de la Costa Azul para venir a ver a usted reventando caballos...

–¿Reventando caballos?

–Sí. Los sesenta caballos de mi «Packard», que ha quedado reventado contra un árbol.

Y siguió en un estilo evidentemente más moderno:

–Decía que el asunto que me trae a verle es de índole tan delicada que no sé cómo empezar nuestra conversación.

–Empiécela usted como se empiezan las escenas cumbres del teatro...

–¿Cómo?

–Hablando del tiempo.

El vizconde encontró excelente la idea. Y habló del tiempo.

–Estamos en primavera y, sin embargo, hace fresco...

–Sí.

–Otros años no hacía tanto fresco por esta época...

–¡Qué iba a hacer!

–Parece como si el clima español hubiera cambiado...
–Exactamente.
(Y hubo una pausa.)
–¿Qué? ¿No llega usted a la conversación deseada?
–No, señor. Voy a probar de nuevo hablando de las razas que han habitado la Península Ibérica.
–Es un tema muy excitante.
Y el vizconde habló:
–Todo hace suponer que en el Paleolítico inferior habitaron los hombres del Neanderthal.
–Eso es.
–Y está demostrado que a ello siguió el establecimiento de las razas de Crô-Magnon en el norte y de los Caprienses, en el sur y este.
–¡Justo!
–Y es evidente que a continuación quienes habitaron la Península Ibérica fueron los ligures, los iberos. Y por fin, los vascos.
–No puedo negarlo.
(Y hubo otro silencio.)
–¿Qué? ¿No consigue usted todavía que surja la conversación deseada?
–No, señor. Probaré con...

. . . .

Y cuando el vizconde hubo probado con dieciséis temas distintos –vanamente–, eran las dos de la mañana. Entonces Valdivia le dijo:
–Yo le suplico, querido vizconde, que aborde la cuestión con valentía y sin preocuparse. De otro modo, nos amanecerá en pleno agotamiento.
–Soy de su opinión, caballero.
Y tomando carrerilla, como si fuera a divorciarse o a saltar un charco *(da lo mismo después de todo...),* siguió así:
–Es indudable que el que necesita un sombrero va a casa de un sombrerero; el que precisa unos zapatos va a una zapatería; el que necesita unos lentes va a una tienda de óptica...
–Y el que necesita un loro va a un club feminista. Adelante.
–Por lo tanto no le extrañará nada que los que necesitamos un seductor vengamos a buscarle a usted...
–No me extraña en absoluto –replicó extrañadísimo Valdivia.
Y agarrándose al hierro candente de una sospecha que surgió de pronto en su interior, indagó:
–Pero, entonces, esas doscientas mil pesetas, ¿se me van a entregar a condición de...?
El vizconde completó tímidamente:

–...a condición de que usted enamore a una dama.

Y echándose hacia atrás, quedó en la actitud de quien repele una agresión.

(Como Marat al verse atacado en su baño por Carlota Corday.)

Pero la agresión no pasó de proyecto y Valdivia indagó:

–¿Y después?

El vizconde se envalentonó.

–Después deberá usted hacer con ella lo que se suele hacer con la mujer que uno ha enamorado

–¿Sufrirla?

–Todo lo contrario: gozarla.

–Con respecto a las mujeres, vizconde Pantecosti, gozarlas es sufrirlas.

El vizconde se inclinó.

–Usted sabe de eso más que nadie –dijo.

Comenzó entonces un interrogatorio de carácter judicial.

–¿Es una dama hermosa?

–Tan hermosa que no puede subir a ningún sitio en ascensor porque hasta los ascensores se paran a verla.

–¿Casada?

–No. Es muy inteligente.

–¿Virgen?

–Mártir.

–¿Temperamento?

–Volcánico.

–¿Cuáles son sus gustos?

–Los de la edad contemporánea.

–¿Y qué años tiene?

–Los de la edad media.

–¿Pelo?

–Negro.

–¿Ojos?

–Dos.

–¿Piernas y senos?

–Formidables.

–¿Con algo positivo?

–Su fortuna.

–¿Y algo negativo?

–Su reacción Wassermann.

–¿Ha tenido amores?

–Ha tenido amantes.

–¿Quién la viste ahora?

–La casa «Cheruit».

–¿Y la desnuda?...

–Su doncella.

–¿Es que en la actualidad no ama a nadie?
–A sí misma.
–¿Ha viajado?
–Lo que un maletín roto.
Valdivia se sorbió el *witter.*
–Bueno –dijo–. En principio, el tipo me interesa. Ahora explíqueme bien el caso, Pantecosti...
Y el vizconde, tranquilizado por completo respecto a cómo iba a ser recibida su proposición, habló largo* y tendido**.

19

SURGE UN PERSONAJE CONOCIDO Y UNOS HEREDEROS QUE NO CONOCEMOS

–Allá en Niza, señor Valdivia, en aquella divina Costa Azul, siempre tan amarilla y tan verde, se alza en el Paseo de los Ingleses un palacio de arquitectura mo...
–Suprima los detalles arquitectónicos, vizconde. Existen dos artes que me dan náuseas: la arquitectura y la obstetricia Ambos son perfectamente inútiles. La arquitectura sólo sirve para que los obreros apliquen sus bíceps y la obstetricia para que los médicos apliquen sus fórceps. Pero siga usted, amigo mío...
–Pues en ese palacio, cuya descripción no hago, y lo siento, vive un título pontificio español: el marqués del Corcel de Santiago. Usted habrá oído hablar de él seguramente...
–Creo que sí. ¿No estuvo aleacionado durante algún tiempo con Palmera Suaretti, la *vedette?*
–Precisamente. Y esa aleación fue...
–...de plata. Como todas las de los marqueses ricos***.
–En efecto. El marqués es muy rico. Al marqués no le podrían ahorcar por seis millones de pesetas. Ni le podrían ahorcar por diez...
–Pues, ¿por qué le podrían ahorcar al marqués?
El vizconde, después de meditar un poco, contestó:
–Le podrían ahorcar por usurero.
–Y sería justo. Tengo entendido que su fortuna...
–¡Corramos un velo!
–En cuanto a su título de marqués...
–¡Corramos un tapiz!
–Y respecto a su moralidad...

---

* Una hora.

** En un sillón.

*** Véase inmediatamente *¡Espérame en Siberia, vida mía!*, novela del mismo autor.

–¡Corramos un telón metálico!

Cuando ya no les quedaba por correr más que un *cross-country,* el vizconde siguió:

–Hay una ley inexplicada merced a la cual los hombres pobres que tienen familia, se encuentran sin familia al llegar a viejos; mientras que los hombres ricos, que no tienen familia, al llegar a viejos se encuentran con una familia dilatadísima.

–Exacto. Y eso se explicará el mismo día en que se explique por qué cuando vamos de paseo con una mujer hermosa los amigos a quienes nos encontramos tienen más ganas de hablar que cuando vamos solos.

–El marqués del Corcel, mientras fue joven y estuvo sano, no conoció familia ninguna. Pero desde hace un año, en que la vejez y los achaques han hecho de él una ruina, se ve rodeado a diario por *tíos, sobrinos, primos y demás parientes...*

–A toda ruina acuden lagartijas –aforismó Pedro.

Y agregó arrugando la nariz

–Pero ese final de *tíos, sobrinos, primos y demás parientes* me huele a esquela...

–Precisamente lo que los herederos aguardan: un final que huela a esquela. Llegados de las cuatro partes del mundo, se han instalado en el palacio del Paseo de los Ingleses; no se separan ni un instante del marqués, lo miman; lo cuidan; le medicinan; le sujetan las comidas a régimen; le dan caminatas higiénicas; le ponen inyecciones...

–En fin, que están haciendo lo imposible por matarlo...

–*Peractum est!*

Y el vizconde bajó su pulgar en ademán destructor y permaneció así unos momentos. *(Como Nerón en el circo.)*

Luego siguió:

–Hasta hace un mes todo fue a pedir de boca. Incluso se comenzó a hablar de testamento: *«Estás fuerte y bueno, pero ¿quién te dice que un día no te caes por una ventana?»* –le objetaban los herederos al marqués para animarle a redactar sus últimas voluntades. Y él contestaba–: *«Cuando corremos más peligro de caernos por una ventana es después de haber hecho testamento a favor de los que nos rodean.»*

–¡Qué psicólogo tan profundo! –comentó Valdivia.

–No obstante, los herederos conservaban íntegras sus esperanzas. Y sólo de un mes a esta parte han comprendido que si no recurren a un procedimiento heroico todo se habrá perdido para ellos.

–¿Pues?

–Porque al marqués le ha ocurrido algo que puede tener consecuencias trágicas.

–¿Ha empezado a escribir para el teatro?

–Peor.

–¿Peor aún?

–Se ha enamorado.
–¿Qué edad tiene?
–Setenta anos.
–Entonces veo mal el pleito de los herederos. Los setenta años es la edad del amor. El marqués acabará casándose.
–He aquí el problema –aununció Pantecosti– He ahí lo que los herederos quieren impedir: que el marqués se case, porque casado el marqués la herencia se volatiliza.
–Como un ánade.
–El primer movimiento de los herederos al saber que el marqués se había enamorado...
–¿Sería matarlo de un garrotazo en la frente?
El vizconde protestó:
–¡No, por Dios! De un garrotazo en la nuca.
–Siempre se equivoca uno en sus suposiciones.
–Luego reflexionando que eso obligaría a gastar en lutos sin acercarles un milímetro la herencia, idearon deshacerse de la novia. Se pensó para ello en la estricnina, en la pistola «Star» y en las píldoras «Pink». Y de pronto, anteayer, por la noche, se pensó en usted...
Valdivia abrió dos ojos igual que dos almacenes de bisutería.
–No veo mi relación con esos productos... –exclamó.
–No, ¿verdad?
El vizconde introdujo su mano derecha por la abertura del chaqué y permaneció unos instantes mirándole con aire triunfal.
(Como Napoleón ante el incendio de Moscú.)

20 LA INTERVENCIÓN DE VALDIVIA EN AQUEL ASUNTO

Y Napoleón siguió así:
–Pues ¿qué? ¿No recuerda lo que hablábamos antes de que cuando se necesita un seductor es forzoso buscarle a usted?
A Valdivia le sucedió de pronto lo que les ocurre a los enfermos operados de cataratas: empezó a ver claro. Y el diálogo se reanudó de esta forma primorosa:
–Y lo que se pretende de mí...
–...es que usted vaya a Niza...
–...y enamore a la novia del marqués...
–...para que el marqués se quede...
–...compuesto y sin novia...
–Con lo cual los herederos...
–...respirarán tranquilos...

–...como si...
–...les hubieran puesto...
–...balones...
–...de oxígeno.
Después, para convencer por completo a Valdivia, el vizconde le atizó un discurso en el que procuró tocar las tres o cuatro teclas que él juzgaba más sugestivas e irresistibles.
(Pero, claro, nosotros no le vamos a atizar íntegro el mismo discurso al lector, entre otras razones porque ni el lector es Valdivia, ni nosotros somos el vizconde ni –¡razón suprema!– nos da la gana. Lo que haremos será transmitir el discurso tachado y dejando en él únicamente aquellas frases que Pantecosti juzgaba irresistibles.)
(Como puede verse.)
–En fin, querido Valdivia,..
....
....
a mi juicio, le conviene ....
....
–...Para usted enamorar a esa dama es un juego........................
¿quién sería capaz de igualar sus éxitos?..
..................................usted, formidable! ....
....
...........................y aunque su fortuna ....40.000 duros son una bonita cifra ....
....
....sin contar con que además se lleva usted una mujer estupenda ....
...........................piernas de maravilla...
....y unos pechos preciosos......
Valdivia, que le había dejado hablar sin atender a sus palabras, como hacen las mujeres cuando se les habla de algo verdaderamente interesante, se levantó dando la entrevista por concluida. Le repugnaba toda aquella historia.
–¡No acepto! –dijo.
–Pero...
–No acepto, vizconde. Porque es cierto que yo soy un sinvergüenza...
Fingimiento de sorpresa por parte del vizconde.
–¡Ah!
–Sí. Soy un sinvergüenza, y usted sabe lo que soy; así es que puede prescindir de poner cara de bobo...
–¡De bobo!
–Perdóneme usted... He querido decir de imbécil. Soy un sinvergüenza, sí... –reanudó–. Convertida la seducción en un oficio, he seducido y seduzco a todas horas. He pegado a las mujeres, las he

arrastrado por los cabellos, he abandonado a muchas, he arruinado la vida de otras, he matado la fe de algunas, he destrozado el corazón de las más... Incluso, cuando una mujer me ha gustado de verdad, he llegado a monstruosidades mayores; por ejemplo: he llegado a fingir el romanticismo, ese estado poético-comatoso merced al cual la razón se disuelve en suspiros y los espermatozoides de Loewenhoeck se desflecan en versos de Mallarmé. Todo eso he hecho como un sinvergüenza que soy, conformes...

Tomó aliento para no ahogarse, y remató:

–Pero de eso, querido señor; de eso a poner precio a mis actividades glandulares; de eso a calcular las pesetas que pueda producirme un beso o los billetes que vaya a reportarme un espasmo, ¡hay exactamente la misma distancia que del nacimiento del Sena a la muerte de Carolina Invernizio!

El vizconde había ido retrocediendo asombradísimo de la inesperada reacción de Valdivia.

–¡Vuélvase a Niza, Pantecosti! Vuélvase a Niza y diga a los herederos del Marqués del Corcel que me niego.

Así permanecieron unos segundos; el vizconde, agazapado junto a la puerta, y Valdivia, con el brazo extendido en el aire, señalando el horizonte

(El cuadro plástico era ahora más perfecto que nunca.)

(Parecían el padre Marchena bendiciendo a Colón al partir para América.)

Pero entonces ocurrió algo inesperado...

21 VALDIVIA VIRA EN REDONDO Y SE PRECIPITA HACIA SU DESTINO

Y fue que los cortinajes de la puerta se separaron para dar paso a una dama.

A una hermosísima dama, que tenía un rostro admirable de color del pus.

Espléndida como una selva de la Australia.

(Aunque mucho más «transitada» que la selva.)

Fina y flexible como un florete.

(Y también acabada en un boliche: la cabeza.)

Oliendo a *Cuisses d'Eugénie;* envuelta en un sencillo abrigo hecho en *breitschwantz,* con cuello de marta; nerviosa y enojada.

Y esta dama dijo, dirigiéndose al vizconde:

*–Voyons! Sale bête!... J'attends depuis deux heures!**.

A lo que el vizconde replicó con un nombre *boulevardier*:

–¡Denise!

Seguido de un *politesse* sin patria:

–Señor Valdivia: Tengo el gusto de presentarle a mí esposa. Había olvidado por completo que estaba esperando ahí fuera en el coche.

–Pero, ¿cómo puede olvidarse a una mujer tan hermosa? –exclamó Valdivia, que estaba harto de olvidarlas más hermosas todavía.

Y la dama repitió, siempre refiriéndose al vizconde, pero apoyándose desmadejadamente en un brazo de Valdivia:

–Sale bête!

. . . .

Cuando una mujer es hermosísima.

Y entra en un saloncito donde se hallan su marido y un caballero joven, guapo y con fama de irresistible.

Cuando esta mujer le dice al marido SUCIA BESTIA.

Cuando el marido no se ofende de ello.

Y cuando la dama le vuelve a decir SUCIA BESTIA, *colgándose del brazo del caballero joven, guapo e irresistible...*

(Entonces se puede apostar doble contra sencillo a que el marido va a acabar siendo, en efecto, una SUCIA BESTIA; *a que el caballero joven va a seguir siendo irresistible y a que la dama va a acabar durmiendo con el caballero joven.)*

. . . .

Pedro de Valdivia sabía todo esto. Por lo cual apretó contra su pecho el brazo de la dama y pensó, apuntándosela ya en su haber:

–¡La 37.081!

El vizconde se despedía secamente:

–Deploro que mi viaje haya sido inútil, señor Valdivia... Denise y yo salimos mañana para Niza.

La dama pareció extrañadísima. ¿Cómo? ¿*Monsieur* Valdivia no iba a Niza con ellos? ¿Es que no le interesa seducir a la prometida del marqués?

–No, Denise; no le interesa... –gruñó el vizconde.

Y apremió:

–¡Vamos!

Abandonaron el saloncito camino del *hall*.

---

* Traducción hecha tal como se suele hacer en España. *¡Veamos! ¡Sucia bestia! ¡Yo aguardo desde dos horas!...*

Y un rápido diálogo, un diálogo febril brotó en francés a espaldas del marido que iba abriendo marcha:

VALDIVIA.–Me interesaría más seducir a usted...

DENISE.–¡Oh!

VALDIVIA.–Te adoro...

DENISE.–¡Pierre! *.

VALDIVIA.–¡Denise!

DENISE *(desfalleciendo)*. –¿Qué quieres de mí?

VALDIVIA.–¡Toda tú!

DENISE.–¡Es mucho!

VALDIVIA.–Pues dame la mitad... *(Especificando.)* La mitad inferior.

DENISE *(prometiendo)*. –Ven a Niza con nosotros...

VALDIVIA.–Iré.

DENISE.–Y si me juras no decírselo a nadie...

VALDIVIA.–¿Qué?

DENISE.–Si me juras no decírselo a nadie, ¡te amaré toda la vida!

VALDIVIA (*poco amigo de exageraciones*).– Ámame una semana y déjame decírselo a todo el mundo... Es preferible. Si no es para ufanarse del éxito, ¿qué interés puede existir en lograr el éxito sobre una mujer?

Así fue cómo los ojos de Denise –doble imán negro de párpados morados– tiraron de Pedro hacia la verde Costa Azul, ofreciéndole un porvenir de rosa.

¡Cuánto *color* tiene este final!

---

* ¡Pedro! *(Aquí se traduce todo.)*

5

VALDIVIA ALCANZA LAS ÚLTIMAS VICTORIAS HASTA LA FICHA 37.088 Y RECIBE LA SORPRESA MÁS GRANDE DE SU VIDA

22 EL AMOR Y LA EQUITACIÓN

Valdivia era autor de los siguientes aforismos:
El amor no tiene nada de equitativo, pero es una equitación.
La mujer es la espuela del hombre.
El hombre es el *jockey* de la mujer
Domar mujeres, montar caballos...
Domar caballos, montar mujeres...
Todo es uno y lo mismo.
Una mujer que se entrega es un caballo de carrera.
Una mujer que se resiste es un potro de tortura.
Cuando el hombre suelta las bridas, la mujer se desboca.
Amar con pasión es galopar.
Amar románticamente es ir al paso.
El amor es una equitación.
Por eso, un amante que se sienta viejo, os dirá siempre:
–Yo ya no estoy para esos trotes.
En aquel viaje...
....
.......Valdivia corrió al *Derby* ....

Una... Dos... Tres... Cuatro... Cinco... Seis... Siete..., Ocho mujeres más en su haber. Desde la 37.080 a la 37.088.

Y sus sistemas de *doma* habían sido también los clásicos en equitación.

Método César Fianchi... Método Pluvinel... Método de Newcastle... Método Fillis... Etc.

23 LA 37.081. DENISE

Denise y el vizconde habían dormido –su única noche en Madrid– en casa de Pedro.

Al salir del Círculo, y después de comunicar a Pantecosti que por fin aceptaba la proposición de los herederos del marqués, Valdivia les dijo:

–Es estúpido que, teniendo yo habitaciones de sobra en mi casa, se sometan ustedes a las molestias de un hotel donde me consta que hay ladrones...

El monóculo del vizconde rodó por la pechera.

–¿Ladrones? ¿Es cierto que hay ladrones en el ***?

(Aquí un nombre de palace *madrileño, que omitimos por no hacer reclamos gratuitos.)*

–¡Ya lo creo que es cierto!

–¿Y cómo «operan» esos ladrones, introduciéndose de noche en los cuartos de los viajeros y ordenándoles *¡manos arriba!...?*

–No. Mucho más sencillamente. Esos ladrones «operan» llevando al viajero al *comptoir* y diciéndole: *Caballero ésta es su cuenta.*

Pantecosti rió y le dio un golpecito en el hombro.

–¡Es usted el diablo, Valdivia!

Denise rió también, pero en lugar de darle un golpecito en el hombro, se apretujó aún más contra Pedro y le lacró la boca con sus labios.

El vizconde tuvo un sobresalto y cogió por la muñeca a su mujer.

–¿Qué es eso? ¿Has besado a Valdivia?

–No, tonto. Me he limitado a colocarle los labios sobre la boca.

–¡Ah, bueno!

Y se fueron resueltamente a pasar la noche en casa de Pedro.

. . . .

Ramón, que aguardaba el regreso de su amo copiando en limpio –como de costumbre– las frases brillantes que le había oído decir durante el día, bajó al *hall* a recibirles en cuanto oyó en el jardín el campanillazo de la verja, que se abría.

Entró el vizconde. Y luego, Denise. Y detrás, Valdivia.	} Tres inclinaciones de Ramón.

El cual les precedió en el avance por la casa encendiendo luces. Y, dándose cuenta rápidamente de la situación *(un marido tonto, una esposa guapa y Valdivia en «funciones»),* Ramón se emparejó con Pantecosti y se dedicó a entretener su atención ante los cuadros de familia, las mayólicas de Coburgo, los tapices de Arras, las armas de las panoplias y los objetos preciosos de las vitrinas.

Y entre tanto, Valdivia se rezagaba con Denise detrás de todas las puertas, libre del espionaje del marido.

. . . .

Pedro le había enseñado a Ramón varios pequeños e interesantes discursos de cicerone para «estos casos».

Por ejemplo Ramón decía a los maridos:

–Vea el señor esta delicada estatuita de porcelana, que proviene de las antiguas fábricas de Meissen. Representa un Mercurio y seguramente le gana en ingravidez al de Juan de Bolonia. Se atribuye a Schultz y fue regalado por su autor al ilustre poeta alemán Hoffmann Von Fallersleben en 1842 y como homenaje a la composición del himno Deutschland Über Alles, *que Von Fallersleben había escrito el año anterior en Heligoland. .*

Y los maridos contestaban mirando la estatuita:

–¡Ah ah! Sí... Sí...

Y las mujeres de los maridos gemían al mismo tiempo, detrás de cualquier cortinaje y aprisionadas por Valdivia:

–Nene, nene mío...

. . . .

Así llegaron hasta un saloncete del primer piso.

–Entremos, Pedro... Mi marido se va a dar cuenta y...

–No, el criado le está entreteniendo.

Ramón se hallaba engolfado ahora precisamente en el «discurso del Mercurio». Y se oía su voz:

–*...seguramente le gana en ingravidez al de Juan de Bolonia...*

Valdivia apremió a Denise en su petición de adulterio:

–¡Tiene que ser esta noche!

–No, esta noche, no...

–¡Sí!

–*...fue regalada por su autor al ilustre poeta alemán...*

–¡Te adoro, Denise! No puedo esperar a mañana... Ha de ser esta noche...

–Pero... ¿y mi marido?

–Yo me ocupo de eso.

–*...a la composición del himno* Deutschland...

–¿Consientes?

–Sí.

Y entraron en el saloncete. El discurso concluía:

–*...el año anterior en Heligoland.*

El vizconde felicitó a Valdivia.

–Tiene usted un criado admirable. Y cultísimo.

Ramón se inclinó profundamente.

–Sabe su oficio, lo cual es una excepción innegable –concedió– Porque es más difícil hallar un buen criado que un amigo sincero.

Y volviéndose a Ramón le dio algunas órdenes.

–Prepara la alcoba jacobina para los señores, que van a pasar la noche aquí. Ahora tráenos inmediatamente unos *eggs-noggs*... Mañana por la tarde tendrás dispuestos los equipajes y sacados cuatro billetes para la frontera.

–¿Línea Hendaya? ¿Línea Port-Bou?

–Línea Port-Bou.

–¿Vestuario?

–De verano. Vamos a Niza.

El criado movió la cabeza tristemente.

–¿Qué ocurre?

–Me permito indicarle al señor que al señor no le sienta bien el clima de la Costa Azul.

–¡Bobadas, Ramón! El año pasado, en Niza, incluso engordé un poco; gané dos kilos.

–Pero recuerde el señor que lo que el señor ganó en Niza lo perdió en Monte-Carlo.

–*Fait le jeu!*

Y le hizo un ademán imperativo de que el diálogo debía terminar. Después *le guiñó un ojo.*

Ramón se inclinó comprensivo y desapareció.

. . . .

No tardó en reaparecer con los *egg-noggs*. Colocó dos delante de Pedro y de Denise y otro delante del vizconde.

–¡Por mi éxito en Niza! –brindó Valdivia.

Y bebieron.

Luego charlaron tres minutos justos. De pie en la puerta, Ramón parecía aguardar *algo.* Y al cabo de los tres minutos *algo* sucedió. ¿Qué fue lo que sucedió? Sencillamente: que el vizconde se durmió, osciló del sillón y cayó al suelo como un leño.

–¿Qué es esto? –gritó Denise alarmada.

Valdivia la estrechó por el talle.

–Tranquilízate... Esto es que hay *egg-noggs* que dan mucho sueño, Denise... Ramón ha preparado uno de esos *egg-noggs* al vizconde y el vizconde va a dormir doce horas de un tirón...

Y recitó un verso de Víctor Hugo que parecía escrito pensando en ellos:

–*C'est du soleil le jour; la nuit c'est nôtre!**
Repitió en castellano:
–¡La noche es nuestra!
Y la cogió en brazos y se la llevó a la alcoba, besándola, besándola, besándola...
Ramón, por su parte, cogió en brazos al vizconde y se lo llevó también.
Pero sin besarle.

. . . .

La casa de Valdivia era el *huerto del francés* de los maridos.

> Ahora, una de esas escenas que se repiten a diario en el planeta con los mismos movimientos, las mismas exclamaciones y las mismas frases. Una de esas escenas que con tanto gusto leen las señoritas; pero que aquí va a soslayarse, como ya se ha soslayado en el resto del libro, precisamente para no darles a las señoritas ese gusto.

Valdivia que desnuda a Denise.
Denise que le ofrece sus senos a Valdivia, y él que los acepta (porque los senos de las mujeres son la única persistencia del hombre: los coge al nacer y ya no los suelta hasta morir de viejo.)
Decúbito, sobre el lecho, de Denise.
Túnica de besos de Valdivia
El «aperitivo» del menú del amor.
Una protesta de ella, que tiene hambre de «alimentos sólidos»:
–¡No, no! Ven...
Asombro de él ante la negativa:
–¡Qué raro! ¡Siendo francesa!
Respiraciones progresivamente jadeantes de ambos.
Un mutuo ponerse de acuerdo con frases rápidas. (Por ejemplo: ¿Ahora? ¡Espera! ¿Ya? ¡Sí!)
Nombres, pronunciados con voz ronca:
-¡¡Pedro!!
-¡¡Denise!!
Suave oleaje de fatiga. Una pausa de silencio absoluto. Y dos cigarrillos que se encienden.

. . . .

* ¡*El día es del sol; la noche es nuestra!* (Un verso vulgar, pero que tiene una virtud innegable: la de que nunca lo escribió Víctor Hugo.)

Y esto es lo que –por vengar la muerte de su tío Félix había repetido Valdivia 37.081 veces. ¿No hay para compadecerle?

Las cabezas juntas en la almohada y las bocas, paralelas, proyectando sendos chorritos de humo hacia el techo, Denise y Pedro hablaron. Ella dijo lo de siempre al llegar este momento:

–Ahora siento frío. Tápame.

Y Pedro la tapó con las holandas *(rechazadas antes). (Siempre acabamos por necesitar lo que hemos rechazado: un necio de minas, una mujer, una sábana.)* Después Denise preguntó sonriendo:

–Era lograr esto lo que te hizo aceptar el asunto de Niza, ¿verdad?

Valdivia tardó en contestar. Realmente no sabía por qué había acabado aceptando aquello. Los cuarenta mil duros no le interesaban, ni esta mujer, que aguardaba su respuesta, después de todo, tampoco le interesaba ya. Pero como tenía sueño y, en cambio, no tenía ánimo de reflexionar, replicó:

–Sí.

Denise indagó con miedo *(ese post-miedo de las muieres corrientes):*

–Y ahora que lo has logrado, ¿sigues pensando en ir a Niza con nosotros?

–¿Por qué no?

Se lo comió a besos; se sentó radiante de alegría en la almohada.

–¡Ah! *Mon toutou*. Mon toutou cheri!* Entonces... ¿es que me quieres?

–No. Pero me gusta «tu estilo» –concedió él para no entristecerla.

–¿Y pasaremos otras noches como ésta?

–Sí. Tres o cuatro –volvió a conceder Pedro.

–¿Y me querrás siempre?

–Siempre... que tenga ganas.

–¡Eres adorable!

–*(Un bostezo.)*

Dejó la punta del cigarrillo en el cenicero de la *shelve*. Denise pasó el busto por encima de él, con un rozar de pezones sobre su nariz, para dejar también su cigarrillo en el cenicero.

Volvieron a quedar echados en decúbito.

DENISE.–¿Qué opinas de los herederos del marqués del Corcel?

VALDIVIA.–Que son unos puercos.

DENISE.–Mi marido es el heredero principal.

VALDIVIA.–Lo suponía, y eso confirma mi opinión.

Una pausa.

DENISE. ¿Qué hora es? *(Pregunta que las mujeres hacen siempre sin que les importe la respuesta.)*

VALDIVIA *(otro bostezo).*

---

* ¡Perrito mío! *(El autor no se explica esta exclamación.)*

DENISE.–¿Vamos a .... ? *(Y le propuso algo eminentemente apasionado que no se oyó.)*

VALDIVIA.–Yo lo único que voy a hacer ahora es dormir. *(Dio dos golpes de gong.)*

Y cuando Ramón acudió, Valdivia le dijo:

–Conduce a la señora a la alcoba del vizconde.

Agregando la última sentencia del día *(que Ramón tomó taquigráficamente):*

–No importa que una mujer esté con otro mientras su marido duerme; lo que importa es que esté junto a su marido cuando el marido se despierta.

Y tumbándose boca abajo se barnizó los párpados de sueño.

Queremos decir...

Bueno, el que no haya entendido lo que queremos decir, que se aguante.

24 LA 37.082. AMANDA

Habla que te habla, en el tren, camino de Port-Bou, el vizconde Pantecosti se puso mucho más pesado de lo que se le puede tolerar a un marido cuya mujer ya no tiene secretos para uno.

Habló de enfermedades... Y explicó cómo cierta clase de pulgas, la *ceratopyllus fasciatus* y la *xenopsylla cheopis*, son parasitarias de las ratas y propagan la peste.

Refirió luego algunas cosas curiosas que un tío suyo había visto viajando por África, y estableció la notable diferencia que existe entre el *marimba* –tambor de los negros del Uganda– y el *timbu*, tambor de los negros del Senegal.

Al llegar a aquello, Valdivia le había dicho ya por lo bajo a Denise:

–Tu marido es concienzudamente irresistible.

Y ella le había contestado:

–Con tal de mirarme en tus ojos, le oigo a gusto.

–Es una compensación para ti, en efecto. Pero yo que no puedo mirarme en mis ojos, no aguanto más.

Llamó al criado (el cual viajaba respetuosamente en el tránsito) y, como –después de todo– los criados son unos seres que sirven para hacer las cosas que sus amos no quieren hacer, le ordenó:

–Ramón, siéntate aquí a escuchar al vizconde. Querido Pantecosti: continúe usted, que mi criado le escucha por mí...

Y abandonó el departamento.

Se acodó en una ventanilla.

Un paisaje como todos los paisajes. Casitas. Arbolitos. Arroyitos. Montecitos. Pueblecitos. En fin: el Mundo; la Creación; el Universo.

–Ya va siendo hora de que Dios cambie de temas –susurró Valdivia–. Lo que hizo hace diez mil años está muy gastado...

Los pájaros cantaban sus romanzas en el pentagrama de los hilos del telégrafo, como puede verse:

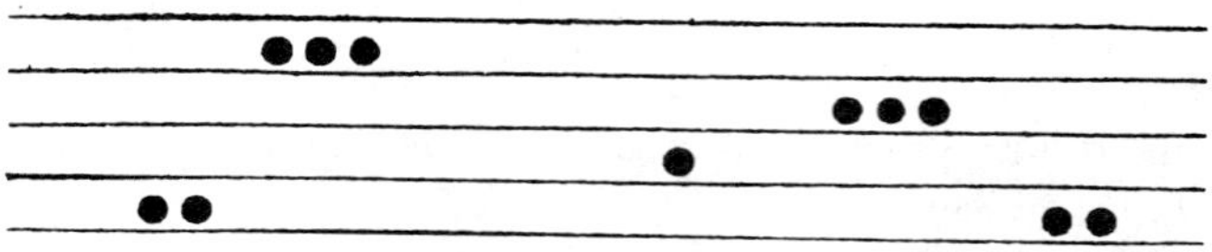

Y la verdad era que también los pajaritos estaban necesitando una renovación.

O quitarles el pico *(renovación proletaria).*

O quitarles la pluma *(renovación literaria).*

Valdivia recorrió el tránsito husmeando los departamentos, como el águila que busca presa. *(¡Elevada expresión! Seis mil metros.)*

Y de pronto, izas!, una mujer sola *(cosa rara en los trenes de España)* y leyendo *(cosa más rara todavía).*

Era hermosa, maciza y rubia *(Rubens, Miguel Ángel y «Camomila Intea», a partes iguales).*

La voz interior que avisaba las aventuras a Valdivia le dictó una cifra:

–La 37.082...

Y llamó con los nudillos en el cristal.

La dama alzó los ojos sorprendida, y al verle, se mostró más sorprendida aún.

Él le envió un beso con los extremos de los dedos.

La dama sonrió con los extremos de los labios.

Los extremos se tocan...

Y Valdivia, que no ignoraba esto, descorrió la puerta y entró.

. . . .

Al verle entrar, ella se puso en pie, suplicante como un cajero que viese meterse en su despacho a un ladrón enmascarado y armado hasta los dientes.

–No, no... ¡Por Dios, Valdivia! Váyase usted...

–¿Me conoce?

–Le he reconocido al verle en el pasillo. Soy... mujer de un amigo suyo.

Pedro parodió una frase popular:
–Las mujeres de mis amigos son mis mujeres.
Ella rió y él utilizó la risa para besarla *(pues para eso había reído ella).*
–¡Márchese, Valdivia! Él está en el lavabo... Va a venir de un momento a otro...
–Razón de más para que no perdamos el tiempo en prólogos.
Mintió las cosas de siempre y que siempre tenían éxito.
No puedo vivir sin ti... Vengo todo el viaje esperando el momento de encontrarte a solas... Te adoro... Tienes, que ser mía...
–No... No...
(Pero él nunca hacía caso de estos NO, NO, *porque sabía que la mayor parte de las mujeres sigue diciendo* NO *con la boca, después de haber dicho* sí *con el resto del cuerpo.)*
–No... No...
–Sí, sí, sí...
Y cerró la puerta. Y echó los visillos.
Ramón, que había vuelto a salir al pasillo suponiendo lo que hacía su amo, sacó del bolsillo un cartel que por orden de Valdivia llevaba siempre dispuesto en los viajes, y lo colgó de la puerta del departamento donde Pedro capturaba a su 37.082.
El cartel era éste:

Cinco estaciones de amor.
Y al cabo, la dama le hizo a Valdivia las preguntas que le hacían siempre las mujeres, esas preguntas que se diría que ellas han aprendido en la escuela, al mismo tiempo que la Geografía y la Historia Sagrada: *¿Me querrás siempre? –¿Se repetirá esto? –¿No te he desilusionado?* Etc.
Valdivia –como siempre también– dijo a todo que sí: hasta a aquello que tenía que decir que no.

. . . .

Entre la tercera y cuarta *estación de amor* un hombre había vuelto del lavabo; llegó a la puerta del departamento, miró al cartel:
–Pues juraría que nuestro departamento era éste...–murrnuró.

Y siguió adelante, buscando.

Recorrió el tren dos veces. Y al llegar a la quinta estación, como el cartel había desaparecido y la puerta estaba de nuevo abierta y los visillos otra vez descorridos, aquel hombre encontró, al fin, lo que buscaba.

–Vamos... Ya acerté –le dijo, entrando, a la dama rubia.

Ella le contestó señalando a Valdivia, que se hallaba correctamente sentado enfrente:

–Mira quién está aquí...

Una exclamación de sorpresa:

–¡Valdivia!

Y otra exclamación de mayor sorpresa todavía:

–¡Querido Campsa! ¡Quién iba a suponer! Pero... ¿cómo...?

–¿No recuerda que le anuncié nuestro viaje?

Cogió una mano de la rubia:

–Es Amanda..

Y le dijo a Pedro al oído.

–Cada día está más loca por mí... A usted le debo mi felicidad.

–¡Y la de ella...! –contestó Valdivia con una sonrisa que Luisito Campsa no pudo comprender.

25

EPÍLOGOS SENCILLOS, SIN MOLESTIAS

Se reunieron todos en un departamento común: Valdivia, Pantecosti, Amanda, Campsa y Denise.

Presentaciones. Intercambio de cigarrillos. Charla general. Toses particulares.

. . . .

EL VIZCONDE *(a Valdivia, en un aparte, refiriéndose a la pareja Amanda-Luisito).*–No lo niegue... Usted se ha acostado con la mujer de su amigo... No hay más que ver cómo le mira ella...

VALDIVIA.–Es mi 37.082.

EL VIZCONDE.–¡Ja, ja! ¡Pobre pintor!

CAMPSA *(a Valdivia, en otro aparte, refiriéndose a la pareja Pantecosti-Denise).*—A mí no me diga que no, Valdivia... La mujer del vizconde se ha acostado con usted... Basta ver las miradas que ella le echa...

VALDIVIA.—¡Es la 37.081!

CAMPSA.—¡Ja, ja! ¡Pobre vizconde!

EL VIZCONDE *(aparte a Denise).*—Figúrate, ¡qué risa!, figúrate que resulta que Valdivia se ha acostado con la amante del pintor...

DENISE *(mordiéndose los labios iracunda).*–¿Es posible?

CAMPSA *(aparte a Amanda).*—Imagínate, Amanda, ¡qué gracioso!, imagínate que Valdivia se ha acostado con la mujer del vizconde...

AMANDA *(rechinando los dientes de rabia).*–¿Estás seguro?

DENISE *(aparte a Valdivia).*—No quiero saber ya nada de usted, ¡canalla!

AMANDA *(aparte a Valdivia).*—Ha dejado usted de existir para mí, ¡miserable!

VALDIVIA (*aparte a Ramón*).—Redacta las «fichas» de las dos y mándalas mañana a Madrid para que las archiven. ¡Es magnífico! Nunca me han molestado menos dos mujeres.

26 LA COSTA AZUL. VISTA GENERAL

¿Habéis viajado alguna vez por la Costa Azul?

¿No? ¡Todo sea por Dios!

Pues creedme: no habéis perdido gran cosa con ello.

Un viaje por la Costa Azul es como una comida en la que no os sirvieran más que plátanos en compota. Algo verdaderamente indigesto; algo verdaderamente monótono, pastoso, azucarado, diabético.

Figuraos un ferrocarril que se desliza entre montes dorados, aguas cobálticas, naranjos con naranjas, olivos con aceitunas, palmeras con dátiles y turistas con gastralgia. *(El ferrocarril de la Cornisa.)*

Figuraos una serie interminable de «villas» y hoteles, a cuál más cursi y presuntuoso, clavados en las faldas de esos montes...

Y figuraos un cielo de estampa, un cielo azul, de un azul hiriente, de un azul...

(¿Lo digo?)

De un azul... De un azul...

(Nada. No podría decirlo. Que lo diga por mí cualquier dramaturgo glorioso, cualquier novelista ilustre, cualquier insigne cronista.)
De un azul... lujuriante.
(Ya está. ¡Oh! ¡Qué difícil es escribir como los cretinos!)

27 RECIBIMIENTO ENTUSIASTA

Al llegar a Niza se separaron.
Luisito y Amanda tenían pensado instalarse en el *Grand Hotel de París (4, Boulevard Carabacel – Ouvert toute l'année – Jardín en Plein Midi – Fraire Founier Cie., Directeurs Propriétaires).*
El vizconde indicó a Valdivia que en el palacio del Paseo de los Ingleses, propiedad del marqués del Corcel de Santiago, había habitaciones preparadas para él.
–He telegrafiado nuestra llegada y los herederos le aguardan a usted con impaciencia. Estarán en la estación probablemente.
Y estaban en la estación, en efecto.
No bien el tren se detuvo, un grupo de damas y caballeros elegantísimos, que llevaban en las manos, y agitaban sobre sus cabezas, banderitas de diversos países, iniciaron una ovación entusiasta, recorriendo el andén en busca del vagón de Valdivia.
El vizconde los orientó sacando el cuerpo por encima del cristal de la ventanilla y gritando:
–*Ici! Ici! Le voilà! Voilà, monsieur Valdivia!*
El grupo corrió como una vagoneta de equipajes y se instaló bajo la ventanilla en medio de una ovación estruendosa.
–*Vive monsieur Valdivia!*
–*Milá!*
–*Hurrach!*
–¡Vivaaa!
Y muchas manos se tendieron ávidas de apretones. Valdivia se asomó y estrechó manos de hombres y besó manos de mujer. Un coro de saludos en cinco idiomas.
–*Ça va bien, monsieur?* *.
–*How are you getting on?***.
–¡Bien venido, señor Valdivia!***.
–*Vas ya po gorodú?*****.
–*Wie geht es Ihnen?...******.

---

* *¿Qué tal le va, señor?* (Francés.)
** *¿Cómo le va a usted?* (Inglés.)
*** *¡Bien venido, señor Valdivia!* (Español.)
**** *¿Le ha ido bien en el viaje?* (Ruso.)
***** *¿Cómo está usted?* (Alemán.)

} Apuntes para un manual de conversación.

Y un caballero se impuso al tumulto y dijo:

–Messieurs!...

A continuación de lo cual largó un discurso en francés en el que se hablaba de Valdivia como de un ser todopoderoso que llegaba a ellos para sembrar la tranquilidad, la confianza y la paz. (Aquel mismo discurso, con las mismas palabras, habría ya servido otras veces para la recepción de un diputado del Gobierno.) Acabó con un viva a Francia, que le dejó afónico.

(Ovación.)

Un niño se adelantó entonces y ofreció a Valdivia un gran ramo de rosas. Valdivia las cogió y se pinchó los diez dedos.

(Ovación.)

A continuación se adelantó una niña y recitó unos versos tan pinchosos como las rosas. Al acabar, veinte brazos la levantaron para que Valdivia pudiera besarla. Valdivia logró besarla en la nariz.

(Ovación)

Cierta orquesta, todavía con los ojos hinchados de tocar hasta la madrugada en un *cabaret* y no haber podido dormir bastante, interpretó una czarda czerdamente

(Arroba y media de vítores.)

(Ovación.)

Otro caballero se destacó del grupo; gritó:

–¡Señores!

Y largó otro discurso igual que el del francés, sólo que en castellano.

(Aplausos españoles.)

Un tercer caballero exclamó como si estornudase:

–Achtun! (¡Atención!)

Y largó el mismo discurso en alemán.

(Aplausos a la moda de Brema.)

Y un cuarto heredero dijo:

–By the by!...

Y *largó el mismo discurso en inglés.*

(Ovación de las riberas del Támesis.)

Ya no falta más que la versión rusa del discurso, pero el encargado de ella la había olvidado en absoluto y haciendo así con la mano se limitó a decir:

–Paschill! (¡En marcha!)

Y Valdivia –y detrás todos los herederos– salieron de la estación obedeciendo a aquella orden que no había entendido ninguno.

28 PRESENTACIÓN Y DISCUSIONES

En la calle les esperaba un autocar de seis ruedas del tamaño del Coliseum romano, sólo que sin leones.

Al pie de él Pantecosti fue haciendo las presentaciones de los herederos (descendientes directos de tres hermanos, ya difuntos, del marqués del Corcel y que se habían desperdigado por el mundo muchos años antes por no poder aguantarse unos a otros).

Le explicó que hasta hacía un mes los herederos se desconocían mutuamente y que sólo al tener noticias de lo viejo y acabado que estaba el aristócrata, se habían reunido en Niza impulsados por un dulce sentimiento privativamente humano: el amor*.

. . . .

Estos herederos eran catorce:

Fritz Raburrieta y sus dos hijas Camila y Gela.

(Alemanes. Él, mantecoso y aceitoso, como tienen que ser los alemanes para que la gente los tome por alemanes. Ellas, rubiotas, grandotas, coloradotas, idiotas.)

Sergio Raburrieta Strenisky y su esposa Tatiana Maxinovna

(Rusos hasta los forros. Él, con bigote; ella, con ovarios.)

René Raburrieta Calaincourt y su hermana gemela Germaine

(Hijos de Francia, como Bertrand Duguesclin. Eran tan iguales, vestían unos trajes-sastre tan exactos y se peinaban de tan idéntica manera, que para saber cuál era ella y cuál era él, había que desnudarlos. Y aun así costaba trabajo definirlos.)

---

* *Al dinero.*

Sherlock Raburrieta Brown, su sobrina Lee y su primo Jack.

(Ingleses. Ellos, altos, delgados y escuetos como dos escaleras de mano. Ella, linda, sentimental y enamorada de lo inédito.)

Lilí Raburrieta y González y su padre, Eustaquio

(Tan españoles como dos guitarras. La hija, muy morena; el padre, muy bruto. Y los dos, desafinados.)

El vizconde de Pantecosti y su esposa Denise.

(A los que ya conocemos.)

. . . .

La presentación de todos fue un lío hermosísimo.

Valdivia quiso saludar a cada cual en su idioma, y como los catorce herederos estaban entremezclados, igual que garbanzos de distintos precios, a los alemanes les saludó en inglés, a los ingleses en francés, a los españoles en alemán, a los franceses en ruso y a los rusos en español.

Todos, sin embargo, se inclinaron, sonriendo en esperanto.

Estaban encantados. Miraban y remiraban a Valdivia de alto a bajo, por detrás, de frente y de costado; le examinaban como a un caballo o a un galgo que va a correr una carrera y por cuyo triunfo se han hecho apuestas importantes.

El examen complacía a todos los herederos masculinos:

FRITZ.–Es guapo... ¡y elegante!

SERGIO.–Tiene un magnífico tipo...

RENÉ.–Y simpatía; una gran simpatía...

SHERLOCK.–¡Enamorará a la novia del marqués!

JACK.–En cuanto ella le vea... ¡sucumbe!

EUSTAQUIO.–La herencia es nuestra.

Y se felicitaban de antemano unos a otros. ¡Ah! ¡Qué idea, traerse a este hombre a quien ninguna mujer se había resistido nunca para soplarle la dama a don Ernesto!

Y entre las herederas también la impresión causada por Valdivia fue excelente.

Tan excelente que todas suspiraron lo mismo:

–¡¡Quién fuera la novia del marqués!!

. . . .

Subieron al autocar y en medio de la mayor alegría se dirigieron al palacio del Paseo de los Ingleses.

Aquella torre de Babel con neumáticos, en lo alto de la cual catorce personas de ambos sexos agitaban banderas de cinco países y cambiaban frases en cinco idiomas, no dejaba de resultar extraña, ciertamente.

Pero la verdad es que no le extrañó a nadie; por el contrario, todo el mundo la encontró natural y murmuró a su paso las mismas palabras despectivas:

–¡Turistas de «Cook»!

Y realmente sólo se diferenciaban de un camión de turistas de «Cook» *(La route bleue by pullman autocar)* en que no llevaban altavoz y en que eran personas casi inteligentes.

A la llegada al palacio quisieron presentarle al marqués, pero el marqués se había ido a pasar el día en Mónaco.

En vista de lo cual todos dedicaron sus actividades a Valdivia.

Le instalaron como a un huésped de honor.

Le colmaron de atenciones.

Y nada más llegar, este exceso de atenciones provocó el primer conflicto.

Se trataba de facilitarle el desayuno, y don Eustaquio, Pantecosti y Lilí (los españoles) fueron partidarios; pero los ingleses –Sherlock, Lee y Jack opinaron que nada era preferible a un *breakfast,* en tanto que los alemanes –Fritz, Camila y Gela– insistían en que se le diera un *delikatessen,* lo que provocó la protesta de los franceses –René y Germaine–, que apoyaban el café con leche y tostadas, contra el deseo bien manifiesto de los rusos –Sergio y Tatiana–, los cuales sostenían las excelencias del *somarova,* y en oposición abierta con Denise, que seguía odiándole y pedía que le diesen morcilla.

Nadie convenció a nadie.

Discutieron –siempre con el procedimiento de Berlitz– por espacio de dos horas y media.

Y al cabo de las dos horas y media, se pusieron de acuerdo en que ya era mediodía y lo que debía darse a Valdivia era el almuerzo.

Entonces, y sobre el tema del almuerzo, la discusión se reanudó más enconada que antes.

Todos los menús clásicos de la cocina española, la francesa, la inglesa, la rusa y la alemana, salieron a relucir de un modo tan meticuloso, que hasta se notaban sus olores y se mascaban sus salsas.

Esto duró hasta las ocho de la noche, hora en que se cerró la discusión del almuerzo para abrirse el debate sobre la comida.

Debate que duró hasta las once y media. *(Resultado: que a las doce, Valdivia se acostaba sin haber logrado desplegar la servilleta.)*

. . . .

Pero al día siguiente, todos –rusos, españoles, franceses, ingleses y alemanes, mujeres y hombres, militares y civiles– leían el siguiente bando, clavado en una de las paredes del *hall* y redactado por Valdivia en cinco idiomas:

AVISO

A LOS SRES. HEREDEROS DEL EXCMO. SR. MARQUÉS DEL CORCEL

Vistos –y sufridos– los conflictos que provocaron en el día de ayer el exceso de amabilidad y la diversidad de nacionalidades y gustos culinarios de los señores Herederos del marqués del Corcel de Santiago, y con el fin de evitar que tales conflagraciones –eminentemente babélicas– u otras por el estilo vuelvan a repetirse en menoscabo de la felicidad a que tiene derecho el firmante,

ORDENO Y MANDO:

que en lo sucesivo se me hable en un solo idioma: el francés;
que se me guise por una sola cocina: la española,
y que no se me fría la sangre en ningún idioma

ENTENDIENDO *(que es gerundio):*

que caso de que los señores Herederos no cumplan alguna –o las tres– de estas disposiciones, el abajo firmante se largará de nuevo a España renunciando a cumplir la comisión que aquí le trajo.

Niza, a 15 de Mayo

Pedro de Valdivia.

Todos reconocieron, a excepción de Denise, que Valdivia tenía razón y que la culpa era de los demás. Dijeron:

GERMAINE Y RENÉ.–*Parfaitement*

LILÍ, PANTECOSTI Y DON EUSTAQUIO.–*¡Claro!*

SHERLOCK, LEE Y JACK.–*All right!*

SERGIO Y TATIANA.–*Poni moy!*

FRITZ, CAMILA Y GELA.–*Sehr gut!*

Y Denise dijo:

–*Sale bête!*

(Porque para ella, ahora la SUCIA BESTIA *no era su marido sino Valdivia. Lógica femenina inmediata al adulterio.)*

29 PRESENTACIÓN AL MARQUÉS Y FIRMA DEL CONTRATO

En aquel segundo día la vida se normalizó en el palacio.

El marqués del Corcel regresó de Mónaco y fue presentado a Valdivia. Éste le examinó detenidamente.

Unos años antes, don Ernesto Raburrieta había sido un viejo tonto, símbolo de esa fauna especial de ancianos idiotas que habita especialmente los camerinos de los teatros frívolos y cuya existencia sólo puede concebirse sustentada por una sociedad putrefacta*.

Pero los años, aunque sean pocos, no pasan en balde. Y ahora don Ernesto estaba muchísimo más viejo, y, además, sordo, y, además, lelo.

¿Y este hombre va a casarse con una mujer joven, refinada y hermosa?

Y Pedro comprendió lo que hasta el momento no había comprendido; el por qué se había decidido a venir, aceptando la proposición de los herederos. Había venido empujado por el Destino, para hacer justicia, evitando primero aquel matrimonio y castigando después con el abandono –como a tantas otras– a aquella mujer envilecida por la ambición.

Por la tarde, en uno de los salones de la planta baja, se firmó el contrato.

DE UNA PARTE, *Pedro de Valdivia se comprometía, en el plazo de dos semanas, a enamorar a la prometida del marqués del Corcel de Santiago y a huir con ella a cualquier país de América o del norte de Europa.*

DE OTRA PARTE, *los herederos se comprometían a la entrega de pesetas 200.000 (doscientas mil) en el instante en que Pedro iniciara con ella la huida.*

Los herederos –Pantecosti, don Eustaquio, Sherlock, Jack, Sergio, René y Fritz– estaban encantados, abrazaban una y otra vez a Valdivia y consumían prodigiosas cantidades de vinos de sus respectivos países.

Las herederas –Camila y Gela, Lee, Lilí, Tatiana y Germaine– se mostraban tristes, y en lugar de beber vinos, se comían a Pedro con los ojos.

---

* Véase *¡Espérame en Siberia, vida mía!*

Denise repiqueteaba con un tacón en el suelo.

Los criados entraban y salían con las bandejas de un pequeño *lunch*.

Ramón llevaba la dirección del servicio.

El marqués del Corcel, ajeno a todo aquello que tan de cerca le tocaba, jugaba al aro en el jardín. *(Porque, como dijo Chamfort, la vejez es la niñez de los hombres maduros.)*

Y Valdivia preguntaba con su gesto más displicente:

–¿Cuándo me presentarán ustedes a esa mujer?

Pantecosti contestó por todos:

–Pasado mañana, por la noche, en el Casino de Cannes.

Y agregó:

–Tiene usted dos días libres para dedicarlos, si quiere, al turismo.

–Es una idea. Así conoceré de cerca una serie de *monumentos* cuyas *fachadas* me encantan...

Y lanzó una mirada circular sobre *Camila – Gela –Lee– Lilí – Tatiana y Germaine*

Nadie comprendía lo que quería decir.

Salvo su criado.

Y salvo las interesadas, naturalmente.

30

LAS 37.083, 37.084, 37.085, 37.086, 37.087 Y 37.088

Y emprendió sus dos días de turismo sin salir del palacio del Paseo de los Ingleses.

EL día 15
A las 6 de la tarde

visitó a los dos primeros monumentos *(Camila y Gela)* en su propia alcoba color rosa y blanca, oliente a nardos frescos y a sinfonías de Strauss.

Recorrió aquellos monumentos de arriba abajo; entró en ellas como Pedro *(de Valdivia)* por su casa; comprobó cuánto de rubios y de espumosos tenían e hizo la consideración –¡tan natural en un turista!– de que no era él, ni mucho menos, el primero que los visitaba...

Al marcharse, los monumentos alemanes se le colgaron del cuello ejecutando sobre la perchera de su *smoking* una carambola de senos redondos y suplicándole:

–¡Vuelve esta noche cuando todos duerman, *liebling!* *.

–¡Oh! Sí... ¡Vuelve esta noche, *schatz!***.

–¿Vendrás?

---

* ¡Mi único amor!

** ¡Tesoro mío!

–¿Volverás?

Y repitieron la carambola y las súplicas.

–*Liebling!*

–*Schatz!*

Él prometió que sí.

Pero no volvió, porque un turista jamás visita dos veces en el día los mismos monumentos.

. . . .

EL día

15

A las 11 de la noche

lo que visitó –también en su propia alcoba– fue una catedral rusa *(Tatiana Maximowna)*. Porque Tatiana era igual que una catedral rusa: alta, esbelta y rematada por una cúpula dorada: su cabeza.

Ella lo recibió vistiendo una *rubaschka** sutilísima y con un desperezo de miembros y de voz:

–Te esperaba desde ayer... –le dijo– y desde que te he visto la primera vez, no dejo de pensar en ti...

–Yo, desde que te he visto la primera vez, he pensado en Dios –dijo él.

–¿Por qué? ¿Acaso tengo un aire celestial?

–No. Pensaba en Dios, porque cada vez que te he visto me he dicho: *¡Dios mío! ¡Qué muslos!*

–*Ya es luibliú, Petrowska!*** –exclamó ella, repitiendo lo que ya otras rusas le habían exclamado a Valdivia.

Y rodaron uno sobre otro besándose perdidamente.

Como ocurre en Georgia tantas veces al día.

. . . .

Luego Valdivia se trasladó a sus habitaciones, se acostó y le ordenó a Ramón:

–Haz las fichas de las dos alemanitas y de la rusa.

–¿Ya han caído, señor?

–Las mujeres no caen nunca, Ramón. Para caer hay que estar de pie, y ellas, normalmente, se pasan la vida echadas. Lo que sucede es que, de vez en cuando, se incorporan.

Ramón redactó las fichas y copió esta frase.

Después le dio a su amo un reconstituyente, seguido de un *grogg* con tres huevos. Y Valdivia, antes de dormirse, le dijo a Ramón lo que Pericles a Aspasia:

---

* Camisa.

** ¡Te quiero, Pedrito!

–¡¡Sin ti mi gloria no existiría!!

. . . .

EL día
16
A las 2 de la tarde

trasladó su *turismo* a Inglaterra *(Lee)*. La encontró en la *serre*, balanceándose en una mecedora y con la mirada clavada en las lejanas masas de los Alpes marítimos.

–¿Qué hace usted, Lee?

–Alpinismo visual –replicó aquella muchacha que odiaba todo lo vulgar y perseguía todo lo nuevo, todo lo intransitado, todo lo inédito, incluso en el diálogo.

Valdivia se inclinó sobre ella hasta rozarle la nuca con la boca y murmuró con su voz más turbadora y emocionante

–La adoro, *dearie*...

Ella, sin apartar sus miradas de las lejanas masas de los Alpes, frenó la mecedora y contestó:

–Y yo también, Peter.

–¿Qué espera entonces para honrar mi alcoba con su presencia?

–A que usted me diga una galantería nueva... Simplemente...

–¡Una galantería nueva! Quizá sea pedir mucho –protestó Valdivia.

–También usted pide mucho, Peter –observó Lee.

Tenía razón. Y Pedro buscó en las profundidades de su imaginación una galantería nueva. Por fin sonrió triunfal.

Arrancó una rosa de la barandilla de la *serre* y se la ofreció a Lee.

Ella clamó vibrante:

–¿Esto es una galantería nueva?

Y, tirando al suelo la rosa, la pisoteó.

–La galantería viene ahora –anunció Pedro.

Y recogiendo la rosa, pisoteada por Lee, dijo:

–¡Ha cometido usted un fratricidio!

(Lee, entusiasmada, honró inmediatamente la alcoba de Valdivia.)

. . . .

EL día
16
A las 7 de la tarde

irrumpió en las habitaciones de la española *(Lilí)*. Ella se le resistió con una frase muy española:

–Te quiero, Pedro... Pero vete, ¡por Dios! ¡Soy virgen!

El tomó un aire protector:

–Pues bien, Lilí: yo me sacrifico con gusto para que dejes de serlo.

Nueva resistencia, con otra frase también muy española:

–Pueden vernos...

–Peor para el que nos vea, Lilí.
Más resistencia y más frases españolísimas:
–*¿Me abandonarás luego?*
–*¿Te casarás conmigo?*
–*¿Quedaré encinta?*
Todo aquello olía tanto a puré de lentejas, que Valdivia estuvo a dos dedos de marcharse sin tocar a la españolita.

Pero sus ojos eran tan rasgados, y sus piernas tan bonitas, y su grupa tan esférica y rotunda que se quedó, haciendo un esfuerzo y recurriendo al procedimiento de seducción, también peculiar en España.

–Cuando no accedes es que no me quieres...
–¡Oh! ¡No digas eso, Pedro!
Y accedió.
(Pero aún debía de pronunciar más frases del repertorio español.)
Jadeaban ya ambos en la proximidad de la dicha, cuando exclamó entre dos suspiros:

–¡Dios mío! ¿Qué pensaría de nosotros el que nos viera en esta intimidad?

–Pensaría que éramos de la familia –repuso él sin darse cuenta de lo que decía.

Al final ....
........ella lloró. *(Siempre el procedimiento español)* Y dijo:
–Ahora soy una mujer perdida... *(Españolismo puro)*
Gimió:
–¡Si mi padre se enterara!... *(España. Siempre España.)*
Y declaró lo que les había declarado ya a siete hombres anteriores:
–¡Te he entregado mi honra! *(España y el resto del mundo.)*

. . . .

EL día
16
A las 12 de la noche

capturaba Valdivia su último monumento de aquel *turismo:* Germaine, la francesita, la más sencilla, más humilde y más niña de todas.

Sin esperar a que Pedro fuera a buscarla, marchó ella al encuentro de Valdivia con aire suave y dulce, como un lirio que caminara hacia su destino.

Él la vio entrar en la habitación y no se atrevió a abrazarla por temor a que ella saliese mustia de entre sus brazos, como los lirios también. Solamente la condujo hasta un ventanal y la sentó a su lado, muy tiernamente, ante la noche estrellada.

Germaine preguntó como las niñas de los cuentos:
–¿Qué estrella es aquélla?

–Mistinguett.
–¿Y aquella siempre brillante?
–Raquel Méller.
–¿Y aquella oscura?
–Josefina Baker.
–¿No hay luceros?
–Sí. Tus ojos, que para ser dos luceros completos hasta tienen órbitas.
–Tú eres el sol que los atrae...
Y de pronto hubo un eclipse. Es decir: se apagó la luz. Y las leyes astronómicas se cumplieron una vez más.

31 CONSEJO DE ULTRAJADOS

El autor recuerda haber dejado dicho en la página 142 que una mujer despechada es el enemigo más terrible que existe.

Ahora el autor necesita repetirlo (y lo lamenta) para que todo el mundo comprenda por qué la despechada Denise se apresuró a correr las voces de lo sucedido en el palacio los días 15 y 16 de mayo, advirtiéndoles:

A FRITZ .... *que Valdivia había seducido a sus hijas;*
A SHERLOCK Y JACK .... *que Valdivia había seducido a su sobrina;*
A SERGIO .... *que Valdivia había seducido a su esposa;*
A RENÉ .... *que Valdivia había seducido a su hermana;*
A DON EUSTAQUIO .... *que Valdivia había seducido a su hija;*
A SU MARIDO .... *que Valdivia había seducido a ella misma.*

Fue una explosión.
Fueron seis explosiones.
Fue la Guerra Europea.

. . . .

Hubo un consejo previo de ultrajados.

Comparecieron las víctimas: Camila, Gela, Lee, Tatiana, Lilí, Germaine y Denise.

Y las víctimas no sólo confesaron haber sido víctimas sino que declararon hallarse dispuestas a seguir siéndolo en lo sucesivo. Caso único en lo Criminal.

El consejo se disolvió entre alaridos de muerte «hurrah» de destrucción. Y Fritz, Pantecosti, Sherlock, René, don Eustaquio, Jack y Sergio se lanzaron escaleras arriba en busca de las habitaciones de Valdivia y de su corazón.

A las escaleras llegaron rápidamente. Al corazón les impidió llegar Pantecosti, parándose de pronto en el rellano y vertiendo en las cabezas de todos este sorites sapientísimo y disolvente:

–Y si le matamos, ¿quién enamora a la novia del tío Ernesto? Y si no la enamora nadie, ¿cómo impedir la boda? Y si no impedimos la boda, ¿cómo atrapamos la herencia?

Hubo una pausa poblada de meditaciones.

–Quizá sea mejor aguantarse... –propuso el alemán con esa inclinación a la serenidad que ha adoquinado de filósofos las orillas del Rin.

–Sí. Quizá sea mejor aguantarse –aprobó el ruso pensando en sus compatriotas, que, por no aguantarse con las burradas del zarismo, habían caído en las bestialidades del soviet.

–Tal vez sea eso preferible...

–Sí, tal vez...

–Probablemente...

(Porque todos tenían una cosa que vengar: la honra. Pero no hay que olvidar que a los vengadores de su honra sólo les empuja a la venganza la opinión ajena. Y como a ellos la opinión ajena les decía aguantarse... Pues se aguantaron.)

Mas no dejaron de pedirle a Valdivia «una explicación».

Para ello acabaron de subir la escalera y transmigraron al despacho de Pedro.

–Cierta voz insidiosa, amigo Valdivia –dijo Pantecosti, tomando la palabra–, ha lanzado la calumniosa especie de que usted ha tenido que ver con mi mujer...

–...y con mi hija... *(siguió don Eustaquio).*

–...y con mi hermana... *(siguió René).*

–...y con mi sobrina... *(añadió Sherlock).*

–...y con mi prima... *(aumentó Jack).*

–...y con mis hijas... *(continuó Fritz).*

–...y con mi esposa... *(completó Sergio).*

–Suponemos, naturalmente –reanudó Pantecosti– que esa especie calumniosa no pasa de ser eso: una calumnia. Y nos hemos permitido molestarle para que usted mismo niegue enérgicamente la infamia.

Valdivia se alzó de su sillón y contestó:

–Caballeros: yo agradezco en lo que vale la confianza que demuestran ustedes haber depositado en mí. Y para corresponder a esa confianza, les voy a declarar la verdad...

Sonrisa de satisfacción.

Valdivia siguió:

–Y la verdad es que, efectivamente, yo he metido en mi cama a todas esas señoras y señoritas exceptuando a aquellas con las que utilicé su cama propia...

Pantecosti:
Sherlock:
Jack:
René:
Don Eustaquio:
Sergio:
Fritz:

¿EH?

–Pero recapaciten ustedes, caballeros –concluyó Valdivia–; recapaciten ustedes y piensen un momento en la misión que me ha traído aquí... ¿No he venido a Niza, precisamente, a seducir una mujer? Pues, ¿a quién puede extrañarle que, mientras llega ese instante supremo, yo dedique mis horas libres a entrenarme? ¿No se entrenan el corredor, y el futbolista, y el boxeador, y el cantante? ¿Por qué no puedo entrenarme yo?

Hubo un bajar de cabezas. La explicación era razonable, indudablemente razonable.

–Señor Valdivia –exclamó Pantecosti con voz emocionada–. Júrenos usted que usted ha hecho eso sólo por entrenarse...

–¡Lo juro! –dijo Valdivia.

–¡Muchas gracias! ¡Es usted un caballero!

Y todos le abrazaron arrepentidos de haber dudado de él.

32 LA SORPRESA DE PEDRO DE VALDIVIA

Por la noche, en el primer *hall* del Casino Municipal de Cannes, coruscante de luces, Valdivia y Pantecosti en primer término, y detrás, los demás herederos formando un grupo, aguardaban la llegada del marqués del Corcel y de su prometida.

–No tardarán... El marqués la trae todos los miércoles al Casino a oír la ópera. Por eso hemos elegido la noche de hoy para poder presentársela a usted de un modo natural, sin infundir sospechas... Niza es un pueblo donde todo se sabe y se comenta... Aquí hay más libertad...

–¿Y el marqués ha ido a buscarla?

–Sí; ella vive sola en Niza, en un palacete de las alturas de Cimiez. Y vendrán juntos.

Y le apretó el brazo a Valdivia.

–¡Ah! Ya están ahí... Vamos, vamos...

Lo remolcó hasta la puerta haciéndole recomendaciones de carácter urgente...

–Prepárese... Ha llegado el momento de actuar... Es preciso que desde el primer instante la entre a usted por los ojos...

Ayudado por el lacayo, el marqués salía trabajosamente del automóvil. Detrás de él se adivinaba un rebullir de pieles blancas...

Valdivia alzó bien la cabeza, curioso ya por conocer aquella mujer de la que todos hablaban como de algo extraordinario, en cuya conquista debía de ganar él cuarenta mil duros y que sin conocerla le repugnaba.

Y de súbito retrocedió dos pasos y dejó escapar un gemido. Palideció.

Creyó que todo daba vueltas.

Sintió algo turbio ante sus ojos y que algo vital se rompía en su interior.

Acababa de ver a la prometida del marqués del Corcel de Santiago.

¡Sí, señores!...

Era Vivola Adamant.

FIN DE LA TERCERA PARTE

CUARTA PARTE

ASISTIMOS AL FRACASO DEL DON JUAN QUE SE LLAMA PEDRO

1

LOS PRELIMINARES DEL FRACASO

1 RESURRECCIÓN DE VIVOLA ADAMANT

El amor vuelve
idiotas a los inteligentes.

(Uno cuyo nombre no recuerdo.)

¡Vivola Adamant!

La mujer que él había querido olvidar y que no había olvidado...

La que se movía despacio, igual que las civilizaciones y las panteras...

La de los ojos de un azul turbio de agua de lago removida; la de la boca roja, ardorosa y fatigada; la de la garganta henchida, los hombros redondos y los senos turbulentos...

La del perfume de heliotropo.

La única que se le había resistido.

La mujer con quien él había fracasado cierta noche, mes y medio antes. *(Sólo mes y medio antes; ¡y se diría que había pasado un año!)*

Esta mujer extraordinaria, destilación de razas, de siglos y de culturas, quintaesenciada, depurada, que llevaba en la espalda las alas de todos los ideales y en los párpados los besos de todos los cielos...

...Se había prometido en matrimonio a aquel gusarapo senil que se llamaba el marqués del Corcel de Santiago.

El golpe era demasiado fuerte hasta para Valdivia.

Y hasta para Max Schmeling.

2 PALABRAS CONFUSAS EN EL «HALL»

No pudo, no supo hablarla en el Casino, donde iba a representarse *Faust.*

(Fausto. *Pero en los países de habla francesa les da por decir* Faust. *Allá ellos.)*

Vivola al verle le había saludado con sencillez, y con esa espantosa sencillez que suelen tener las mujeres para los momentos más decisivos de la vida –muertes, bodas, entierros, abortos e inauguraciones de monumentos– diciendo:

–¿Usted por aquí, Valdivia? ¿Cómo le va?

Él *(por primera vez en su existencia, por primera vez 37.088 diálogos con mujeres)* balbució unas cosas confusas.

Y en eso consistió todo.

3 DURANTE LA REPRESENTACIÓN DE «FAUST»

Luego había pasado los dos primeros actos de *Fausto (ya hemos dicho que allí era* Faust) hundido en el interior del palco de los herederos, mordiéndose las yemas de los dedos, enredado en los tentáculos de sus pensamientos incoherentes y mandando al Diablo a Pantecosti cuando éste se le acercaba a preguntar:

–¿Qué? ¿Qué impresión le ha hecho ella? ¿Cree usted que la seducirá? ¿Podemos confiar en su triunfo?

Pantecosti se retiraba una y otra vez con el rabo entre las piernas. Pero no acababa de irse al Diablo, como deseaba Pedro.

Y al caer el telón sobre el segundo acto de *Faust (es decir,* Fausto) reaccionó Valdivia. Se enderezó, escribió unas líneas en un papel y pidió...

–¡Un botones! Necesito enviar este recado a la prometida del marqués...

–¿Un botones? –desechó Pantecosti–. ¿Y para qué si estamos aquí los herederos? ¡Pronto! ¡Uno cualquiera! ¡Fritz! ¡Sergio! ¡Sherlock! Lleven este papel al palco del marqués y entréguenselo a su prometida en propia mano...

Y Fritz, el alemán, cumplió el encargo con la cuidadosa escrupulosidad que ponen los alemanes igual cuando se trata de llevar una carta, que de interpretar a Kant, que de domesticar trece pulgas, que de rajarle el cráneo a un francés.

Reanudada la representación de *Fausto* (es decir, *Faust*), Fritz volvió.

–¿Qué ha dicho? –le interpeló Pedro.

–Que cada día le aburre más la ópera.

–¡¡De mi recado, imbécil!!

El imbécil contestó:

–Que está bien. Que hará lo posible por ir...

Pantecosti se creyó en el caso de abrazar a Valdivia entusiásticamente:

–¡Enhorabuena, amigo mío! ¡Qué éxito! ¡Qué éxito! ¡A la hora de haberla conocido y sin haber cruzado más de tres palabras, ella le concede una cita!... ¡¡Enhorabuena!!

Valdivia se revolvió furioso:

–¡Le he dicho que se vaya al Diablo, Pantecosti!

Y se lo quitó de delante de un empujón.

El vizconde, que se hallaba de espaldas a la barandilla del proscenio, retrocedió, tropezó en ella, dio una vuelta de campana y cayó como una rana al escenario.

Cayó a los pies de Mefistófeles. Había obedecido, por fin. Se «había ido al diablo».

(Pues no hay que olvidar que la ópera que se representaba era Faust.)

(Es decir, Fausto.)

4 PASEO POR EL «BOULEVARD»

No podía resistir allí dentro. No podía resistir la música; ni el público; ni podía resistir al tenor *(un pésimo cantante gordo y presuntuoso que cuando interpretaba* Tosca *daba una en el Scarpia y ciento en la herradura)*; ni podía resistir a los herederos; ni a los *employés* que acudieron a hacerle cargos por haber arrojado a Pantecosti al escenario; ni podía resistirse a sí mismo. Y se salió al *boulevard*.

Su voz interior, aquella voz interior que siempre le sonaba dentro en los momentos cumbres, le dijo:

–¿QUÉ HAS HECHO, PEDRO?

Y él contestó:

–Una imbecilidad indigna de mí... He suplicado una cita a una mujer y se la he suplicado... sinceramente.

La voz interior reprochó:

–¡PEDRO, HIJO! ¿ASÍ ESTAMOS?

Valdivia echó a andar por el *boulevard* casi desierto, confesándose:

–Así estamos, sí... Ver a esa mujer... Enterarme de que era ella la prometida del marqués, me ha cegado, me ha aturdido, me ha ofuscado... No sé. Luego he comprendido que necesitaba volver a hablarla, como aquella noche del *Claridge's,* volver a sentirla a mi lado, como aquella noche en mi auto... y la he citado para comer mañana en *Ambassadeurs.*

–¿QUIERES ACOSTARTE CON ELLA?

–Pchs... No he pensado en eso...

–¿QUE NO HAS PENSADO EN ESO? DESEAS VOLVER A HABLARLE, VOLVER A SENTIRLA A TU LADO... ¿Y NO HAS PENSADO EN ACOSTARTE CON ELLA? ¡¡PEDRO: TÚ ESTÁS... ENAMORADO!!

Valdivia se detuvo como si de pronto hubiera echado en falta la cartera

–Enamorado... –susurró–. ¡Enamorado yo!

Y la voz interior le contestó:

–TU PROPIA DUDA ES UNA AFIRMACIÓN, PEDRO...

Volvió a insistir:

–Pero ¿es que puedo yo enamorarme?

Y volvió a contestar la voz interior:

–¡NATURALMENTE!

–¿Puede enamorarse Pedro de Valdivia, el hombre para quien el amor ha sido siempre una fórmula matemática?

Y la voz interior le contestó:

–¡CUIDADO CON ESE CHARCO!

Saltó Pedro por encima del charco y reanudó las preguntas dirigidas a sí mismo:

–¿Puedo enamorarme yo, que me he hecho amar de todas las mujeres que he querido, y que no he querido a ninguna de las mujeres que me han amado?

Y la voz interior replicó:

–¿POR QUÉ NO? CLARO QUE SÍ... ¡CLARO QUE PUEDES ENAMORARTE! COMO TODOS... Y MÁS QUE TODOS. NADIE ESTÁ EN MAYOR PELIGRO DE VOLAR QUE EL QUE SE COMPRA UN AEROPLANO O EL QUE INSTALA EN SU CASA UNA FÁBRICA DE EXPLOSIVOS. Y TÚ SABES DE SOBRA QUE EN LAS ADUANAS DEL AMOR ACABA POR PAGAR TODO EL MUNDO.

–Lucharé contra ese amor...

–¡INÚTIL! DESPUÉS DE LUCHAR TODA LA NOCHE DE HOY Y TODO EL DÍA DE MAÑANA, A LA HORA DE LA COMIDA... IRÍAS A AMBASSADEURS».

–¡No poder renunciar a una mujer! ¡Tiene gracia! Eso es lo que dicen la primera vez que se enamoran los alumnos de Instituto...

–PERO, ¿QUÉ DIFERENCIA HAY ENTRE UN SEDUCTOR INTERNACIONAL Y UN ALUMNO DE INSTITUTO CUANDO LOS DOS SE ENAMORAN POR PRIMERA VEZ?

–La diferencia del que sabe dominar sus impulsos y del que no sabe dominarlos.

–¡BOBADAS! ¿SABES DOMINAR TÚ LOS TUYOS?

–¿A que no acudo mañana a la cita en *Ambassadeurs*, para demostrártelo?

–¿A QUE SÍ ACUDES?

–Bueno... No es cosa de cometer la grosería de no acudir...

–¡AH, VAMOS!

Luego retrocedió nuevamente hasta el Casino y saltó a un taxi ordenándole al chófer:

–¡A Niza!

Y mientras el coche regresaba envuelto en los terciopelos de la noche por las blancas carreteras de la costa (que ¡por fin! a aquellas horas ya no era azul, sino negra), la voz interior le habló nuevamente:

–LA QUIERES... LA ADORAS... Y PONDRÁS TUS CINCO SENTIDOS EN CONSEGUIRLA.

–¡La conseguiré!

–¡HUM! ...

–¿Por qué *hum?* Ninguna mujer me ha fallado jamás...

–SÍ, PERO...

–¿No tengo un golpe de vista especial? ¿No poseo la experiencia de veinte años? ¿No conozco todos los recodos del alma femenina? ¿No he rendido a 37.088? ¿No he sido siempre dueño de mí mismo? Mi palabra, ¿no es dúctil, convincente, irresistible? ¿No he sabido siempre lo que tenía que hacer y que decir en cada caso?...

–Sí, sí... TODO ESO FUISTE. TODO ESO TENÍAS. TODO ESO HAS HECHO, PERO EN FRÍO: NO ESTANDO ENAMORADO. AHORA... AHORA ES DISTINTO... ¿NO NOTAS TÚ MISMO QUE ERES OTRO? ¿CÓMO SEDUCIRÁS A VIVOLA, DI?

–Recurriendo a cualquiera de mis estratagemas, con uno de los infinitos procedimientos que tantos millares de veces apliqué.

–DIME QUÉ PROCEDIMIENTO VA A SER ÉSE...

Pedro se debatió pensando un sistema, un truco para enamorar; pero no se le ocurría nada nuevo, y lo antiguo le parecía todo impropio o indigno de Vivola.

Sonó la voz interior más implacable que nunca:

–¿TE CONVENCES? YA NO ERES DUEÑO DE TI MISMO... YA HASTA SE TE HA EMBOTADO LA IMAGINACIÓN...

–¡Bueno! Tú deja que yo esté en presencia de Vivola y ya verás si entonces se me ocurre un sistema o no...

–CUANDO ESTÉS EN SU PRESENCIA, TE SUCEDERÁ LO QUE YA TE HA SUCEDIDO EN EL «HALL» DEL CASINO: BALBUCEARÁS COSAS CONFUSAS Y NADA MÁS...

–Pero ¿por qué?

–PORQUE PEDRO DE VALDIVIA HA MUERTO ESTA NOCHE.

–¿Quién ha podido matarlo?

–Un asesino célebre: el Amor.

–No. No es que Pedro de Valdivia haya muerto. Es que Vivola no es una mujer como las otras...

–¡Qué risa! Decir eso sí que es propio de un alumno de Instituto... ¿Por qué es ella diferente de otras, vamos a ver?

–Por... Por...

Y la respuesta quedó en proyecto.

La vocecita resumió:

–Porque la quieres; sólo por eso... Y la quieres porque se te ha negado. Ya tu criado te lo advirtió una vez... Y cuanto más se te niegue, más la querrás.

5 ÚLTIMAS HORAS DE AQUELLA NOCHE

Al entrar en el palacio del Paseo de los Ingleses, Valdivia rechazó a Ramón, que se disponía a desnudarle, y a Tatiana, Gela, Camila, etcétera, que se disponían a ser desnudadas.

Una raya vertical dividía su entrecejo.

Sus labios se plegaron en guerrillas. Quería estar solo, seguir reflexionando. Seguir anegándose en sus propios pensamientos tumultuosos. Balancearse en el columpio de sus nervios hiperestesiados... Quería...

No sabía lo que quería. Ésta es la verdad.

Se paseó. Se sentó doce segundos en cada mueble. Encendió innumerables cigarrillos. Puso derechos unos cuadros. Salió al jardín *(que dormía arrebujado en un pijama de estrellas).* Volvió a entrar. Dio cuerda a su reloj varias veces. Le saltó la cuerda al reloj.

Se desnudó. Se ató al cordón de una bata. Encendió más cigarrillos. Agotó su provisión de cigarrillos. Partió en dos el cordón de la bata.

Llamó al criado con un aullido:

–¡Zenón!

El criado acudió, rectificando:

–El señor habrá querido decir Ramón...

–¡Claro! ¿Y qué he dicho?

–Zenón, señor.

–¿Ah, sí? ¿He dicho Zenón? ¡Qué raro! Juraría que lo que he dicho había sido Zenón...

Estaba hecho un cacharro.

–¿Deseaba algo el señor?

–No, nada.

–Como el señor ha llamado...
–¿Que he llamado?
Ramón se inclinó y fue a hacer mutis, como hombre que sabe que la discusión entre clases sociales diferentes sólo conduce a la ruina. (Robespierre.– *Discursos.*)
Valdivia le llamó.
–¡Espera! Puesto que estás aquí, desnúdame...
–El señor olvida que se ha desnudado ya; el señor está ya en bata...
Se miró sin saber qué responder..
–Bueno, anda –dijo al fin–; tráeme coñac.
(Ramón le trajo bromuro.)
–El señor debía acostarse...
–¿Acostarme? ¡De ninguna manera!
(Y se acostó inmediatamente.)
Se bebió el bromuro con los ojos fijos en el techo, preguntando:
–¿Qué coñac es éste, que sabe a bromuro?
–Es un bromuro que sabe a coñac, señor.
–¿Y por qué me lo das?
–Porque el señor está muy nervioso.
–¿Se me nota?
–A distancia.
–¿De qué estaré yo nervioso, Ramón?
–De los nervios –replicó discretamente el criado para ahorrarle preocupaciones y pesquisas psicológicas.
(Una pausa. Ramón se sentó en la cabecera del lecho.)
Se oyó como un susurro la voz de Valdivia que hablaba consigo mismo rumiando su preocupación:
—...pensar que la única mujer que yo creí distinta de las demás prepara un matrimonio con un viejo lelo... Como otra cualquiera...
Y se oyó a Ramón, que recordaba una sentencia del propio Valdivia:
–*«Todas las mujeres son iguales, salvo las diferencias de color de piel, de presión arterial y de tamaño de clítoris...»*
Gimió Pedro.
–Sí... Sí... Yo he dicho eso... Y lo más terrible es que además, ¡es verdad!
Volvió a hablar Ramón, que recordaba aún otro aforismo de su amo:
–*«El azúcar se disuelve en agua; la nicotina se disuelve en alcohol, la mujer se disuelve en dinero...»*
Y Pedro volvió a gemir a su vez:
–¡También yo he dicho eso!
Sollozó, de pronto, hundiendo su cabeza en la almohada:
–¡He dicho demasiadas verdades! ¡Me ahogo en verdades!
Y suplicó angustiosamente:

–¡Dime mentiras! ¡Necesito dormir!... ¡Por lo que más quieras, Ramón! ¡¡Dime mentiras!!

Entonces aquel criado excepcional se inclinó sobre su amo y le dijo las mentiras siguientes:

–La empresa de este teatro cuenta con una obra de Jacinto Benavente.

–Apunte tomado del natural.

–Salida por las puertas laterales.

–Visón legítimo.

–On parle français.

Para acabar con esta otra mentira más estupenda que ninguna:

–El señor es feliz...

Y Pedro se durmió, ya tranquilo, sonriendo.

2

EL PRINCIPIO DEL FRACASO

6

ESPERANDO EN «AMBASSADEURS»

Cannes otra vez;
en el *Restaurant des Ambassadeurs;*
en aquel restaurante adonde no iba ningún *ambassadeur* nunca;
en una noche en que todo exhalaba perfumes: hasta las flores;
junto a los violines que sollozaban *(tal vez por el dolor de no ser Stradivarius);*
iluminado por lámparas de color de miel sobre candelabros de plata;
frente a una pareja de bailarines que evolucionaban sin tocar el suelo con los pies y que parecían montados al aire *(como la tumba de Felipe Pott, senescal de Borgoña);*
en medio de un público selecto al que la civilización había enseñado a comer y a sufrir sin que se le notase;
nervioso, impaciente;
desconcertado;
aguardaba Pedro de Valdivia a Vivola Adamant.

7

EL DEBUT DE UN NÚMERO NUEVO

Se le acercó un violinista zíngaro que iba de mesa en mesa tocando lo que le pedían los clientes.

–¿Qué desea el señor?

–Deseo que se te rompan de un golpe todas las cuerdas del violín.

Entonces el *maître,* que aguardaba junto a la mesa con el celuloide de notas dispuesto, cogió un cuchillo y ¡chak! cortó las cinco cuerdas del violín.

–El señor está servido –dijo, inclinándose ante Valdivia.

El zíngaro se alejó susurrando blasfemias extensibles a las religiones mahometana y budista. Y el *maître* se esforzó –pleonásticamente– en demostrar a Valdivia que en el *Restaurant des Ambassadeurs* los «deseos de los clientes eran órdenes».

–La frase es antigua...

–Pero el restaurante es moderno, caballero.

–Aguardo a una dama –notificóle Pedro para quitarse de encima aquella mosca *tse-tsé* vestida de *frac*:

–*Très bien, m'sieur!*

Y la mosca se fue revoloteando.

. . . .

–¿Vendrá Vivola? –se preguntaba.

Ella había dicho: «Haré lo posible por ir.»

Pero Pedro sabía de sobra que las mujeres llaman siempre «hacer todo lo posible» a cruzarse de brazos.

Haré lo posible por odiarte.
Haré lo posible por no tener que comprarme otro sombrero.

Haré lo posible por adelgazar.
Haré lo posible por matar a mi madre de un disgusto.

Y nunca hacían nada por cumplir su palabra.

. . . .

Jugueteó con los objetos que había en la mesa. Cogió un porta-anuncios de níquel y leyó uno de los anuncios maquinalmente:

SE ALQUILA
UNA «VILLA» EN EL CAP D'AIL

En Monte-Carlo darán razón

Leyó más anuncios, siempre sin enterarse de lo que decían.

. . . .

En otra ocasión la espera le habría hecho imaginar aforismos, aquellos aforismos que solía robarle Ramón. Hubiera pensado por ejemplo:

Las mujeres son como las revoluciones: siempre se hacen esperar demasiado y llegan en el instante en que ya nadie las esperaba.

Pero ahora él *no podía pensar*. En lugar de pensar se retorció las manos. Y se estremeció. Porque acababa de comprobar que sus manos temblaban.

¿Cuándo le habían temblado a él las manos mientras aguardaba a una mujer?

. . . .

Las nueve. Un violento oleaje de heliotropo. Era Vivola al fin.

La cual llegaba, en efecto, como llegan las resoluciones: inesperadamente y produciendo una sacudida en todo el mundo; pero mucho mejor vestida, muchísimo mejor vestida que una revolución cualquiera*.

Al verla, Valdivia se alzó bruscamente movilizándose para instalarla.

Sus manos temblaban más que nunca y sus labios se resistían a pronunciar palabra ninguna. Estaba tan torpe y azorado que tropezó en una pata de la mesa y fue a parar de bruces contra una silla; quiso coger esta silla, destinada a Vivola, y se le cayó al suelo; la levantó, y al levantarla le atizó con ella a un camarero que pasaba empujando un *dine-car*, y por disculparse con el camarero, lo cual ya era absurdo, pisoteó un zapato de Vivola, lo cual era ya imperdonable; arrimó la silla para sentar a la dama y lo hizo tan rudamente que se bamboleó la mesa, y cuando acudió a sujetar la mesa, estrelló contra el suelo una de las lámparas.

–¿Qué le pasa, Valdivia?

–Raspajuana raboso –contestó, queriendo decir «Estoy algo nervioso.»

Y después de todo aquello se sentó jadeante.

Desde algunas mesas cercanas, aplaudieron.

El restaurante entero había estado pendiente de él. Se oían comentarios:

–¡Qué gracioso!

---

* Y si no, cítenme ustedes una revolución, una sola revolución, que luzca un vestido de *taffetas rosa*, con cuello de encaje de *chantilly* color hueso y se envuelva en una pana roja orlada de armiño, como lucía y se envolvía Vivola.

–¡Qué original!
–¡Qué cómico!
Y alguien explicó
–Es un *número* nuevo que sin duda debuta hoy...
–¡De lo mejor que he visto! –definió otro cliente.
La mosca *tse-tsé (denominada* maître *en los países occidentales)* había acudido nuevamente al ver llegar a Vivola.
Valdivia, que continuaba en pleno azoramiento, y en pleno nerviosismo, dictó un menú en el que todos los platos eran de sopa.
Nuevas risas en el salón. Y nuevos comentarios:
—¡Pero qué gracioso!
—¡Es un *número* formidable!
—¿Qué han hecho ahora? ¿Qué han hecho ahora? —indagaban los más lejanos a los que se hallaban más cerca.
–¡Han elegido un menú a base de sopas diferentes!
–¡Ja, ja!
Y las risas y los elogios saltaban de mesa en mesa.
La mosca *tse-tsé (denominada* maître) tomó nota del menú y como sabía que aquella pareja no era ningún *número* de *music-hall* lo hizo sin disimular un gesto de estupefacción.
–¿Vinos? –indagó.
Todo el salón estaba pendiente de la respuesta de Pedro.
–*Consommé Financier*–contestó éste, siempre sin saber lo que decía.
Juerga general.
El restaurante se bamboleaba en carcajadas unánimes. Restalló otra ovación. *(¡Admirable! ¡Admirable! ¡Muy bien!)*
Y la mosca se fue un poco picada *(lo cual era un contrasentido)* sin explicarse por qué le aplaudían la salida.

8

DIÁLOGO DESGARRADOR QUE ACABA DEFRAUDANDO A LOS CLIENTES

VIVOLA.–Vamos, Valdivia... ¿Qué le sucede? En mi vida me he sentido más cubierta de ridículo... ¿A qué viene esto?
PEDRO *(ocultando el rostro entre las manos)* .–No sé.. No sé... Desde anoche vivo en la inconsciencia. Pedóneme... Es todo cuanto podría decirle...

(Un silencio algodonoso y turbio. Ella, con esa perspicacia de las mujeres y de algunos perros de aguas, comprende que Valdivia atraviesa por una fuerte crisis espiritual.)

(Ahora bien, ¿qué hacen las mujeres cuando se hallan frente a un hombre que atraviesa por una fuerte crisis espiritual? Es amargo decirlo, pero lo que hacen las mujeres en estos casos es retocarse la boca y las mejillas.)

(Vivola se retoca las mejillas y los labios, se yergue para que todo el salón pueda admirar a gusto su belleza pálida y por fin separa suavemente las manos del hombre, descubriéndole el rostro.)

VIVOLA *(tierna hasta el tuteo).*–¿Te hice esperar mucho?

En tiempos normales –es decir, hasta la noche anterior– él habría contestado mintiendo para no despertar el orgullo femenino.

–No... Acabo de llegar.

Pero como desde la noche anterior se halla en una época anormal y no se siente dueño de sí mismo responde la verdad:

–Espero hace media hora.

VIVOLA *(sonriendo, con el orgullo súbitamente despierto).*– ¡Cuánta honra para mí! Hacer esperar a Valdivia...

(Luego extrae de su pitillera –de aquella pitillera de oro que imita latón– un papelito, lo desdobla y se lo tiende a Pedro.)

¿Qué significa esto?

(Es el papel de Valdivia que Fritz le entregó en la Opera y en el que se la cita para hablar en Ambassadeurs.)

PEDRO.–Vivola...

(No puede contestar. El perfume de heliotropo desprendido de Vivola le marea progresivamente. Es aquel perfume como un gran globo de cristal en cuyo interior se agita, aislado del mundo y de sus habitantes. Pero procura reaccionar, pues se ha dado cuenta de que si no reacciona, su cita con Vivola resultará inútil, porque la mosca tse-tsé, *perdida la paciencia, le sacará del restaurante a rastras, como suelen sacarse de los restaurantes los rollos de alfombras inservibles y los presidentes de república borrachos.)*

Quería decirte... que sé que vas a casarte con el marqués del Corcel de Santiago...

VIVOLA.–Lo sabe toda la Costa Azul, desde Marsella.

PEDRO.–Entonces ¿es verdad?

VIVOLA.–Una verdad como los Evangelios, sólo que mucho más lógica.

PEDRO.-¡Y más sucia!

VIVOLA.–Te ruego que elijas mejor tus adjetivos. Piensa que estamos en un local que se barre a diario...

PEDRO.–Pues bien: mañana barrerán mi adjetivo y *c'est tout!*

(Una pausa. Por el interior del pecho del hombre, bajo el optimismo de la pechera prefulgente, trepan la ira, el despecho, la indignación, el dolor.)

Toda esa Costa Azul, desde Génova a Marsella, asegura que te casas con el marqués con tu pensamiento puesto en su dinero...

VIVOLA.–¿Iba a casarme con el pensamiento puesto en su dentadura postiza? Conviene poner el pensamiento en cosas sólidas, amigo mío...

PEDRO.–¡¡Pero casarse con un sátiro lelo, como el marqués, pensando en su carnet de cheques, es...

VIVOLA *(acabando el párrafo)*.–...asqueroso!!

PEDRO *(desarmado)*.–¿Eh?

VIVOLA.–Asqueroso, sí. Mis galas nupciales se mancharan de vejez. El brindis del banquete de boda se hará con magnesia bisurada. La lascivia y el reúma llevarán la cola de mi traje. Himeneo se ceñirá un cinturón eléctrico recomendado para la impotencia. El tálamo será túmulo. Y sobre la seda de mi cuerpo se agitará en estremecimientos innobles la lana de un traje del doctor Rasurell... Todo cuanto pudieras decirme, lo sé ya... Pero ¿qué quieres que haga? Estoy arruinada... ¿Comprendes lo que eso significa? Totalmente arruinada... No me queda ya arriba de veinte mil francos; es decir: lo justo para saldar, con déficit, mi presupuesto de *trousseau* nupcial...

(Pedro, entonces, le indica con un gesto el «conjunto» de esmeraldas que cabrillea en sus orejas, en su pulsera y en una de sus sortijas: unas esmeraldas puras, con un índice de refracción y un poder dispersivo extraordinarios. Y le indica también su collar de diamantes parangones, extraídos probablemente del blueground *de una mina del Orange o del Transvaal.)*

PEDRO.–Nadie creería en tu ruina viendo esas joyas...

VIVOLA.–¿Y Pedro de Valdivia habla así? Se le puede exigir a una mujer que venda su cuerpo y que venda su alma. Pero exigirle que venda sus joyas... ¡Es monstruoso!

PEDRO.–¿Y tu palacete de Cimiez?

VIVOLA.–Me ha resultado tan fiel, que el pobre sólo aguarda a que yo me marche para hundirse bajo el peso de las hipotecas.

PEDRO.–Pero, ¿qué has podido hacer de tu fortuna? El mes pasado todavía eras rica. ¿Adónde ha ido a parar tu dinero con tanta rapidez?

(Vivola coge el portaanuncios de níquel de sobre la mesa y responde, señalando con el dedo la elocuente línea final de uno de los anuncios):

EN MONTE CARLO DARÁN RAZÓN

VIVOLA.–¿Te explicas ahora por completo mi matrimonio? Perdida mi esperanza en la vida, he jugado, y perdida mi fortuna en el juego, he entregado mi mano a quien la pagaba mejor... He aceptado un *caballo blanco* por habérseme negado varios *caballos negros...**.

(Un camarero llega con los primeros platos. Vivola hace un gesto de fatiga.)

Que se lleven todo... No tengo gana.

PEDRO.–Ni yo. Vámonos.

(Se ponen de pie. Se encamina ella hacia la terraza, y él, después de tirar en la mesa una bola de billetes, la sigue.)

Todo el restaurante les escolta con las miradas.

Y en todas las mesas estalla la misma decepción:

–¡Qué final tan soso han hecho, ¿verdad?!

–¡Ya, ya! ¡Qué final tan soso! Con lo graciosos que estuvieron el principio...

–Me parece que no volverán a contratarlos.

–¡Seguro!

---

* Los *caballos negros* es una combinación de juego en la ruleta, que consiste –como tantas otras combinaciones– en apuntar escrupulosamente a aquellos números que luego no han de resultar premiados.

9 DONDE VALDIVIA HACE EL RIDÍCULO

Cuando él llegó a la terraza, ella estaba ya apoyada en la balaustrada y mirando al mar *(como es lo clásico).*

La brisa desafinaba igual que una mezzosoprano.

Abajo, el Mediterráneo mantenía su eterno combate a X *rounds* contra el acantilado de la costa. Ya había puesto *groggy* a la costa, pero no acababa de dejarla *knockout (Confiaba en lograrlo durante una próxima galerna.)*

–Escucha, Vivola –habló él, recogiendo en sus pulmones toda la poesía de la noche que le fue posible y proyectándola con su aliento contra la dulce nuca femenina.

–Di...

—Arruinarse no significa nada...

–Nada, más que carecer de dinero en absoluto.

–Y al arruinarte tú, no necesitas vender tus caricias a un viejo casándote con él.

–¿Pues?

–Hay jóvenes que...

La risa de ella, una risa sarcástica, despreciativa, hiriente e histérica, se remontó como un cohete en la noche, interrumpiéndole:

–¡Dios mío! ¡Qué estupidez! ¡Un tendero habría dicho exactamente lo mismo! ¿Qué te pasa? ¿Eres tú Valdivia? ¿Tanto has cambiado que no sabes ya lo que hay que hacer con el cerebro para discurrir? Llegada a la ruina, puesta en el trance de buscar el dinero de un hombre, ¿me aconsejas un joven?...

Pedro retrocedió empujado por aquel desconcierto que desde veinticuatro horas antes regía sus acciones y sus palabras. Vivola siguió entre dos ojeadas compasivas:

–¿Será preciso que yo te aclare el problema?...

Y lo aclaró así:

–Casarse con un viejo no es vender las caricias: es empeñarlas, y empeñarlas por un corto tiempo: el tiempo que el viejo tarda en morirse... Por el contrario, casarse con un joven sí es vender las caricias; es venderlas para toda la vida, puesto que para toda la vida se las entregamos. ¡Ah, no, no! Además, un joven que nos resuelva lo económico exige siempre, tiraniza siempre, acaba por pronunciar las palabras hediondas del «yo te salvé de la ruina»... ¿Un joven? ¡Jamás! ¡Jamás!

Valdivia creyó ver una brecha para robustecer su ataque:

–Pero, al menos, el amor con un joven es limpio y entusiasta; es un delirio divino...

Nuevas risas sarcásticas.

–¡Mi pobre Pedro! Decididamente el azul de esta Costa te hace tan empalagoso y estúpido como ella. Decididamente eres otro...

(¡Ay! ¡No sabía ella bien cómo era otro!)

–¿Es que has olvidado cuanto hablamos aquella noche, hace mes y medio, en el *Claridge's*? ¿Es que has olvidado que soy la mujer de los 37.326 hombres? ¡El amor!... 37.326 desencantos me han enseñado que el amor no es un sentimiento, sino una convulsión.

Volvió a reír, con una risa en la que parecía haber desgarradores sollozos; pero sus pupilas estaban secas y ardientes.

–¡El amor, un *delirio divino*! ¡Magnífica simpleza! Que digan eso las mecanógrafas y los estudiantes, las burguesitas que leen a Maryan y los empleadillos que escriben cartas de amor a Greta Garbo, me parece bien, porque ni unos ni otras saben nada del amor. Pero ¡que tú digas eso! ¡Que lo digas tú, que has cuadriculado el planeta con tus correrías amorosas! ¡Que lo diga quien sabe que el amor más desinteresado y más noble sólo está hecho de egoísmo y de interés; y que el amor más puro se nutre de impureza; y que el más inmaterial se apoya en el sexo! ¡Que el hombre harto de besar mujeres le diga eso a la mujer harta de besar hombres!... Por fuerza hay algo que se ha enmohecido en tu cerebro. Visita a un psiquiatra, créeme.

Él la tomó por las manos fuertemente, luchando por imbuirle la nueva fe de que estaba invadido.

–Nuestros espíritus se emborronan cada día un poco, es verdad, pero yo empiezo a comprender, Vivola, empiezo a comprender que hay amores que limpian los espíritus...

Ella se desasió con un gesto inexorable, diciendo:

–Los amores con los que se quiere limpiar espíritus acaban por no servir más que para ensuciar sábanas.

Y añadió rematando tajante la cuestión de su próxima boda:

–Déjame con mi marqués sordo, estúpido y senil... ¡Déjame! Se cae en ciertos matrimonios como se cae en la prostitución y en el suicidio: cuando ya no posee uno ninguna esperanza donde agarrarse. Déjame hundirme... Quizá tenemos el deber de volar sobre nubes blancas, pero ¿a quién puede negársele el derecho de revolcarse en el fango negro?

Y huyendo definitivamente del rincón celestial, que era en aquel momento la terraza oscura y silenciosa, dio unos pasos hacia la puerta que, allá al fondo, en la tiniebla de la noche, era como una abertura –roja, amarilla, resplandeciente– que conducía al infierno; es decir: al mundo.

–¡¡Vivola!!

Y un salto hacia ella de Pedro, que la capturó, que la estrujó contra su pecho, que la exprimió como una flor.

Y el perfume de Vivola *(¡sucede siempre cuando se exprimen las flores!)*, su perfume de heliotropo se intensificó más terriblemente que nunca.

Habló Pedro; barbotó palabras y palabras... Una... Cien... Mil... Habló, habló, habló... Hala, hala, hala...

¿Qué decía?

¡Oh! *Lo de siempre.* No decía más que *lo que suele decirse siempre.* Lo que puede decir ese pobre orangután presumido, que es el hombre, cuando quiere expresar su pensamiento por medio del torpe, gris y pobre mecanismo de la palabra y del gesto.

Decía frases rotas.

Decía:

–¡No! ¡No! ¡No te vayas!... ¡Tú no sabes!... ¡¡Te adoro!!... ¡Un nuevo hombre ha nacido en mí!... ¡Creo otra vez! ¡Creo en todo!... El pasado no existe... ¡Te llevo dentro a todas horas! ¡Te necesito!... ¡Estoy loco por ti!...

Y decía también esas falsas cosas imbéciles que él siempre había oído a los demás con repugnancia:

–¡Te querré eternamente!

–¡Eres mi felicidad!

–¡No hay otra más que tú!...

Lloraba. Gemía. Balbuceaba. Quería hincarse de rodillas. Besar las manos de la mujer. Besar su vestido. Besar el suelo. Besarlo todo. Humillarse. Sacrificarse. Desaparecer.

Las lágrimas marcaban relejes en su rostro y arrugaban su pechera y mojaban a Vivola.

Ésta lo rechazó con asco infinito. Lo encontraba grotesco y absurdo. Y demasiado húmedo.

Ella también había hablado así, y llorado así, y suplicado alguna vez en su vida... Y también sus palabras y su llanto y sus súplicas habían sido acogidos con el asco con que ella acogía ahora a Pedro... Y también a ella la habían encontrado grotesca y absurda.. Y demasiado húmeda...

Cada ser que hiere a otro, no hace sino vengar una herida anterior recibida en su propio cuerpo.

Y el dolor es un funicular en el cual los que bajan tiran de los que suben y han de bajar a su vez tirando de los que quieran subir, los cuales también bajarán para subir a otros.

Gritó sofocadamente:

–¡¡Déjame!! ¡¡Suelta!! ¡¡Todo esto es imbécil!!

Mientras, él sollozaba, exactamente como en los folletines:

–¡¡Piedad!!... ¡¡¡Ten piedad!!!

Pedro de Valdivia no podía llegar a menos.

Ni Vivola Adamant podía soportar más.

De un tirón brusco se zafó de él y cruzó la terraza y se precipitó en el salón de *Ambassadeurs.*

Y él la siguió de rodillas, fuera de sí, perdido por completo el contacto con la realidad, llorando centuplicadamente, llorando a raudales, más grotesco, más deplorable, más absurdo que nunca, con una congoja interminable y temblona en la voz:

–Vivola... Vivola... No te vayas... Óyeme...

Pero ella cruzaba ya a toda prisa por entre las mesas, encerrada y aislada en el tibio acolchado de sus armiños, no queriendo oírle, encendida de rabia y de vergüenza, enferma de ridículo, febril de indignación, arrolladora.

Y así desapareció tras las puertas del *hall,* en cuyas vidrieras su rostro, consumido y pálido, se cubicó por última vez.

. . . .

Pedro quedó en medio del salón, con el *frac* arrugado y manchado; mirando –sin ver– a su alrededor; no comprendiendo cuándo y por qué y de qué manera había llegado hasta allí; con el semblante lívido de lágrimas, la nariz roja, el pelo caído en greñas sobre la frente, borracho de vino del aturdimiento, loco de la locura de lo inexplicable, tambaleante, convulso y deslumbrado.

Estaba tan trágico, tan estúpidamente trágico, que no podía estar más rabiosamente cómico.

El salón entero retumbó bajo una ovación unánime.

Los *¡bravos!* se desbordaban en todas las mesas. Era un éxito completo. Y algunos caballeros, que no querían molestarse en aplaudir, ordenaban al camarero más próximo que lo hiciera por ellos.

Para aquella asamblea rutilante –en el optimismo de una digestión que comenzaba–, Pedro y Vivola seguían sin ser una mujer y un hombre: eran, ahora más que nunca, un buen número de modernos excéntricos de *music-hall* que habían debutado ese día y que remataban admirablemente una original pantomima iniciada media hora antes.

–¡Cuando yo le advertía a usted que aquel final había resultado soso!...

–¡Preparaban esto!

–¡Qué escena de amor tan cómica!...

–¡Le digo que maravilloso! ¡Sencillamente maravilloso!

Pedro seguía de pie en medio del salón, todavía aturdido, todavía convulso y deslumbrado.

Y nuevos aplausos aleteaban alrededor de aquel Valdivia que acababa de dejar de serlo para siempre.

. . . .

Una vez más se demostraba cómo los dolores de los humanos constituyen siempre para los demás humanos un espectáculo.

Lo cual no es nuevo.

Pero, en cambio, es verdad.

Y ya escribió Ovidio que *nulle est sincera voluptas, sollicitum que aliquid laetis advent.*

Lo cual también es verdad.

Pero, en cambio, no sabemos lo que significa.

3

LOS ALREDEDORES DEL FRACASO

10 DELIRIO, LUCIDEZ Y VUELTA AL DELIRIO

El chófer, *la mosca* tse-tsé, *dos camareros hercúleos, un cliente aburrido* *y una periodista húngara* unieron sus esfuerzos para recoger a Pedro de Valdivia hecho un trapo del salón de *Ambassadeurs.* Y Pedro llegó a Niza en un estado de nervios tan lamentable que no lo describimos para no deprimir a nuestros lectores.

En la Santa Biblia se lee:

> ¿QUERÉIS CURARLE LOS NERVIOS ALTERADOS
> A UNA MUJER? COMPRADLE UN AUTOMÓVIL.

Pero para curarle los nervios alterados a un hombre, la Santa Biblia no indica ni un solo remedio eficaz.

A Pedro de Valdivia lo acostaron. Y lo tuvieron doce horas en la cama con un termómetro en la boca, una bolsa de hielo en la cabeza y un temblor yokohámico en el resto del cuerpo.

En esas doce horas Pedro deliró todo cuanto quiso llamó a Ramón *¡Vivola mía!* y lo besó apasionadamente siempre que lo pilló descuidado.

Pero el fiel criado ni siquiera inició una protesta.

. . . .

Al darse cuenta de aquello último, al darse cuenta de que Valdivia llamaba *¡Vivola mía!* a su criado, los herederos masculinos del marqués (Fritz, don Eustaquio, Pantecosti, Sherlock, Jack, René y Sergio), que ignoraban lo sucedido la noche anterior, se felicitaron unos a otros:

–Está loco por ella...

–La adora...

–¡La conquistará!

–¡El triunfo es nuestro!

–¡El triunfo es suyo!

–Pues por eso digo que el triunfo es nuestro...

–Y aun en el caso de que ella le desdeñase...

–...que no es posible...

–...él rabiaría de celos.

–¡Se pondría fuera de sí!

–Y querría impedir la boda.

–¡Y asesinaría al marqués!

–Envenenándole...

–Tirándole al estanque del jardín...

–Clavándole un cortapapel en el hígado...

–Leyéndole trozos de *Os Lusíadas*...

–Y el marqués no se casará...

–Y nosotros cobraremos de todas maneras.

–¡En el acto!

–¡En Títulos de la Deuda!

–¡Eso quise decir!

–¡Viva Francia! *(¡Viva Inglaterra!, ¡Viva Alemania!, etcétera.)*

Y bailaron una farandola.

. . . .

En cuanto a los herederos femeninos (Gela, Camila, Lee, Lilí, Tatiana y Germaine), así que comprobaron que Valdivia llamaba *¡Vivola mía!* y besaba apasionadamente no sólo a su criado, sino a todo el que se le acercaba, se pegaron al lecho de Valdivia y no se separaban de allí ni ofreciéndoles una pensión vitalicia.

De esta manera, merced a este truco, aún consiguieron varias veces saborear la boca de aquel hombre, que había permitido que se la saboreasen tantos miles de mujeres y que ahora, entre las confusiones del delirio, demostraba su firme resolución de no dejársela saborear más que por una sola: la única que, precisamente declinaba tal honor.

100 días de indulgencias a quien consiga leer este párrafo sin respirar.

. . . .

A media tarde tuvo un momento de lucidez. Echó de la alcoba a Tatiana, Gela, etc. Llamó al criado.

–Ramón...

Y le dijo:

–Voy a morirme.

–Como el señor guste –contestó el criado por la velocidad adquirida.

–¿Qué? –gruñó Valdivia incorporándose.

–Quiero decir que no piense disparates el señor... El señor tiene todavía que dar mucha guerra en el mundo. El señor tiene que aumentar el archivo hasta las cien mil...

Una mueca dolorosa se dibujó en los labios de Valdivia:

–Todo *aquello* acabó, Ramón. En mi archivo ya no quiero que haya más que una mujer... Y esta mujer no quiere estar en mi archivo...

–¡Bah! El señor la conquistará. ¿Quién puede resitírsele al señor?

–¡Conquistar! Ya no sé conquistar, Ramón...

El criado rió, aunque todo a lo largo del chaleco se le notaba que lo hacía sin ganas.

–Ya no sé conquistar, Ramón –insistió Valdivia– Anoche, en *Ambassadeurs* lo intenté... Intenté poner en juego mis recursos, uno cualquiera de mis recursos... Y todo lo que acabé haciendo fue suplicar y llorar. ¡¡Llorar, Ramón!!

–Yo le he visto al señor conquistar llorando... Yo le he oído al señor que en amor una humedad a tiempo puede ablandar tanto como una sequedad a destiempo...

–Sí. A algunas he conquistado llorando; pero entonces mis lágrimas eran falsas y por eso triunfé... Anoche, Ramón, lloré de veras y...

Bajó la voz para confesar:

–...y ¡ella me rechazó con asco!

–Pero ¿por qué lloró de veras el señor?

–Porque la quiero...

El criado retrocedió estupefacto. Su perspicacia había adivinado esa verdad hacía tiempo; mucho antes de que la adivinara el propio Valdivia; incluso había llegado a pensar que la salvación de su amo –debilitado por un trasiego femenino sin precedentes en la historia del movimiento continuo– estaba en el amor, en el verdadero amor... Y, sin embargo, la confesión de Valdivia le producía ahora la misma extrañeza que si hubiera visto a un langostino cocido resucitar en la basílica de Lourdes. Habituado, además, a los éxitos matemáticos de Valdivia, no pudo sospechar nunca que cuando el amor llamara a su puerta, fuera a nacer en él una imposibilidad de conquistarlo. Le animó:

–El señor hará un esfuerzo... Yo le ayudaré al señor y se rendirá como tantas otras...

La cabeza de Valdivia rodó de un lado a otro con gestos negativos.
–Imposible, imposible... –suspiró–. Tú no sabes lo que es el amor, Ramón... Yo tampoco lo sabía y por eso enamoraba infaliblemente. Por no conocer el amor, podía poner en juego estratagemas y recursos amorosos, hacer maniobras y buscar las vueltas a mis víctimas y atacar y retroceder según las circunstancias... Por no conocer el amor, podía pronunciar palabras de amor, Ramón... Pero ahora, ¡ahora!...
Se debatió entre las ropas del lecho donde Tatiana, Gela, Camila, Lee, Lilí y Germaine habían dejado bordadas sus iniciales con la seda y la aguja de sus perfumes. Se agitó sobre la almohada, rellena del miraguano del insomnio. Y añadió:
–El amor no deja ver ni discurrir, Ramón... Entristece, ofusca, le hunde a uno en la sima de la idea fija, llena el cerebro de vacío, hincha el corazón hasta reventar, aplasta, anonada... Vas a buscar una idea y no la encuentras... Quieres esgrimir una frase y ves que ya no tienes frases que esgrimir; intentas convencer, quieres hablar diciendo cuanto pasa por ti..., y no puedes... ¡No puedes! ¡Ah! ¡Tú no sabes qué caos de estupidez es el amor!...
–No obstante, si el señor reuniera sus energías y...
–No volveré a intentar nada, Ramón. Sería inútil... Ya no podría más que suplicar; y suplicar a una mujer es tenerla en condiciones de que nos escupa...
Sollozó:
–¡Y la adoro, Ramón! En todos los cielos del mundo no hay para mí más astros que sus ojos...
–El señor delira... –dijo el criado, demostrando un gran espíritu crítico ante aquella frase mustia.
–Sólo sobre el doble edredón de su seno podría ya descansar mi cabeza... –siguió Valdivia.
–(Está muy grave...) –murmuró para sus adentros Ramón...
–Yo trenzaría con mis besos collares para su garganta...
–(¡Está gravísimo!)
–Yo trocaría en oro mi corazón para ofrecérselo...
–(¡¡Está mucho peor de lo que yo creía!!)
Y se inclinó sobre su amo, aconsejándole:
–Tranquilícese el señor y...
Pero Valdivia no le dejó acabar. Pasó una mano por el cuello del criado, lo atrajo todavía más hacia sí, exclamando:
–¡Vivola! ¡Vivola mía!
Indudablemente deliraba de nuevo.

11 DOS PALABRITAS DEL AUTOR

Lector: dos palabritas...

Se ha amontonado tanta falsa literatura sobre el amor, sobre el verdadero amor, que puede que encuentres absurdo lo que le ocurre a Valdivia.

Y, sin embargo, lector, tú sabes de sobra que yo sólo manejo el absurdo cuando es imprescindible:

es decir, en todo momento.

En cuanto a lo que le viene sucediendo a Valdivia, es imprescindible, pero no es absurdo en absoluto. El amor, el verdadero amor es así.

El verdadero amor no discurre, y cuando discurre, discurre tonterías.

El verdadero amor es, por esencia, mudo, y cuando habla, dice unas cursilerías imponentes.

El verdadero amor no es ingenioso, ni brillante, ni elocuente, ni emocionante.

El verdadero amor es de una imbecilidad inaudita,

Hasta entonces Valdivia no había amado; por eso sus diálogos resultaban brillantes. Por eso él había rendido a más de una casada, diciéndoles de improviso:

–HAY UNA COSA EN USTED QUE NO ME GUSTA NADA.

ELLAS *(alarmadas.* –¿EL QUÉ?

–SU MARIDO.

Por eso, porque hasta entonces presenció el espectáculo del amor desde fuera, Valdivia había dicho de las mujeres frases ingeniosamente sangrientas, tales como:

–UNA MUJER GORDA NO SE DIFERENCIA DE UN HIPOPÓTAMO SINO EN QUE SE BAÑA MUCHO MENOS.

–DONDE VEAS UNA CUCARACHA O UNA MUJER FEA PÍSALA.

Etcétera, etc.

Por eso, porque no había amado nunca, Valdivia había triunfado siempre. Pero ahora... Ahora, enamorado de Vivola Adamant, Valdivia había pasado a ser actor del amor, protagonista, eje principal... Y de ahí el que al hablar sólo dijera tonterías y vulgaridades y al querer conquistar no se le ocurriera más que suplicar y llorar perdidamente...

El amor vuelve idiotas a los inteligentes.

No te enamores, lector.

¿Que ya estás enamorado?

¡Vaya! Pues siento haber llegado tarde, hijo...

12 LA HIDROTERAPIA DE «MONSIEUR» PARLETOUT

Después de recaer nuevamente en el delirio, Valdivia se agravó.

Y como su vida era preciosa para todos, porque todos menos Ramón ignoraban que la «causa Vivola» estaba perdida desde la noche anterior, se avisó rápidamente a *monsieur* Parletout, al famoso Parletout, médico hidrópata, macrogloso y monegasco.

¿CÓMO?

Está bien claro: médico hidrópata, macrogloso y monegasco.

¿CÓMO? ¿CÓMO?

En fin... Lo explicaré*.

El primer día, *monsieur* Parletout, que tenía una cara de atontado secular, cuyo único precedente sólo podría encontrarse en el *Caballero de la mano en el pecho,* y cuya macroglosia le empujaba a endilgar discursos a las familias en lugar de preocuparse del estado de los enfermos, cogió por su cuenta a Ramón y a los herederos y disertó ante ellos por espacio de hora y media, desarrollando un tema que podríamos titular: HISTORIA DEL CARNAVAL EN NIZA Y SU RELACIÓN CON EL DE VENECIA. Cuando se cansó de hablar, reconoció rápidamente a Valdivia, y resolvió:

–Necesita baños. Báñenle. *(Y se marchó.)*

Lo bañaron. Pero no mejoró una pulgada. *Monsieur* Parletout llegó veinticuatro horas más tarde (*habló largamente de* LA REPOBLACIÓN FORESTAL DE LOS VOSGOS) y ordenó con respecto a Valdivia:

–Denle los baños fríos; muy fríos.

Entonces Pedro fue bañado a cinco grados centígrados.

Y al día siguiente el médico *(tras de conferenciar ochenta minutos acerca de* PROCEDIMIENTOS GUERREROS DE LOS MAORÍES EN LA SEGUNDA MITAD DEL SIGLO XVII), encontró a Valdivia tan helado que no tuvo más remedio que decidir:

---

* *Hidrópata:* Médico que afirma curar por medio de la hidroterapia.
Macrogloso: Dícese de los seres que tienen la lengua muy larga.
Monegasco: Natural de Mónaco.
¡Y a ver si repasamos de vez en cuando el Diccionario, señores!...

–Lo que necesita este caballero es baños calientes; muy calientes.
Y lo bañaron a 53 grados.

Pero en su cuarta visita *monsieur* Parletout vio que Valdivia echaba humo, como las chimeneas en las fábricas, y comprobó que para encender cerillas bastaba con arrimárselas a la piel. Contemporizó:

–Bueno... Denle los baños templados.

(Después de lo cual, habló dos horas sobre EXTRACCIÓN Y REFINERÍA DEL PETRÓLEO EN TAMAULIPAS, MÉXICO.)

(Fue muy felicitado.)

Se volvió a bañar a Valdivia, esta vez a 37 grados, y el baño templado le destempló tanto, que el médico *(que, por cierto, en aquella visita trazó magistralmente el esquema:* COSTUMBRES DE LOS CANGUROS DURANTE LA ÉPOCA DEL EMBARAZO) resolvió:

–No le den más baños.

No le bañaron ese día. Pero al otro, Pedro estaba peor que nunca.

–¡Báñenle inmediatamente! –gritó a Ramón *monsieur* Parletout.

(Y se fue al jardín con los herederos del marqués a instruirles acerca de INFLUENCIAS BENÉFICAS DEL GRAMÓFONO EN LOS PRESIDIOS DE LA GUAYANA.)

(Se retiró entre calurosas enhorabuenas.)

Valdivia seguía empeorando. Al acudir el médico a la mañana siguiente *(hizo veinte párrafos deliciosos sobre* MECÁNICA DEL BOSTEZO) y viendo a Pedro gruñó:

–¿Le han dado los baños cortos o largos?

–Cortos –dijo Ramón, que ya cuidaba de su amo embutido en un impermeable y con un paraguas abierto.

–¡Claro! Por eso está peor. Los baños tienen que ser largos.

Y aquel día, Ramón tuvo a Valdivia trece horas en remojo. Al volverle al lecho su rostro era el propio de los grumetes ahogados en el Pacífico. Pasó la noche delirando más que nunca. Pero en su delirio ya no decía como antes *¡Vivola mía!* Ahora gritaba: *¡Socorro! ¡Ah, del bergantín! ¡Todo el mundo a las lanchas!* y otras desesperaciones náuticas por el estilo.

En su octava visita, Parletout se vio obligado a variarle de agua el estómago y aconsejó al criado:

–Baños cortos. Dele baños cortos, pero tapándole la nariz y la boca para que no trague líquido.

(A continuación de lo cual, divagó con un gran éxito acerca de este curioso asunto de viajes: VER NÁPOLES Y DESPUÉS MORIR AHORCADO.)

Como consecuencia de los baños con la boca y la nariz tapadas, al día siguiente *monsieur* Parletout halló a Valdivia medio asfixiado y tuvo que practicarle la respiración artificiaL Luego reunió a los herederos *(les instruyó en la curiosísima cuestión* INCONVENIENTES

QUE OFRECE EL FIELTRO PARA DEJAR PASAR LOS RAYOS DE LUZ) y dictaminó de Valdivia:

–Baños y nada más que baños. Si no le bañamos es hombre al agua. En cambio, si aguanta este régimen veinte días más, está salvado.

–¿Y si no lo aguanta? –se atrevió a objetar Ramón.

–¡Ah! Entonces...

Y monsieur Parletout hizo un gesto de resignación.

(Inmediatamente después de lo cual habló otras dos horas acerca del filosófico tema de circunstancias: LA VIDA NO ES MÁS QUE UN RELÁMPAGO ENTRE DOS NOCHES INFINITAS.)

(Gustó más que nunca.)

. . . .

Pero Valdivia no podía aguantar el régimen veinte días más. Así es que se puso bueno aquella misma tarde.

. . . .

Y cuando *monsieur* Parletout giró su acostumbrada visita veinticuatro horas después, se encontró a Pedro sentado en un sillón, envuelto en un poncho y tomándose ponche.

–¡Hola! Conque ya dispuesto a vivir, ¿eh? No me extraña en absoluto. Sería usted el primer enfermo que se resiste a mis curas por el agua. Yo he hecho cosas asombrosas. Recuerdo el caso del Príncipe Fermín de Rigoresco, con quien coincidí en cierto viaje a la América del Sur, que padecía una neurastenia aguda y a quien curé atándole un cable a la cintura, echándole al mar y haciendo que el trasatlántico lo llevase a remolque por espacio de siete millas. Al sacarle, cuando ya iba a ahogarse, me confesó: *¡Doctor! Le debo la vida.* Y recuerdo también...

Y contó nueve casos más de curas estupendas por la hidroterapia.

(Luego reunió a los herederos, según su costumbre, y desarrolló ante ellos con más elocuencia que nunca el interesantísimo tema: NECESIDAD DE ABONAR LA CUENTA AL MÉDICO UNA VEZ QUE EL ENFERMO SE HALLA YA FUERA DE PELIGRO.)

(Aquella vez gustó poco.)

13

AISLAMIENTO, MISOGINIA, DIVAGACIONES, VERSOS Y LLANTO

Sí. Pedro estaba ya fuera de peligro... Pero nunca había estado tan grave.

Parecía tener diez años más, como las pirámides de Egipto y los niños precoces; la invasión de cabellos grises había saltado los límites tolerables de las sienes; sus ojos carecían de brillo en absoluto, y ni su cuerpo se erguía con la gallardía de antes, ni su cerebro funcionaba con el empuje habitual.

Era igual que una de esas ruinas románicas perdidas en el campo, que utilizan los gobiernos para exacerbar el turismo y los pastores para guardar el ganado.

Aquel estado de decadencia que desde algún tiempo atrás venía presentando por las mañanas al levantarse, y que Ramón le corregía con masajes y baños, se había hecho crónico ahora. Pero en los baños no podía pensarse ya, después de los diez días de inmersiones continuas a que le sometiera Parletout, y en cuanto a los masajes, sólo habrían servido para desencuadernarle del todo.

–¿Qué hacer para resucitarle? –se preguntaba Ramón.

. . . .

Valdivia, a semejanza de don Felipe el Hermoso, no tenía interés ninguno en resucitar.

Lo miraba ya todo con esa inexpresión del que vive en un mundo distinto o del que ha recibido un estacazo en la base del cráneo.

No quería nada; no deseaba nada.

Se negaba a recibir a los herederos masculinos.

Huía también la presencia de las mujeres. Y Camila, Tatiana, Gela, Lilí, Germaine, Lee y hasta la propia Denise –de cuyo corazón la enfermedad de Pedro había borrado el odio– fueron sucesivamente rechazadas por él.

Camila y Gela.

A las alemanitas les tocó el primer turno.

–¿Qué te ocurre, *liebling?*
–¿Qué te sucede, *schatz?*
–¿Es que ya no te gustamos? } —le habían dicho.

–Precisamente –contestó él–. Estáis ya tan rubias y tan espumosas, que parecéis dos *bocks* de cerveza.

Y cuando las convenció de que parecían *bocks* de cerveza, «las despachó»*.

Tatiana.

La rusa había intentado atraérselo poniendo en juego toda su sensualidad eslava, presentándose ante él con la *rubaschka* abierta, llevando al aire sus senos *(sus senos, que eran como porteros de cabaret: dos, morenos, erguidos y colocados a derecha e izquierda)* e invitándole:

–¡Míralos, Pedro!...

–Los veo.

–En nuestra primera noche de amor dijiste de ellos que eran las bocinas de mi sensualidad... ¡Ven! Toca...

Y él contestó:

–Gracias. No soy chófer.

Lilí.

Lilí, la españolita, le lloró –como de costumbre– y quiso emocionarle recordándole que por él había perdido su virginidad.

–¿Qué podré hacer ahora? –sollozó.

–Busca a otro hombre y procura perder tu virginidad de nuevo. Será la octava que pierdas, pero acaso tengas éxito esta vez.

Lee.

Desprenderse de la inglesa le fue más fácil que nada. Se limitó a decirle tres o cuatro vulgaridades, y aquella muchacha, que buscaba y amaba todo lo inédito hasta en el diálogo, se alejó con un gesto de desprecio, murmurando algo que no era inédito en absoluto:

–*Shocking!*

Germaine.

Germaine, la más humilde y más niña de todas, apoyó la cabeza en su hombro mirando al cielo, y susurró, como la noche en que se le había entregado:

---

* Que es lo que se hace siempre con los *bocks* de cerveza.

–Explícame las estrellas, *mon chéri*...

Y él contesto con aire de antiguo miliciano:

–Una sobre la bocamanga, alférez; dos, teniente; tres, capitán. Una en la bocamanga, comandante; dos, teniente coronel; tres coronel...

Y Germaine se retiró a sus habitaciones, llorando en silencio.

Denise.

Denise se abrazó a él, declarando:

–Te lo perdono todo... El que me engañaras con aquella mujer del tren, y el que me hayas engañado con Tatiana, y con Camila, y con Gela, y con Lilí, y con Lee, y con Germaine...

Él replicó, llevándola hacia la escalera:

–Pues yo no te perdono a ti nada... Ni el que me quisieras, ni el que engañes a tu marido, ni el que seas linda, ni el que seas mujer...

Y cerró la puerta, pasando el cerrojillo.

. . . .

No quería tampoco vestirse y se pasaba el día entero envuelto en un batín y sentado junto al ventanal de su despacho, con los ojos perdidos en la lejanía.

En aquella lejanía, que son en Niza las alturas de Cimiez, allí donde se alza un monumento que representa a una dama gorda: la reina Victoria de Inglaterra.

Y allí donde se levanta cierto palacete...

...hipotecado.

. . . .

No quería tampoco dejarse afeitar.

Y explicaba su actitud y sus negativas diciendo:

–Otros luchan por la gloria, por el amor, por el bienestar de los suyos, por la riqueza, por el poder. Es decir: por cosas lógicas y útiles. Y esa utilidad y esa lógica les dan fuerzas para luchar hasta el fin... Yo luché por cosas inútiles y estúpidas: por satisfacer mi vanidad de macho infalible; por vengar la muerte del tío Félix; por separarles a las mujeres las piernas; por hacer desaparecer la barba de mi cara... Y ahora digo: *¡se acabó!* La vanidad es insaciable. El tío Félix está suficientemente vengado. En adelante, que las mujeres pongan sus piernas como quieran. Y en cuanto a mí, voy a dejarme crecer la barba...

Y los días siguieron sorprendiéndole con los muelles de la voluntad rotos, siempre sentado junto al ventanal, siempre envuelto en su batín, siempre melancólico, siempre exangüe, siempre con la barba creciente.

Parecía un Cristo aburrido de su oficio.

Que es lo mismo que decir un Cristo auténtico.

. . . .

A veces hablaba de cosas idiotas: de Astronomía, de Filosofía, de Avicultura...

Y una puesta de sol le hacía contarle a su criado:

–La conjunción máxima de Júpiter y Saturno se verifica cuando se juntan en signo de trígono ígneo, después de haber salido del trígono acuo, que sucede cada ochocientos o novecientos años...

–Siempre lo había sospechado, señor.

. . . .

Otras veces era un reproche a la vida absurda que llevaba el que le hacía alzarse de hombros e iniciar una divagación filosófica interminable:

–Cuando Descartes lanzó su entimema «pienso, luego existo» engendró la moderna filosofía de abolengo esencialmente psicológico.

–¡Naturalmente! –apoyaba el criado.

–Pero hay que pensar en que esto tuvo un antecedente en San Agustín...

–¡Ah! Claro...

–Porque San Agustín, al decir *noverim te noverim me,* condenó el doble conocimiento de Dios y de uno mismo...

–¡Ni más ni menos! –confirmaba Ramón–, y el que lo niegue es un besugo.

. . . .

Otras veces un aleteo de golondrinas ante el ventanal le movía a ilustrar a Ramón en la materia, diciéndole:

–Existe un tipo de golondrina costera, la *sterna macrura,* que cría junto al Polo Norte y va a invernar al Polo Sur...

–¡Parece imposible! –comentaba Ramón.

. . . .

Y otras veces recitaba versos... ¡¡¡Recitaba versos!!!

. . . .

Al crepúsculo, invariablemente, lloraba.

Lloraba y pronunciaba frases todavía más idiotas que los versos y que las disquisiciones sobre Astronomía, Filosofía o Avicultura. Decía:

–*Ya se va el sol a iluminar otros mundos...*

–*Un día más; un día menos...*

–*Las nubes se visten ropajes de púrpura...*

–*Las flores expanden aromas embriagadores.*

Y otras porquerías semejantes.

Ramón estaba convencido de que para su amo no había ya salvación.

14 IMPORTANTE DECISIÓN DE LOS HEREDEROS

Los herederos, en vista de que Valdivia no quería recibirlos, habían decidido instalarse en el rellano de la escalera, adonde hicieron subir sillas y una mesita con licores y habanos, y allí permanecieron seis largos días aguardando un descuido de Ramón para colarse en las habitaciones de Pedro.

Pero con criados del temple de aquél esos descuidos no se verifican nunca.

En el día séptimo a

Pantecosti-Fritz-Don Eustaquio-René-Sergio-Sherlock y Jack

se les habían concluido los licores, los habanos, y la paciencia.

–Señores: aquí existe un misterio –arguyó Pantecosti.

Y cinco idiomas europeos le dieron la razón inmediatamente.

–¿Por qué este hombre –siguió el vizconde– se niega a hablar con nosotros? ¿Por qué no sale de sus habitaciones, habiéndole dado de alta el médico hace una semana? ¿Por qué no nos explica la situación en que se halla con respecto a la prometida del marqués? Y estando enamorado de ella, como nos consta a todos que lo está después de haber oído que la llamaba en su delirio, ¿por qué no corre a buscarla? ¿Por qué?

Cinco ecos repitieron:

–¿Por qué?

Y permanecieron doce horas reflexionando.

Y al cabo de las doce horas, Fritz presentó todos los síntomas de haber tenido una idea.

Gritó:

–¡Ah!

Y se dio un puñetazo en la frente.

–¿Qué? ¿Qué? –dijeron todos.

Pero Fritz no pudo contestar. Había querido el azar que en el momento de surgirle la idea tuviese una botella de *Grand Marnier* en la mano y al darse el puñetazo en la frente se arreó con la botella y cayó hacia atrás conmocionado.

Se tardaron otras dos horas en volverle en sí.

Entonces explayó su famosa idea.

–¿Y si lo que sucede es –observó– que el señor Valdivia ha fracasado en su gestión?

Se le echaron todos encima, como si estuvieran jugando al rugby.

—¡Qué disparate!

—¡Qué tontería!

—¡Qué simpleza!

—¡Qué bobada!

—Fracasar Valdivia... ¡Eso es imposible!

–¡Y estando enamorado, mucho menos! –replicó don Eustaquio, que, como buen español y buen hombre gordo, sabía del alma lo que los novelistas psicológicos: que el alma es un pretexto para llenar trescientas páginas de estupideces.

–Entonces, ¿qué es lo que le sucede a Valdivia?

Y reflexionaron nuevamente.

Por espacio de otras doce horas.

. . . .

Fueron las mujeres –Tatiana, Gela, Camila, Denise, Germaine, Lee y Lilí– quienes les explicaron lo que a Valdivia le sucedía y que, ¡claro!, tampoco era la verdad.

–Sufre una misoginia aguda –declararon.

–¡Pero si habla perfectamente! –protestó don Eustaquio, para quien la misoginia era una enfermedad de la garganta.

—¡Y se acuerda de todo! –arguyó Sherlock, que confundía la misoginia con la amnesia, la magnesia con la gimnasia y el gimnasio con el magnesio.

Pantecosti, el único que conocía el verdadero sentido de la palabra, se lo explicó a los demás:

–Ser misógino es huir de las mujeres.

–Eso es ser sabio –manifestó Sergio sabiamente.

–¡Pero si ese hombre persiste en su misoginia, estamos perdidos! –exclamó Pantecosti volviendo al tema principal.

–Como Robinson Crusoe.

–Hemos desperdiciado un mes entre proposiciones a Valdivia, viajes, preparativos, enfermedad y enclaustramiento...

–Y si seguimos así ocho días más, al cabo de ellos Vivola Adamant será la heredera universal del tío Ernesto porque se habrá casado ya con él...

–Y hasta habrá hollado el tálamo con el adulterio –dijo Fritz, que amaba las salchichas y las frases sensacionales.

–Y nosotros nos quedaremos sin la herencia...

Ocho letras, dos signos de interrogación y un acento, comenzaron a saltar sobre la mesita alrededor de la cual deliberaban:

¿ Q U É H A C E R ?

Fritz, que se servía las escurriduras de un tarro de Ginebra, volvió a presentar síntomas de haber tenido otra idea.

Gritó:

–¡Ah!

Y todos se lanzaron a arrebatarle el tarro de la mano.

Entonces Fritz se dio el golpe en la frente sin consecuencias desvanecedoras.

–¡Diga! –le invitó Pantecosti–, y procure decir algo útil.

El alemán exclamó:

–Recuerdo haber leído en algún sitio una máxima que puede servirnos de mucho.

–¡Ah! Si lo que va a decir no se le ha ocurrido a usted, puede que sea razonable. ¡Diga, diga! –apremió el vizconde.

–La máxima es ésta: *puesto que la montaña no viene a nosotros, vayamos nosotros hacia la montaña.*

–¿Pretende usted que hagamos alpinismo?

–¡Hum!

–¡Hace falta ser idiota! –dijo uno.

–¡Hace falta ser alemán! –corrigió otro.

–Hace talta que ustedes dejen que me explique –remató Fritz.

Y se explicó:

–¿No perseguimos el que Valdivia se entreviste de nuevo con Vivola para que la enamore definitivamente?

CORO.–Sí.

–¿No estamos desesperados porque Valdivia se encierra en sus habitaciones y se niega a ir en busca de ella?

CORO.–Sí.

–Pues bien: traigamos nosotros a Vivola a las habitaciones de Valdivia.

CORO.–¡Qué talento!

Y dieron vivas al Kaiser. Y al Reichstag. Y al lema del Reichstag *(Dem Deutschen Volk)*. Y a la Reichbanner Schwarz Rot-Gold *(Organización republicana alemana)*.

Y besaron y abrazaron a Fritz.

Y lo pasearon en hombros por la escalera y por el *hall*.

Y de pronto lo soltaron para salir todos corriendo hacia el jardín; con lo cual Fritz se dio un batacazo que él mismo adjetivó de *Kolossal*.

¿Por qué lo soltaron? ¿Por qué salieron todos corriendo hacia el jardín?

Sencillarnente: porque acababan de ver a Vivola, a la propia Vivola, paseando junto al estanque, del brazo del marqués, que la había invitado a tomar el té aquella tarde en su palacio para formalizar el contrato de esponsales.

¡Ah! Con razón dijo Stendhal que la mujer y el libro que necesitamos llegarán a nuestras manos sin buscarlos... (APOSTILLA DEL AUTOR QUE, A LO LARGO DE SU VIDA, HA TENIDO OCASIÓN DE COMPROBAR ESTA VERDAD MUCHAS VECES.)

4

EL FRACASO

15 ¡ELLA HA VENIDO A VERME!

Y así fue como aquella tarde, a las tres semanas escasas de la hiposa entrevista en *Ambassadeurs,* en el palacio del Paseo de los Ingleses, giró un picaporte:

EL DEL DESPACHO DE PEDRO;

y un violento perfume inundó de alto a bajo y de derecha a izquierda la habitación:

H E L I O T R O P O;

y una mujer *(cabellos tenebrosamente negros encerrados en una* toque *verde de fieltro flexible y cuerpo emocionadamente ingrávido envuelto en un vestido de terciopelo de seda, estampado en tres matices del mismo verde degradado)* entró y cerró la puerta tras de sí:

VIVOLA

Pedro se alzó de su sillón y, apoyándose en el respaldo, como si tuviera miedo de no poder tenerse en pie o de que el sillón se marchase, sofocó un grito:

–¡¡Tú!!

*(Fuera, el crepúsculo desarrollaba sus pompas.)**

---

* Fúnebres.

(La tarde aparecía quieta, hinchada grave y compacta, como un globo cautivo.)

(La atmósfera, igual de transparente que una lupa sin cristal.)

(En el jardín unos patos hacían sus últimas maniobras en el estanque, creyéndose superdreadnougths *y los clarines de dos pavos reales llamaban a la luna a su labor diaria.)*

(El cielo era una inmensa bandera francesa: azul todavía en su mayor extensión, blanco de nubes en su cúpula y rojo en el confín del horizonte.)

–¡¡Tú!!

Hubo un silencio largo y profundo, apenas turbado por los pasos de Vivola, que sonaron en la quietud del crepúsculo tan metálicamente como en una escena de film sonoro.

–Tú... *–repitió Valdivia con sorpresa–*. ¡Tú! *–con estupor–*. ¡Tú!... *–con rabia–*. ¡¡Tú!! *–con indignación–*. ¡¡Tú!! *–con dolorosa angustia–*. Tú... *–con pena–*. Tú... *–con melancolía.*

–Tú... *(sin nada.)*

. . . .

El Valdivia de antes, el Valdivia certero, perspicaz e infalible, el Valdivia domador de voluntades, de situaciones y de mujeres, habría pensado de aquella visita inesperada:

VIVOLA HA VENIDO A VER AL MARQUÉS; LOS HEREDEROS LA HAN INFORMADO DE QUE YO ME HOSPEDABA AQUÍ, Y ELLA, AL ENTREVISTARSE AHORA CONMIGO, NO TRAE OTRO PROPÓSITO QUE AVERIGUAR EL MISTERIO DE MI ESTANCIA EN EL PALACIO...

Pero el Valdivia actual, el enamorado y ofuscado Valdivia que lloraba al ponerse el sol, recitaba versos, huía de las mujeres y disertaba sobre Astronomía, Filosofía o Avicultura, el Valdivia de facultades desaparecidas, el Valdivia que se había dejado crecer la barba, sólo pensaba esto; nada más que esto:

–ELLA HA VENIDO A VERME... ELLA HA VENIDO A VERME... ELLA HA VENIDO A VERME...

16

EN DONDE SE OSCILA DEL FRACASO AL ÉXITO

–¿Qué iba a decir Vivola?

–¿Qué iba a hacer Vivola?

Y Vivola dijo e hizo dos de esas cosas vulgares que hacen y dicen las mujeres y que por el solo hecho de ser ellas quienes las hacen y las dicen al hombre se le antojan cosas extraordinarias. Hizo y dijo lo siguiente:

Sentarse y saludar.

Para sentarse siguió avanzando, mirándolo todo: la habitación, los muebles, los objetos (todo, menos Pedro) y llegó hasta un confidente, donde se dejó caer con aquella laxitud flexuosa, llena de blandura, de felinidad y de elegancia que a Valdivia le había hecho recordar un día las palabras de Goethe destinadas a lady Hamilton: *«vestía como las griegas y sabía sentarse maravillosamente».*

Y para saludar, gorjeó:

–Buenas tardes, Pedro...

Él se conmovió totalmente y en su interior un sentimentalismo agudo comenzó a funcionar. Porque el sentimentalismo del hombre enamorado es un motor y la presencia de la mujer elegida es la puesta en marcha y su voz el lubricante.

Susurró:

–Vivola...

Y cruzó el *parquet* fascinado, ocupó un almohadón donde ella había apoyado las puntas de sus zapatitos, le cogió una mano y se la llevó a los labios.

(Le cogió la mano y se la llevó a los labios con el temblor y a reverencia con que habría cogido y llevado a sus labios una hostia. Sólo que sin comérsela.)

Vivola retiró su mano, que él quería conservar trevijanosamente entre las suyas, y puso en la electricidad ardorosa de sus pupilas la frialdad de un aislador de porcelana. Y en sus palabras, una más fría frialdad:

–Acaban de decirme –explicó– que estabas aquí y que te hallas convaleciente de una reciente enfermedad. Y he subido a verte...

–¿Nada más?

–¿Qué más podría ser?

–Tienes razón. Gracias por tu visita.

Se alzó del almohadón, y, sintiendo la frialdad de ella correr a lo largo de todos sus nervios, paseó lentamente por la habitación. Fue a encender un cigarrillo, pero su mechero no funcionaba. Paseó de nuevo.

¿Por qué esta mujer, que le rechazaba siempre, unas veces con burlas, otras con razonamientos y otras con desprecios, venía a interrumpirle en su retiro agitando con su presencia todos los posos dormidos de su alma?

La odiaba. La odiaba todo lo que la había amado*.

Se acercó a un pequeño cuadro votivo, incrustado en una hornacina de la pared, que representaba a Santa Ana d'Auray y ante el cual latía la llamita de una lamparilla de aceite, y permaneció allí unos momentos, dándole la espalda a Vivola.

(Siempre, siempre, aunque no se sea creyente, es bueno tener cerillas encendidas ante los santos. Porque así, cuando no funciona el mechero automático, hay sitio donde poder encender el cigrrillo.)

Pedro encendía su cigarrillo en la llamita de la hornacina.

Y Vivola volvió a indagar con una actitud de no dar importancia ni a sus preguntas ni a las respuestas que pedía:

–¿Por qué estás instalado en esta casa? ¿Conoces al marqués?

–Sólo de referencia.

–¿Y a los herederos?

Dudó en decir la verdad; pero se resolvió a decirla:

–Pantecosti fue a buscarme a Madrid. Me propuso en nombre de todos que enamorase a la prometida de don Ernesto para evitar el matrimonio de éste, que iba a desposeerlos a ellos de la herencia. Yo vine sin saber que la prometida del marqués eras tú y ellos me instalaron en esta casa. El resto lo conoces igual que yo.

Estaba ya lo suficientemente desesperanzado para que no le importase decir la verdad.

Le tenía sin cuidado que Vivola creyera que sus palabras de amor en *Ambassadeurs* habían sido dictadas por el interés de cumplir aquel contrato y no por la sinceridad de su pasión, honda como una mina de lápiz.

Y al acabar de hablar aguardó una réplica violenta de Vivola; ella quizá iba a rugirle: *¡farsante!* O iba a gemir: *¡qué ilusión!* O se iba a echar a reír fingiendo la perspicacia de haberse dado cuenta del juego. O le iba a gritar: *¡canalla!* O iba a murmurar: *¡eres el de siempre!* O se iba a marchar sin palabras, lapidándole con su desprecio.

Pero Vivola no replicó violenta. Ni insultó. Ni despreció. Ni se fue.

Lo que hizo fue oírle tranquilamente, y cuando ya Pedro no tuvo nada que decir –situación en que suelen hallarse todos los oradores antes de empezar sus discursos– entonces Vivola se llevó a la boca un dedito, lo mojó de saliva e inclinándose sobre su pierna izquierda, tocó con el dedito mojado una «carrera» que acababa de aparecer en el tejido sutil de su media.

(Como hacen las mujeres pobres.)

---

* ¡Qué expresión tan original!

(Y las mujeres ricas.)
(Y las criadas. Y las grandes artistas.)
(Y las impúberes, las púberes y las menopáusicas.)
(Todas las mujeres del mundo.)
(Menos las que no llevan medias.)

Y así que hubo adquirido la certidumbre de que la rotura quedaba abortada, miró nuevamente a Valdivia, y le preguntó:

–¿Qué enfermedad ha sido la tuya?

Esta indiferencia absoluta de Vivola ante una declaración de la importancia de la que él acababa de hacerle, desesperanzó a Pedro por completo. Era inútil confiar. No le quedaba la más mínima probabilidad de éxito. Y ya sólo pensó en quitarse de delante a Vivola, para lo cual empezó a dar una serie de respuestas en las que cualquier faquir económico de los que se anuncian en la séptima plana de los diarios y en el tercer escalón de los evacuatorios, habría adivinado tristeza y rencor.

–Una enfermedad contagiosa –dijo.

–¿No estaré en peligro?

–Tranquilízate. A ti no puede contagiársete.

Ella, temiendo al ingenio de Pedro, quiso desvirtuarlo aventurando con una sonrisa:

–Quizá por ser una enfermedad del cerebro, ¿verdad?

Pero Pedro no tenía ingenio y contestó:

–No. Por ser una enfermedad del corazón.

–¡Oh! Entonces se trata de cosa grave.

–Mortal.

–Sin embargo, tú aún vives.

–Por fuera.

–¿Y por dentro?

–Mi interior está muerto y podrido ya.

–He conocido algunas nueces que estaban como tú –remató ella. Luego indagó:

–¿Se trata de una enfermedad extraña?

–Al contrario. Muy corriente.

–¿Moderna?

–Antiquísima.

–¿Y quién te la contagió?

–Tú.

–Yo estoy sana.

–Pero a tu alrededor flotan bacilos.

–En fin... ¿tiene nombre?

–Sí.

–¿Cuál?

–Me da asco pronunciarlo.

–Es raro. Porque los nombres de las enfermedades hasta las más hediondas, suelen ser preciosos. *Tuberculosis,* parece una cortesana griega, amiga de los poetas y los filósofos de su tiempo... *Cáncer,* un emperador bizantino... *Blenorragia,* un dux veneciano: el dux Blenorragia... *Paperas,* un astrónomo... *Orquitis,* un perfume... *Sífilis,* evoca una ciudad oriental poética, misteriosa y egipcia.... ¿Es posible que sea tan repugnante el nombre de tu enfermedad?

–Sí.

–¿Crees que a mí también me dará asco?

–Estoy seguro de ello.

–En fin... ¿qué nombre es ése?

Y Pedro contestó, resistiéndose aún a pronunciar la palabra (aquella palabra que Vivola jamás había querido oírle, aquella palabra con la que sabía que iba a perderla para siempre), pero pronuncióla al fin:

–Amor.

Vivola hizo una mueca.

–¡Es, efectivamente, un nombre asqueroso! –resumió.

Y se levantó ligerísima del confidente, atravesó rápidamente la habitación y se fue dando un portazo.

Valdivia, lento y encorvado, avanzó unos pasos hasta ocupar de nuevo su sillón, donde se hundió los doce centímetros que suelen hundirse quienes no piensan levantarse más. Su rostro ofrecía, ahora como nunca, la expresión de un Cristo auténtico: y sus palabras también fueron las de Cristo, al abatir la cabeza sobre el pecho.

–¡Todo se ha consumado!

Pero todo no se había consumado aún.

Una hora después, Ramón le entregaba una carta; menos que una carta: un papel. Un papel escrito por Vivola al marcharse con un lapicero facilitado por el mismo Ramón y apoyándose para redactarlo en una de las aletas del automóvil.

Decía:

«Ven esta noche a verme. La puerta del jardín estará abierta y en el sendero central te aguardará mi boca.–Te amo.– V.»

17 LO QUE PASÓ POR EL INTERIOR DE PEDRO

¿Se os ha muerto un pariente querido?

¿Y le habéis visto resucitar una hora después de muerto?

¿No?

Entonces, ¿cómo vais a daros cuenta de lo que pasó por el interior de Pedro al recibir y leer aquel papelito?
A menos que yo me decida a contarlo:

Se alzó del sillón, brillantes los ojos, engarabatadas las manos.
Apretó un brazo de Ramón hasta imprimirle los dedos en la carne, como si el brazo del criado fuera un pasaporte en el que se le exigiesen las huellas dactilares, y gritó:
–¡Me ama!
Después repitió:
–¡Me ama! ¡Me ama! ¡Me ama! ¡Me ama! ¡Me ama! ¡Me ama! ¡Me ama! ¡Me ama! ¡Me ama! ¡Me ama! ¡Me ama! ¡Me ama! ¡Me ama! ¡Me ama!

. . . .

Y luego volvió a decir *me ama* otra vez aún, pero no lo transcribimos por temor a que en la imprenta se agoten las aes y las emes.

. . . .

Rezó ante la imagen de Santa Ana d'Auray.
Rezó dando las gracias por su buena fortuna, con esa ingenuidad que hace creer a los enamorados que las decisiones de una Voluntad Divina pueden ejercer influencia sobre las veleidades de un útero humano.

. . . .

Dio saltos y cabriolas, como los *clowns* al hacer sus entradas en la pista, como los ingenieros cuando consiguen quedarse con la contrata de un puente colgante, como los niños de pueblo cuando les compran barquillos y como las muchachas que aspiran a casarse por amor cuando logran que las viole un millonario a quien no quieren.

. . . .

Abrazó al criado, utilizando los dos brazos de que disponía, y le aumentó el sueldo en un 80 por 100.

. . . .

Dijo que la vida era hermosa.

. . . .

Y que era armonioso el graznido de los pavos reales del jardín.

. . . .

Echó besos por el ventanal, en dirección al palacete hipotecado de las alturas de Cimiez.

. . . .

Se hizo afeitar escrupulosamente.

. . . .

Y se hizo practicar una de aquellas *toilettes* de las que Ramón salía jadeante: masaje, baño turco, fricciones, *puck roller...*

. . . .

Volvió a tener ocurrencias ingeniosas, como fue la de preguntarle al criado:

¿Sabes cuál es la enfermedad que más días retiene a un hombre en la cama?

–¿...?

–Una amante bonita.

. . . .

Y a las ocho de la noche llamó a su despacho a los herederos y cuando tuvo ante sí a Pantecosti, Fritz, don Eustaquio, Sherlock, Sergio, René y Jack, pidió los contratos en que se estipulaba el convenio referente a Vivola y los rompió.

–¿Qué es eso?

–¿Los rompe?

–¿Es que renuncia a la conquista?

–¿Es que ha fracasado usted?

–Todo lo contrario: es que he triunfado –explicó alegremente.

Y aprovechando que Fritz se había quedado con la boca abierta, le metió en ella los trozos de contrato.

–¡La he conquistado, sí! –declaró ante el asombro de todos–. Esta noche la haré mía, y mañana la llevaré lejos de la Costa Azul, y el marqués se quedará sin novia, reventará de rabia, y ustedes le heredarán...

–Pero ¿y usted? ¿Usted renuncia a esos cuarenta mil duros? –inquirió Pantecosti.

–A mí me basta con el amor de Vivola.

El monóculo de Pantecosti se despeñó una vez más por el precipicio de la pechera.

–¿Es posible?

–Sí, Pantecosti, es posible. Acabo de comprender que tenía razón Musset, y Bécquer, y todas las grullas románticas, y todos los dependientes de comercio, y los hermanos Álvarez Quintero: acabo de comprender que el amor vale más que nada en el mundo... ¡La amo! ¿Me oye usted bien? ¡La amo! ¡Y ella me ama también! Y como gracias a ustedes he podido llegar al amor, en agradecimiento les cedo los cuarenta mil duros que me correspondían en contrato.

–Pero nosotros no podemos permitirlo...

–Nosotros estamos también muy agradecidos a usted...

–Tenemos que darle alguna recompensa...

Y Pantecosti, con la seguridad de resumir las voluntades de todos, se adelantó hacia Pedro y solemnemente dijo:

–Señor Valdivia: para nosotros es un asunto de honor el recompensarle, y en vista de que no le interesa el dinero, se me acaba de ocurrir ofrecerle especies...

–¿Qué quiere usted decir?

–Que por mi parte, tendré el gusto de invitar a mi señora a que le visite cuando usted desee, lo que ella aceptará seguramente, pues es muy amable; y espero que Fritz y Eustaquio harán lo mismo con sus niñas; y René, con su hermana; y Sherlock, con su sobrina, y Sergio con su mujer...

Se oyeron apoyaturas en los cinco idiomas de siempre:

–¡Desde luego!

–¡No faltaba más!

Uno de ellos agregó:

–Además, que al fin y al cabo ¡hay precedentes!

–Sí... Eso, además.

Otro dijo:

–Y que después de habernos regalado cuarenta mil duros, ¿qué menos podemos hacer? No es ninguna molestia para nosotros...

–La molestia es para ellas...

Y otro, más experto, desechó:

–Ni para ellas siquiera...

Lo que acabaron todos por corroborar:

–¡Claro! ¡Claro!

Pero Valdivia se negó en redondo.

–Muchas gracias, señores... Muchas gracias, pero no puedo aceptar... Les he dicho que amo, caballeros... ¿Ustedes saben lo que es amar? Quizá no lo sepan ustedes; yo tampoco lo sabía, y eso que he girado toda mi vida alrededor del amor... Pues amar, sépanlo ustedes, es lo mismo que reunir muchas cuentas corrientes en un solo Banco. Yo amo; yo he reunido en un solo Banco (Vivola Adamant) todas mis «cuentas corrientes», y ustedes deben disculparme si declino el honor de hacer imposiciones en los Bancos de las damas de sus familias...

Todos, con Pantecosti a la cabeza, le disculparon gustos, y el vizconde llevó una vez más la voz cantante para resumir:

–Será lo que usted quiera, señor Valdivia; pero que conste siempre cuánto lamentamos su negativa... El recompensarle a usted de la manera indicada era para nosotros una cuestión de honor.

Y repitió el coro:

–¡Una cuestión de honor!...

–¡De honor!...

–¡De absoluto honor!

Porque el honor es igual que el escenario de un teatro; tiene tantas perspectivas como clases de localidades; y su tamaño y su importancia dependen para el ser humano del sitio en donde le haya sentado el acomodador y del dinero que haya pagado por la entrada.

18 EN DONDE SE LLEGA AL FRACASO DEFINITIVO

¡Cuánto tarda en caer la noche en la Costa Azul cuando se tiene una cita con una mujer!

Tarda mucho, mucho; pero cae al fin. Porque si la noche no acabase de caer en la Costa Azul, el lío que se armaría la gente que vive allí sería fantástico.

Aquel día también cayó la noche al fin, y entonces, entre Pedro y su criado, se enzarzó uno de los diálogos que la enfermedad de Valdivia había tenido suspendidos una temporada:

–¿Traje?

(El número tantos...)

–¿Flor?

(Tal o cual.)

–¿Perfume?

(El de aquí o el de más allá...)

Esta vez Valdivia pidió un *smoking;* luego pensó que para una cita de amor –en la que, fatalmente, acaba rodándose por una *chaise-longue*– el *smoking* resulta muy molesto, y pidió un traje oscuro. Después rechazó el traje oscuro encontrándolo poco solemne para un acto de la importancia del que se preparaba y pidió el *smoking*. En seguida se dio cuenta de que el *smoking* aún era poco solemne y pidió un *frac*. Pero al pronto reconoció que el frac sería solemne en exceso y se hizo poner el traje oscuro.

–¿A qué hora está citado el señor?

–No seas hipócrita, porque me consta que, según tu costumbre, habrás leído la carta antes de entregármela a mí; y ya sabes, por tanto, que ella no señala hora.

–¿Entonces?

–Iré a las doce.

Y explicó con aquella especie de resurrección de su personalidad que le daba la certidumbre del amor de Vivola:

–Cuando una mujer cita por la noche y no advierte la hora, debe acudirse a las doce, en la seguridad de que ella no nos espera hasta la una, pero nos está aguardando desde las diez.

Luego, ante el espejo, ya perfilado y mientras Ramón le ojalaba una gardenia, murmuró:

–Es temprano. Comeré despacio...

Y bajó al comedor y se engulló el menú en tres minutos.

–Leeré un par de horas para hacer tiempo.

Y cogió un libro de la biblioteca, lo repasó hasta asegurarse de que constaba exactamente de 346 páginas y lo volvió a dejar en su sitio. Cogió otro –la *Divina Comedia*–, comprobó que su autor era Dante y lo abandonó también. Y se lanzó a la calle.

–Me iré al Casino hasta las doce menos cuarto...

Y se metió en el *Café d'Angleterre,* del que salió a las diez en punto.

–Daré un paseo hasta las once.

Y paseó hasta las diez y cinco.

–Después de todo –pensó– ella me espera seguramente desde hace un rato. Puedo ya ir hacia allá a pie y mientras llego se harán las diez y media...

Y tomó un taxi.

–Bueno... –se dijo– todo será llegar un poco antes; por ejemplo: a las diez y veinte...

Y le gritó al chófer:

–¡A escape!

(Y llegó a las diez y diez)

. . . .

La puerta del jardín estaba abierta, en efecto.

Entró.

Embocó el sendero central, donde le «esperaba la boca de ella», y el heraldo perfumado de una súbita emanación de heliotropo le hizo adivinar su presencia...

Un rumor de arena crujiente.

Una forma blanca y como orlada de resplandor astral.

–¡Niño mío!

–¡Vivola!

Extendió sus dos brazos hambrientos y aprisionó la blanda cintura, en la que las caderas eran el almohadillado de la voluptuosidad.

Se engarfió a ella, se incrustó a ella, enérgico y flojo, con la alegría y la flojera del amor deseado largamente.

Gimió su nombre, que nunca le había dado tanta sensación de fruta tropical:

–Vivola... Vivola...

En la noche (de un azul prusia cortado por ramalazos negros), sobre el fondo del jardín (tan tristemente señorial como los de la Villa Médicis), destacándose de la masa de la arboleda (que se agitaba con un rumor de melodía de Schumann), la figura y el rostro de Vivola se desvanecían misteriosamente y toda ella era como una amapola estilizada, de la que el cuerpo formaba el tallo, y la boca la flor.

Pedro se inclinó sobre la amapola, la dobló por el tallo y mordió en la flor.

Un ronroneo lascivo de Vivola. Y, de pronto, un grito agudo.

–¿Qué te sucede? –pidió él.

Las manecitas blancas buscaron en la noche el rostro del hombre, pasaron vibrátiles sobre las mejillas, cayeron al fin desilusionadas.

Un gemido ronco.

–¡Te has quitado la barba! ¡Dios mío! ¡Te has quitado la barba!

–¿Qué dices? –indagó aún sin comprender.

–Luego ¿no te la habías dejado crecer para conquistarme?

–¡Eh!

Pedro la aprisionó nuevamente; quiso hacerla explicarse. Pero ya el cuerpo de ella no era blando, acogedor y dócil; se había vuelto de acero y se resistía y rechazaba.

–¡Vete, imbécil!

–Vivola...

–¡¡Vete!! Hasta ahora, aún te admiraba; pensé que dejarte la barba era un recurso nuevo de tu imaginación de seductor; y me daba por vencida ¡al fin! Me sentía derrotada por tu habilidad y tu dominio... Te admiraba... Incluso me gustabas, además; tenías una belleza inédita. Habías dejado de ser el *hombre-standard* para convertirte en un tipo nuevo, un *gentleman* barbado; una mezcla de civilizado y de salvaje; una combinación de Oriente y de Occidente... Algo raro y exquisito... Iba a proponerte huir... Y amarnos... Y ser felices... Y ahora...

Estalló en sollozos desgarrados y sinceros, igual de sinceros y de desgarrados que los de una pobre muchacha ante la disolución de su primer amor; y se recostó en el tronco de un árbol próximo, pálida, lívida, afrentada, como una hija del Cid en el robledal de Corpes.

–Vivola...

–¡¡Vete, imbécil!! ¡¡Vete!! Te desprecio... Te odio... ¡Parecía imposible que dentro de mí pudiera aún matarse algo... y tú me has matado las últimas brasas de la ilusión!...

Se enderezó furiosa.

–¡Fuera de aquí! ¡¡Fuera!! Que no no te vea jamás... ¡Jamás! ¡¡Jamás!!

Y el eco repitió aquel inapelable *jamás,* lo izó hasta las crestas de los Alpes y lo precipitó en las espumas del Mediterráneo.

Como es la obligación del eco en Niza.

19 REUNIÓN DE VAGABUNDOS

Pedro volvió sobre sus pasos por el sendero central del jardín; retraspuso la puerta, y la noche (siempre azul prusia con ramalazos negros) se lo tragó.

Andaba sin rumbo y sin conciencia de andar; como el Judío Errante y las rotativas.

Vagabundeó.

Al llegar a Bellevue –él no sabía si estaba en Bellevue– se le acercó un perro, un gran perro blanco, de cabeza pequeña, pelo rizado, cuerpo fino y extremidades nerviosas, como una educanda recién salida del *Sacré Cœur*: un galgo ruso, que llevaba un collar resplandeciente y que también vagabundeaba por la ciudad desde hacía unas horas.

Este perro olfateó a Valdivia.

Y le vio alejarse a lo largo de las fachadas con las manos guardadas bajo llave en los *coffre-forts* de los bolsillos, el sombrero hincado hasta las cejas y el andar vacilante.

Y como al olfatearle había encontrado agradable su olor, corrió hasta alcanzarle de nuevo.

Y el perro y el hombre vagabundearon juntos aquella noche.

5

LAS PRIMERAS CONSECUENCIAS DEL FRACASO

20 NOTICIAS DE PERIÓDICOS

Una semana después, en la primera página de *Le Journal de Nice,* todos aquellos que sabían leer, leían en grandes titulares lo siguiente:

SUCESO MISTERIOSO

LA DESAPARICIÓN DE UN SÚBDITO ESPAÑOL

¿Qué ha sido de don Pedro de Valdivia?

encabezaba tres densas columnas de prosa periodística de *grand affaire.*

No copiaremos esas tres columnas de prosa; sería una conducta demasiado infame; pero sí extractaremos su contenido:

1. Que *monsieur* Pedro de Valdivia había desaparecido. *(Ya lo sabíamos.)*

2. Que nadie había vuelto a verle desde siete días antes: es decir, desde la noche en que acudiera a la cita de Vivola.

3. Que los familiares del excelentísimo *monsieur* marqués del Corcel de Santiago habían denunciado el caso a las autoridades, suplicando la mayor rapidez en el esclarecimiento.

4. Que también había denunciado el caso a las autoridades el criado del desaparecido.

5. Que las autoridades estaban hechas un lío.

6. Que *madame* Vivola Adamant había declarado ante el comisario lo sucedido en el jardín de su palacete la noche de la desaparición, añadiendo que desde entonces carecía en absoluto de noticias de *monsieur* Valdivia.

7. Que el comisario había contestado a la declaración de *madame* con las palabras: *¡Muchísimas gracias!*

8. Que después de la declaración de *madame* al comisario, había surgido otra declaración del comisario a *madame*.

9. Que *madame* había contestado a la declaración del comisario con las palabras: *¡No me gustan los calvos!*

10. Que luego de todas estas cosas, seguía sin saberse, ¡claro!, dónde estaba *monsieur* Valdivia.

Y por aquellos días también, y en la octava plana del mismo *Journal de Nice* y de los demás periódicos, todo el que no fuera ciego podía ver un aviso redactado en estos términos:

PÉRDIDA

GALGO RUSO, BLANCO, DE OCHENTA CENTÍMETROS DE ALZADA, ATENDIENDO POR «KREMLIM», SE HA EXTRAVIADO LA PASADA SEMANA. LLEVA UN COLLAR DE ORO INCRUSTADO EN DIAMANTES. EN «VILLA-MENNY» SE GRATIFICARÁ ESPLÉNDIDAMENTE A QUIEN PRESENTE EL PERRO CON EL COLLAR O EL COLLAR SOLO. AL QUE PRESENTE EL PERRO SIN EL COLLAR SE LE METERÁ EN LA CÁRCEL EN EL ACTO.

Pero, de igual modo que nadie acudió a las autoridades a dar cuenta del paradero del hombre desaparecido, nadie tampo acudió a «Villa Menny» a presentar el collar ni el perro.

Y sin embargo, el que hubiera encontrado al perro habría encontrado al hombre.

Y el que hubiera encontrado al hombre, habría encontrado al collar.

Porque hombre, collar y perro estaban juntos.

21 EL DRAMA DEL PERRO

Sí. Estaban juntos.

Hombre y perro, después de dos días de vagabundaje incoherente, sin idea en el cerebro y sin decisiones en la voluntad, habían amanecido una mañana en Monte-Carlo.

Fue el azar quien les hizo encontrarse. Pero quien les unió fue la semejanza de sus destinos.

Pedro y «Kremlim» llevaban dentro sendos dramas de amor y desengaño.

El drama de «Kremlim» lo vamos a conocer en muy pocas páginas... *(Y el que no lo quiera conocer que se lo salte.)*

Historia de «Kremlim»

Aquel perro era un emigrado ruso.

Nació en un pueblecito del Ural, Koptiaki, a fines del año 1913, de una perra fox (que se perecía por el baile) y de un perro pachón; en sus primeros tiempos «Kremlim» era ruso; pero no era galgo.

Era simplemente, un pachón con mezcla de fox.

Muy niño (es decir, muy cachorro), «Kremlim» se había trasladado a Moscú y a los pocos días de llegar a la ciudad le sucedió la terrible cosa que había de perturbar su vida para siempre.

Digámoslo rápidamente: «Kremlim» se enamoró; se enamoró de un modo loco y delirante, como sólo se enamoran los perros del Ural...

«KREMLIM»
Galgo ruso.—14 años*

Ella se llamaba «Niní» y era una aristócrata.

Sus ascendientes, *carlins* de pura raza, habían emigrado dos si-

* El autor siente mucho no poder dar un retrato de «Kremlim», como ha venido haciendo con todos los protagonistas de historias adicionales a la novela; pero le fue imposible convencer a «Kremlim» de que se dejase tomar un solo apunte, lo que demuestra que su inteligencia era muy superior a la de cualquier humano.

glos antes a Rusia con sus amos, que –triunfante entonces en Francia la revolución del 93– tenían interés especial por salvar el cuello de la guillotina. Por tal causa, los *carlins* franceses se habían cruzado con los *probajaks* rusos, y «Niní», fruto de una de estas mezclas exquisitas, nacía en Rusia, de línea francesa por parte de padre y con las venas inflamadas de aristocracia por todas partes.

«Kremlim» y «Niní»

¡Oh! ¡Bien se le notaba esta aristocracia a «Niní»!... Era altiva y soberbia y nunca habría llevado un collar de precio inferior a quince rublos, ni habría consentido en dormir a la intemperie, ni hubiese tolerado la presencia de un perro en cuyas ramas genealógicas existiesen *terriers* o ratoneros.

El desdichado «Kremlim», ciego de amor, se había declarado a ella balbuceando majaderías y entre juramentos y promesas incongruentes. «Niní» le miró de arriba abajo y luego rió con ladridos nerviosos.

–¡Qué absurdo!

Pero... ¿es que creía él que tal unión era posible? Y se alejó contoneándose, como había leído que se contoneaba la perrita de la princesa Lamballe cuando entraba, acompañando a su ama, en el Trianón.

«Kremlim» acababa de recibir un golpe de muerte.

Los amigos a quienes refirió lo sucedido con «Niní», le dieron la razón a ella. Estaban influidos por el zarismo y encontraban la diferencia de clases tan aceptable como un hueso de chuleta de cordero. «Niní» era una aristócrata y él debía abandonar aquellos sueños de grandeza; las uniones entre perras nobles y perros villanos sólo ocurrían en los cuentos de hadas. Consciente de su inferioridad social, «Kremlim» languideció largo tiempo por las calles de Moscú haciendo la vida propia de los perros y agabundos, robando los alimentos, durmiendo en los quicios de las puertas, recibiendo puntapiés de todo el mundo y leyendo a Tolstoi.

«Kremlim» y la guerra.

Mediaba 1914... Estalló la guerra.

¡Guerra!

La peor época... si no hubieran venido luego otras peores.

Durante dos años y medio «Kremlim» hizo la guerra alistado como estafeta de un regimiento que operaba en el Pruth. Había que andar con cuidado, pues los austriacos sabían que era más importante interceptar las órdenes que los perros-estafetas llevaban colgadas del cuello en un saquito, que tumbar patas arriba a un general, y dedicaban su pericia a matar perros.

En marzo de 1917 estallaba la revolución. Un amigo de «Kremlim», que también prestaba servicio de perro-estafeta, había exclamado al enterarse:

–¡Esto va a ser el caos con patatas!

Y sí que había sido el caos; pero sin una patata ni media...

La revolución.

Todavía pasaron tres años. Durante ellos, «Kremlim» vio cosas angustiosas para un ruso de corazón. La abdicación de Nicolás II; el fusilamiento en masa de toda la familia imperial, del Doctor Botkin, de Alejo Trup, de Kharitonov y de Ana Demidova, por obra de Yurovski; la caída de Kerenski, que se rompió las narices al caer; la dictadura del proletariado; la paz de Brest-Litowsk...

En 1920, «Kremlim» regresaba a Moscú después de seis años de ausencia y a los ocho de su edad. Se sentía viejo y gastado; era el ex combatiente descentrado, escéptico y roto de que había de hablar Remarque... Volvió a vagar por Moscú sin plan ni objeto, bajo aquella luz roja del terror. Un día, ante la fachada del templo de San Basilio, convertido en cuartel, creyó desmayarse, cuando una voz que resonaba lúgubremente en su alma, le dijo con un ladrido suave:

–¿Cómo estás, «Kremlim»?

El encuentro.

Sí. Era «Niní». Pero ¡qué «Niní»!... ¿Dónde estaban aquellos collares de precio no inferior a quince rublos? ¿Dónde la altivez y la soberbía de que alardeaba años atrás? ¿Dónde los contoneos orgullosos, copiados de la perrita de la princesa Lamballe?...

La revolución había pasado por «Niní» como un camión por una tienda de loza: haciendo cisco todo. Sus orejas ya no se erguían; su rabo pendía tristemente y, en conjunto, aparecía rebozada de todo y extraordinariamente enflaquecida. Aquel día, aunque ella lo hizo con mucho disimulo, «Kremlim» la vio –¡con cuánto dolor y desolada angustia!– rascarse repetidas veces.

Era horrible; era espantoso; pero resultaba forzoso confesarlo: «Niní», la aristocrática, descendiente de *carlins* y de *probajaks,* tenía pulgas...

Felicidad.

«Niní», a partir del encuentro en Moscú, se convirtió para «Kremlim» en una criatura encantadora. Pasearon juntos. Compartieron las privaciones de aquella época adversa. A los ocho días él pudo hacerse la ilusión de que la felicidad era aún posible: había encontrado un copioso montón de basura en la esquina de la perspectiva Ipatow y «Niní» le permitía algún lametón de vez en cuando. Con el tiempo, confiaba en rendirla del todo. Se forjó sus planes. Cuando la revolución acabase, ellos se retirarían a Koptiaki, el pueblecito del Ural donde él había nacido, y allí acabarían tranquilamente su vida, rodeados de excelentes huesos y mendrugos y tumbándose en los bosques. «Niní» asentía a todo. Pero a la semana justa, un hecho terrible le arrancó para siempre las esperanzas de dicha: «Niní» faltó a la cita diaria, junto al montón de basura de la perspectiva Ipatow. La esperó inútilmente tres días más. Al cuarto, supo la verdad tremenda: «Niní» se había largado a Londres con el perro de un enviado británico que pasó por Moscú para discutir la cuestión de

La traición de «Niní».

Oriente. Un amigo de ambos, «Tomsk», el ex compañero de guerra de «Kremlim» la había visto en la estación. «Niní» le había dado recuerdos para él...

¡Recuerdos! He ahí todo lo que le daba...

«Kremlim» quiso morir. Viejo y solo, ¿para qué seguir viviendo? Y se trasladó al Ural, con ánimo de acabar allí la existencia en los umbrosos bosques y las verdes praderas donde transcurriera su niñez.

Pero tantos años de sufrimientos le habían hecho fuerte y duro, hasta el punto de que una tarde en que le atropelló un camión, el camión volcó y él se quedó tan fresco.

No. No había de acabar allí su existencia... Y eso que había hambre, bastante hambre, una bestialidad de hambre en el país. Lenin

El hambre.

veía logrado al fin el convertir en realidad sus sueños: ya toda Rusia *hacía lo mismo* *; ya todos los *rusos sentían igual cosa* **; ya todos los cerebros *vibraban al unísono bajo una sola y única idea****; ya el destino de los ciudadanos era *el mismo para todos* ****.

* Bostezar.

** Hambre.

*** Encontrar algo que mascar.

**** Morirse en la miseria.

Un triunfo completo y decisivo de las *ideas de igualdad*.

Y en cuanto a la *comunidad de bienes*, también resultaba absoluta y perfecta, puesto que nadie tenía un *kopek*.

Nuevos peligros vinieron a sumarse a los infortunios que, en su calidad de ciudadanos, ya todos los canes rusos padecían: las persecuciones. Unas persecuciones peores que las emprendidas contra los cristianos, puesto que estos otros perseguidos carecían de catacumbas. Allí donde un ruso olfateaba la existencia de un perro, lo buscaba, le atizaba un garrotazo en la nuca, lo asaba y se lo merendaba.

A la defensiva.

Entre la clase canina cundió bien pronto el pánico. Se cruzaron avisos por toda Rusia, desde el estrecho de Kara a Crimea y desde las orillas del Uí a las márgenes del Oder: se aleccionó a los incautos y se nombró un «Comité de Perros Rusos Desvalidos en Peligro de Descuartizamiento» (el C. P. R. D. E. P. D. D.), para tomar medidas decisivas. Y éstas no se hicieron esperar. Eran definitivas y tajantes. Véanse:

PRIMERA. *Orden de movilización hacia las fronteras, con carácter emigratorio, de todos los perros habitantes en territorio ruso, incluidos las hembras y varones menores de edad de cada familia.*

SEGUNDA. *Plazo perentorio de tres días, siguientes a la publicación del manifiesto, para comienzo de la tal movilización.*

TERCERA. *Orden de no movilizarse en grupos menores de treinta individuos, por lo que pudiera ocurrir en los caminos.*

CUARTA. *Orden de que cada grupo marchase hacia la frontera precedido de un guía que, al menor peligro, diese la voz de alarma.*

QUINTA. *Orden de que la movilización se distribuyese de la siguiente manera: perros de la Rusia oriental, huida por la frontera asiática; perros de la Rusia occidental, mutis por las fronteras rumana, polaca y lituana; perros de la Rusia meridional, fuga por el Cáucaso, mar Caspio y mar Negro, y perros de la Rusia septentrional, escape por los paises bálticos, mar Blanco y Nueva Zembla.*

SEXTA. *Orden de que, una vez a salvo, al otro lado de la frontera respectiva, cada manada de perros se disolviese en récovas no mayores de ocho individuos y buscase acomodo cada cual donde mejor le pareciese...*

El éxodo.

Las órdenes fueron cumplidas a rajatabla. El día 8 de febrero comenzó el éxodo. Y como el miedo es una espuela insuperable, la huida hacia las fronteras se hizo a marchas forzadas, y el día 15 del mismo mes no quedaba en Rusia un perro ni para tomar el tranvía.

Muchos fugitivos cayeron, ¡ay!, en la retirada, a pesar de las sabias precauciones del Comité, en poder de sus perseguidores. Y los que caían no pedían cuartel, pero se defendían haciendo lo que hacen los artistas cuando hablan de sus compañeros: mordiendo.

Hubo casos dignos del romancero popular.

Casos de heroísmo.

En la región de Odesa, un perro de Terranova, al verse próximo a caer en manos del hombre, ingirió un activísimo veneno y, después de guisado, causó la muerte de diecisiete *mujiks* que se habían reunido para participar del banquete*.

Otro, en Samara, se inoculó a sí mismo la rabia para abrir paso a su caravana por el camino de Oremburgo, cerrado por una compañía de *rojos* canófobos.

Y un tercero, en la región hullera de Pripet, se fingió capataz de cierta mina para provocar una explosión de gas grisú y libertar a veintiún compadres, que yacían prisioneros de unos campesinos ucranianos, los cuales se hallaban ya preparando la vajilla para desayunárselos.

La fuga.

En lo que afecta a «Kremlim», como habitante del Ural, le correspondía huir por la frontera asiática; pero los chinos nunca le habían sido agradables y decidió correr más. Correr, atravesando Rusia, para incorporarse, allá en el Oeste, a las jaurías que buscaban la salvación por la frontera de Polonia. Y sin perder más tiempo, emprendió la marcha hacia el Oeste, hocico tendido y patas redoblantes.

Fueron quince días espantosos de peligros constantes, de correr continuamente y de limitarse –por única comida– a lamer las vías del ferrocarril de Varsovia.

Pero al cabo de los quince días, «Kremlim» pisaba la frontera: era libre. ¡Ah! El derecho de gentes, la libertad, el pan duro... ¡Qué admirables cosas!

Libre y galgo.

Y no sólo era libre al cabo de aquellos quince días: era algo más

* La viuda y los hijos de aquel heroico perro fueron agraciados por el Comité con una pensión vitalicia.

importante; había adelgazado tanto a fuerza de ayunos y después de lamer vía férrea por valor de 14.000 *verstas* (13.130 kilómetros), que además de *libre,* era *galgo*...

Y aprovechando su nacimiento en Rusia, se estabilizó en galgo ruso para siempre.

Verdadera suerte para un perro pachón con mezcla de fox.

En Europa.

Los cuatro años que siguieron, desde 1922 a 1926, «Kremlim» movió su rabo por encima de toda Europa.

Varios meses en Londres le hicieron aprender dos cosas: que la mostaza le producía ardor de estómago y que «Niní» vivía en los Estados Unidos.

–Todavía hará carrera –pensó «Kremlim»– No es ninguna niña, pero el tocador suplirá las gracias de la juventud... y ¿quién sabe? Quizá explote en América su nacimiento ilustre y llegue a casarse con uno de esos chuchos de millonarios que guardan huertos de naranjos en California...

Filosofías.

A ratos «Kremlim» filosofaba, pues si la política no escasea nunca en un ruso, aunque sea perro, la filosofía tampoco escasea nunca en un perro, aunque sea ruso. Filosofaba y comprendía que era un derrotado.

–Lo que han intentado mis compatriotas –pensaba– es una idiotez. El equilibrio del mundo se apoya en la desigualdad. Con cosas desiguales se forma un todo homogéneo. Un producto vegetal: la aceituna, y un producto animal: la gallina –totalmente desiguales y heterogéneos–, se unen, después de ciertas preparaciones, para lograr un producto homogéneo e igual: los huevos fritos. Así es todo en la vida. Unos seres nacen para un fin y otros para otro; unos nacen para brillar y triunfar, otros nacemos para vivir oscuramente y sin importarle a nadie. «Niní» es de los primeros; yo soy de los últimos; buscar la redención es locura.

Y se resignó.

Sólo de tarde en tarde el corazón le latía dulcemente, angustiosamente... ¿Qué sería de «Niní»? ¿Qué sería de «Niní» por el mundo?... ¡Ah! ¡Cuánto la había querido!

Dio tumbos por ciudades magníficas: Berlín, Viena, París, Barcelona...

La Costa Azul.

El invierno de 1925 le sorprendió en París. Hacía frío y, como él no estaba ya para bromas, enfiló la carretera y se trasladó a la Costa Azul. Y allí, una tarde en que trotaba perezosamente por Menton, vio que un caballero grueso, canoso y de aire fatigado, le hacía una castañeta amistosa. Se acercó; se dejó acariciar halagadísimo, pues en aquel caballero acababa de reconocer a Blasco Ibáñez. ¡Qué viejo estaba y qué decaído!

Quizá es que no encuentra asunto para su próxima novela –se dijo «Kremlim»–. Si yo le contase mi vida al detalle, escribiría un libro interesantísimo...

Y sin dudarlo más, empezó a contarle cosas a Blasco. Pero el novelista, al oírle ladrar desaforadamente, encarado con él, tuvo miedo y se alejó murmurando:

–¡Pues parecía un perro manso!... ¡Si me descuido se me lleva un dedo!

«Kremlim» lloró. Estaba visto: nadie le comprendería nunca...

Desde aquel momento perdió su última ilusión: la ilusión de la libertad. Decidió buscar un amo.

Sin ilusiones.

Y lo encontró en seguida: una gran dama, vieja y guillada, que le llamaba *¡amor mío!* y le besaba el hocico; que le hacía dormir sobre edredones y le ciñó un collar de oro incrustado de diamantes; que tenía una verruga en la nariz y un palacio en Niza: «Villa Menny».

Pero tampoco «Kremlim» se sentía a gusto en aquel medio. Él necesitaba otra cosa, más sencilla, más callada, más íntima, más humana... Y al cabo de dos años de soportarla a la vieja dama guillada, una madrugada se escapó de «Villa Menny» resuelto a buscar un amo que fuera: *rico* (para vivir sus últimos años tranquilo); *joven* (para tener el máximum de seguridades de no sobrevivirle); *solitario* (para ahorrar molestias de visitantes y familiares), y *escéptico* (para congeniar con él lo mejor posible).

Y dos días más tarde de su fuga de «Villa Menny», en la noche, de un azul Prusia con ramalazos negros, «Kremlim», que daba vueltas sin rumbo por Cimiez, se tropezaba con Pedro de Valdivia que salía del palacete de Vivola Adamant.

«Kremlim» le olfateó. Murmuró para sus adentros:

–¡Esto es lo que yo necesito!

Se fue detrás de él.

Y el perro unió su vida desilusionada a la desilusionada vida del hombre.

22 EL DRAMA DEL HOMBRE

Pero el drama del hombre era más terrible que el del perro.

Para Valdivia, al sol se le acababa de fundir el filamento metálico y no lucía ya...

. . . .

Pedro había sufrido hasta entonces el hartazgo de todo lo existente, el hartazgo del placer, de la vida fácil, de las mujeres rendidas infaliblemente, de las cosas logradas sin esfuerzo, y eso le había arrastrado a un cansancio y a un envejecimiento prematuros, sumergiéndole cada día un poco en las arenas movedizas de la neurastenia.

Luego, al encontrarse con Vivola Adamant, Pedro había sufrido el amor; todas las incertidumbres del amor, todas las dudas, las depresiones, los frenesíes y las angustias del amor.

Después, ante los desdenes de ella, Pedro había sufrido los suplicios, las torturas, los tormentos de la pasión sin esperanza.

Pero lo de ahora era peor que nada...

Desde la noche en que Vivola le había rechazado definitivamente al encontrarle sin barba –sin aquella barba, que ella creyó un nuevo truco de seducción–, Valdivia sufría lo peor que se puede sufrir en el mundo: la desconfianza de sí mismo.

¡Él, que creía conocer a las mujeres! ¡Él, que creía dominar todos los resortes femeninos y que creía saber a qué zona del cuerpo o del espíritu había de dirigirse para provocar la reacción buscada!... ¡Él, que creía que veinte años de práctica y treinta y siete mil y pico *casos* diferentes ilustraban a un hombre más que el *Ars amandi,* que el *Cantar de los Cantares* y que el *Kamasutra!...*

Y he aquí que, cuando se hallaba convencido de su dominio –de su dominio experto, reflexivo y casi matemático–, se encontraba con que una barba puede dar el éxito en el amor y un afeitado puede dar el fracaso...

¿En qué creer ya?

Todo giraba a su alrededor; todo se hundía bajo su paso; ya jamás se atrevería a andar en ninguna dirección y sobre ningún terreno. Lo más sólido era frágil. Lo más firme se resquebrajaba. Y ahora veía claro cómo los más intensos esfuerzos del hombre resultaban impotentes para lograr el dominio sobre el más insignificante problema de la Creación.

Su fracaso, después de toda una vida consagrada desde la infancia al estudio de la mujer, era patético.

Ahora sí que Pedro de Valdivia había muerto... Y cuando intentase resucitar, aquella barba afeitada danzaría ante sus ojos un vals vienés, diciéndole:

–¿Qué sabes tú de las mujeres? ¿De qué te ha servido tu experiencia de 37.088 *casos?* Al fin de tu vida, en la madurez de tus facultades, cuando te creías infalible y cuando el éxito iba a traerte de la mano el amor... ¡fracasaste por... por mi culpa! ¡¡Por culpa de una barba!!

¡POR CULPA DE UNA BARBA!...

Era un drama, un verdadero drama.

23 EL HOMBRE Y EL PERRO

¿Qué podía hacer ya?

Nada. O lo que es lo mismo: vivir.

Lo que «Kremlim» pensaba hacer: meterse en un rincón, callado, sencillo, aislado, silencioso, apartado del mundo.

¿Y qué mejor rincón apartado del mundo que Monte Carlo?

¿Queréis silencio, quietud, sencillez, apartamiento del mundo?

Todo eso lo hallaréis en Monte Carlo, en el ruidoso, populoso, lujoso y cosmopolita Monte Carlo.

Y para hallarlo no tenéis que hacer sino lo contrario de lo que hacen todos los que van allí.

No tenéis que hacer más que no aparecer por el Casino.

. . . .

El perro y el hombre se instalaron, pues, en un hotelito modesto y escondido de Beausoleil, que no se alzaba frente al Casino, pero se alzaba frente al otro sitio en que también se ahogan los que van a Monte Carlo: el mar.

Y allí, a la vista de Mónaco, ambos emprendieron una vida monacal. *(¿Lógico, no?)*

Hubiera sido difícil hallar dos amigos más unidos, de ideas más idénticas, que más de acuerdo estuvieran y que menos necesitaran hablar para entenderse.

Pedro y «Kremlim» eran dos fracasados, dos vencidos: Pedro y «Kremlim» eran como esas caracolas vacías que las olas arrojan a las playas para que tomen baños de sol.

Eran como dos coches de punto.

Como dos automóviles «Berliet».

Ninguno de los dos valía para nada.

Los dos habían agotado la vida: el perro sufriendo sin tregua y el hombre gozando sin cesar.

Los dos odiaban la humanidad, en medio de la cual no habían podido hallar la verdadera dicha.

Ninguno de los dos tenía ya ilusiones.

Los dos estaban muertos para el amor sexual: el hombre, por haberlo conocido demasiado, y el perro, por no haberlo conocido en absoluto.

Los dos se sentían viejos, cansados, exhaustos.

En los dos habían expirado la voluntad y la alegría de vivir.

Ambos sufrían idéntico desengaño pasional: ambos habían amado, amado sinceramente una vez, una única vez... y habían fracasado por completo.

Los dos, en fin, habían perdido la confianza en sí mismos.

. . . .

Se retiraban a dormir muy temprano.

Se levantaban de madrugada a dar largos paseos que empezaban en el puerto de La Condamine para alargarse hasta la roca y a veces hasta La Turbie: el hombre, arrastrando los pies, y el perro, arrastrando la cola.

El resto del día lo pasaban sin salir del hotel, tumbado uno en la cama, con los ojos muy abiertos clavados en el techo y echado el otro a sus pies, con el hocico sobre la alfombra. *(Que quede esto bien claro: el que se tumbaba en la cama era el perro, digo el hombre, y el que lo hacía a sus pies, con el hocico en la alfombra, era el hombre, digo el perro.)*

. . . .

El hombre no leía periódicos. El perro, tampoco.

Y ni el perro ni el hombre sabían, por lo tanto, lo que la Prensa se había ocupado de ambos en aquella época.

. . . .

No veían a nadie; no hablaban con nadie, y se defendían mutuamente de las últimas tentaciones del mundo.

Así, cuando a veces –muy raras veces ya– una mujer fácil se les cruzaba en uno de sus paseos e, inclinando la cabecita, sonreía enseñándole los dientes al hombre, el perro se apresuraba a intervenir, avanzaba hostilmente y le enseñaba sus dientes a la mujer.

Y cuando una perrita retozona se aproximaba coqueteando a «Kremlim», entonces era Pedro el que intervenía rechazando a la perrita a puntapiés.

En el primer caso, el hombre solía observar:

–Los perros se diferencian de las mujeres en que mientras ellas enseñan los dientes para atraer, ellos enseñan los dientes para ahuyentar.

Y en el segundo caso, el perro exclamaba no menos sentenciosamente:

–¡Guau, guau, guauuuuuú, guaguau! *(Que quería decir: «las perras son todas unas perras».)*

Después de lo cual reanudaban su paseo.

. . . .

Otras veces recordaban el pasado con la delectación con que se recuerdan los crímenes antiguos y «Kremlim» contaba sus hazañas bélicas en el Pruth, y Valdivia refería sus lances amorosos por todo el mundo.

Y como ninguno entendía una sola sílaba de lo que decía el otro, ambos estaban siempre de perfecto acuerdo.

. . . .

La unión de aquel perro y aquel hombre era la sociedad ideal que soñara Platón.

24

EN DONDE RAMÓN HABLA SUBIDO EN LO ALTO DE UNA PALMERA

Pero hasta las cosas soñadas por Platón se interrumpen.

Y un día, al mes de su destierro en el hotelito de Beausoleil, se interrumpió la soledad de ambos.

La interrumpió Ramón, con quien se tropezaron cierta mañana, de vuelta de uno de sus paseos, en el *boulevard du Nord.*

–¡Señor! ¡Señor! –gritó el criado, como gritan los criados cuando, después de muchas pesquisas inútiles, encuentran inesperadamente a su amo.

–Hola, Ramón –dijo Valdivia, con la sencillez que los amos ponen en los encuentros.

Y «Kremlim» gruñó amenazadoramente, como solía hacer ante la proximidad de un extraño:

–¡Grrrgrrrrrgrrrrr!...

–¡Calla, «Kremlim»; Ramón es un amigo!...

Al oír aquello, «Kremlim» se lanzó como una fiera sobre Ramón, lo que probaba la lamentable idea que tenía de la amistad. Y Valdivia hubo de sujetarlo heroicamente, aferrándose al collar de oro incrustado en diamantes y repartiendo órdenes a derecha e izquierda:

–¡¡Quieto, «Kremlim»!! ¡¡Súbete a un árbol, Ramón!!

El criado, mientras Valdivia forcejeaba con el perro, se subió a una palmera del *boulevard* con la velocidad de un bosquimano epiléptico.

Desde allí exclamó:

–Hace días que busco al señor por Niza, Cannes, Menton y Mónaco... ¡Ah! ¡Qué alegría verle bueno y sano! Ya me lo temía todo... Después de lo de la boda me temía cualquier desgracia...

«Kremlim», con el hocico en alto, no callaba:

–¡Grrrgrrrgrrr!.. .

–¿De qué boda? –indagó Valdivia.

–De la señorita Vivola y el marqués...

–Gggrrrgrr!...

–¿Ya se ha casado...?

–¡Y ha enviudado! ¡Y se ha vuelto a prometer en matrimonio!

Desde lo alto de la palmera, Ramón puso a Valdivia en antecedentes de todo lo que ignoraba. *(Siempre la voz de la verdad viene de arriba.)*

Había sido un lance pintoresco, una de esas jugadas que el Destino ejecuta de vez en cuando para conservar su prestigio.

La desaparición de Valdivia, la búsqueda por parte de las autoridades, la incertidumbre de la suerte que hubiese podido correr, todos los acontecimientos de aquellos últimos treinta días habían hecho perder a los herederos del marqués del Corcel un tiempo precioso, y la fecha de la boda les sorprendió sin haber hallado un medio de evitar la ceremonia, aquella ceremonia que significaba la ruina de sus ambiciones hereditarias.

Entonces habían vuelto a pensar en lo que ya pensaron antes de contratar a Valdivia, en esa sustancia que tiene nombre de cupletista y actividades de agente de seguros: la estricnina.

Pantecosti acabó de decidir a todos hacia aquella solución con una frase de antología:

–Para llegar a administrarle a un hombre la fortuna –dijo–, nada mejor que empezar por administrarle la estricnina.

Y la tarde anterior a la boda le habían empujado la estricnina a don Ernesto en una copa de *bacarat* donde burbujeaba el más alegre «Pommery & Greno» del mundo.

Al beberse el *champagne,* el marqués no sólo no sospechó que estaba preparado para matar a un vivo, sino que había dicho:

–Este *champagne* resucita a un muerto...

El resto de la tarde y durante toda la noche los herederos en masa le espiaron.

Pero el marqués no murió ni por la tarde ni en toda la noche.

A las nueve de la mañana estaba tan tranquilo.

A las diez partía hacia la iglesia, metido en su *chaquet* sin dar la menor muestra de alteración.

A las diez y media se arrodillaba ante el altar junto a Vivola.

A las once firmaba el acta matrimonial.

Y a las once y diez se desplomaba redondo al subir a su automóvil.

Muerto. Absolutamente muerto.

Pero va casado.

Y dejando, por lo tanto, a su esposa de heredera universal de todos sus bienes.

–Imagínese el señor –decía Ramón, siempre encaramado en la palmera– la desesperación del vizconde y los demás ante aquella muerte inútil, ante el retraso en morirse del marqués! Estaban furiosos. *«¡Éste es un caso –gritaba el vizconde– en que uno estaba en su derecho comiéndose el cadáver!»* Y *mister* Sherlock, con su gravedad británica, añadía: *«¡Comiéndoselo después de mojar pan!».* Dos horas más tarde ninguno de ellos estaba ya en Niza. Fritz hablaba de ahorcarse de un árbol en su aldea natal después de arrojar a sus hijas al Rin. Y Sergio, el ruso, anunció al marcharse que en lo sucesivo se iba a dedicar a perro de trineo...

–¿Y Vivola? –inquirió Valdivia, interrumpiendo las divagaciones de Ramón–. Antes has dicho que había vuelto a prometerse en matrimonio...

–¡Ésa es otra, señor! ¡Ésa es otra!

Y desde lo alto de la palmera, Ramón explicó cómo, inmediatamente después de enviudar, la flamante marquesa del Corcel de Santiago se había instalado en el palacio del Paseo de los Ingleses y había anunciado a sus amistades su futuro enlace con... ¡El señor se iba a quedar asombrado! Con un reciente amigo del señor... Con el pintor Luis Campsa...

Valdivia tuvo que apoyarse en la palmera para no caer, y la bamboleó de tal modo que, en cambio, estuvo a punto de hacer caer de ella a Ramón.

–¡Con Luis Campsa!

–Ha sido un idilio fulminante, señor –siguió el criado, aferrándose enérgicamente a la palmera–. Según parece, el pintor tiene un sistema especial para las mujeres, y gracias a él rindió a la señorita Vivola en diez minutos...

¡Un sistema especial! ¡Ay! Bien sabía Pedro en qué consistía aquel *sistema especial* («Audacia y Crueldad»), que no era más que una sombra de sus propios conocimientos y de sus propias experiencias. Sólo que a él, viejo seductor enamorado, sus experiencias y sus conocimientos no le habían servido para nada y a aquel discípulo joven, a aquel *nuevo rico* de la galantería, le servían perfectamente.

La voz de Ramón le arrancó de sus reflexiones:

–Yo creía que el señor sabía todo eso..., y por ello temía por la suerte del señor... El señor estaba tan enamorado que...

Valdivia se encogió de hombros:

–Nada me importa ya –dijo–; soy como una momia con ruedas...

Ramón insistió todavía:

–¿Qué ha sido del señor en este mes? ¿Por qué desapareció el señor? ¿Qué le ha ocurrido al señor?

Pedro replicó, acariciando la cabezota de «Kremlim»:

–Fracasé con Vivola, ya lo sabes... Y me ha sucedido lo que jamás puede sucederle a una mujer o a un barítono: que he querido y quiero estar solo... Que no quiero ver a nadie ni que nadie me vea. Que no quiero hablar ni que me hablen... Eso es todo, Ramón. Hubo una pausa. La copa de la palmera se agitó tristemente. Vibró la voz del criado otra vez:

–Entonces... ¿también yo debo irme, señor?

A Valdivia le costo trabajo replicar. Replicó al fin:

–Sí. También tú debes irte. Pero antes, baja de la palmera, a menos que no quieras irte en aeroplano.

–¿Y el perro? –se informó temerosamente Ramón.

–Le he convencido ya de que debe estarse quieto. «Kremlim» es otro desengañado que ama la soledad y que te ha atacado al saber que eras un amigo, por temor a que perturbaras nuestro aislamiento uniéndote a nosotros... Pero ahora, sabiendo ya que vas a irte, no te morderá, no tengas miedo.

Ramón se deslizó

a lo largo de la palmera

y llegó al suelo con toda felicidad: únicamente se desolló las manos y se hizo tiras el pantalón.

Cuando lo tuvo al lado, Valdivia aclaró sus palabras anteriores y le apuntó el pantalón con un alfiler.

–He resuelto –dijo– retirarme de la vida del mundo, Ramón.

–¡¡Ay!!

–¿Tanto lo sientes?

–Es que el señor me ha clavado el alfiler en el muslo.

25 RAMÓN SE VA LLORANDO, PERO CONTENTO

De camino hacia el Café de París, donde Ramón había sido invitado a almorzar, Valdivia reanudó:

–Te decía que he resuelto retirarme de la vida del mundo.

–¿Un convento? –indagó Ramón frotándose discretamente el pinchazo.

–No. En un convento hay siempre demasiada gente. Y huele a potaje. Y le obligan a uno a llevar uniforme. No. Nada de conventos. Mi retiro lo he buscado aquí, en Monte-Carlo, frente al mar, a dos minutos del Casino, de los grandes *Palaces* y de las Casas de Té, a dos minutos del mundo..., pero fuera del mundo. Porque el hombre, Ramón, nunca está tan solo como cuando se halla en medio de una multitud...

Y añadió:

–¿No apuntas la frase?

–¡Es verdad! Perdone el señor...

Y Ramón apuntó la frase. Pero se veía que estaba distraído y que ya no demostraba el mismo interés que antes a las palabras de su amo. Parecía luchar por decir algo que le bailaba dentro.

Valdivia continuó:

–En consecuencia, Ramón, ya no necesito de tus servicios. Mejor dicho: necesito de tus servicios por última vez. Esta tarde saldrás para España, te entrevistarás con mi administrador, le ordenarás de mi parte que venda mis fincas –el castillo de Sagarreterrat, el hotel de Madrid y las casas de París y de Londres con todo lo que encierran–, y cuando las haya convertido en dinero, que una ese dinero a mi capital y al capital que me dejó mi tío, y me imponga el total en el Banco de Niza.

Ramón fue a protestar, pero Valdivia le atajó:

–Pedro de Valdivia ha muerto –dijo–, y como nunca reanudará su antigua vida, no necesita para nada sus viejos *escenarios*... Por tu parte destruirás el archivo y despedirás a todas las servidumbres, cuidando mucho de que nadie sepa dónde me he refugiado. Le entregarás también a mi administrador –acabó– una carta que te daré con una orden de pago a tu nombre por valor de doscientas mil pesetas.

–¡Señor! –gimió Ramón estupefacto.

–Grrrgrrrgrrr –gruñó «Kremlim» con los ojos clavados en Ramón.

–Ahí tienes: a «Kremlim» le parece mal que te favorezca económicamente. Pero hacerlo es mi deber. Me has servido fielmente, nunca me has quitado más que frases y te debo esa recompensa. Acéptala, Ramón...

Y el criado aceptó las doscientas mil pesetas.

(La vida está llena de sacrificios.)

Y como si aquello le diese ánimos, se decidió a confesar lo que hacía rato que le bailaba dentro.

–El señor no puede imaginarse cómo le agradezco su generosidad... Gracias al señor podré hacer realidad el sueño de mi vida.

–¿El sueño de tu vida?

–Casarme, señor.

–¡Casarte tú, Ramón!

–Hace dos años que tengo novia... La hija del jardinero del palacio de Claudio Coello, señor. Una criatura encantadora, muy inteligente, que me admira...

–¿Que te admira?

–Sí. Dice que no ha conocido ningún hombre que hable tan bien como yo... El señor se dará cuenta ahora de por qué apuntaba las frases espirituales que le oía decir al señor...

Valdivia sonrió amargamente.

Otro que lograba la felicidad gracias a él... Otro que triunfaba con sus propios recursos.

¡Y él, entretanto...!

Cerró los ojos, nublados por una infinita angustia. Anduvo así unos pasos...

Y se dio de narices contra una farola.

–¡Cuidado, señor!

. . . .

Almorzaron en el Café de París. Fue un almuerzo tan triste como un banquete literario o una comida de despedida de soltero.

. . . .

A los postres, Ramón, que no podía olvidar su condición de criado y se había pasado el almuerzo levantándose a cada momento para atender al servicio de la mesa, con gran asombro de los camareros del café, se alzó definitivamente para irse, pero sin encontrar la fórmula de despedida. Valdivia le resolvió el problema, diciendo:

–Te acompañaremos a la estación. Vamos, «Kremlim»...

En el vagón el amo y el criado se abrazaron. Ramón encontro su fórmula de despedida: llorar.

–¡Dios mío! –gimoteó–, ¿cómo se las arreglará el señor solo, sin servidumbre?

Valdivia señaló a «Kremlim»:

–Me queda éste–dijo.

Y explicó, brindándole a Ramón la frase, la última frase:

–Si un buen criado es un perro fiel, un perro fiel puede ser un buen criado...

26 «KREMLIM» SE VA TAMBIÉN

Y el perro y el hombre reanudaron su vida monacal.

Pasó el verano.

Llegó el otoño, lo cual estaba absolutamente previsto.

Pero lo que no estaba previsto era que hiciera frío.

¿Frío en la Costa Azul?

Pues sí, señores; frío en la Costa Azul. Y un frío que mondaba. El mistral soplaba furiosamente y la vida de Monte Carlo se reducía más que nunca al Casino.

«Kremlim» se negaba a salir del hotel. Valdivia le decía todas las mañanas.

–¡Anímate, «Kremlim», que hace tanto frío como en Rusia!

«Kremlim» ladraba antipáticamente:

–¡Gguaj! ¡Guauguauguauuuj! *(Que quería decir: «¡Rusia me importa un rábano!»)*

Y entonces Valdivia se iba a pasear solo, diciendo pestes de «Kremlim», apoyado en un bastón, bajo el frío mistral, que alborotaba su cabellera gris, inflaba su *raglan* y doblaba las alas de su sombrero.

Como un personaje de Shakespeare, que dicen los que no han leído de Shakespeare ni una línea.

Al volver cierto día de uno de estos paseos, Valdivia no encontró a «Kremlim». Lo buscó por todo el hotel. Nada. Indagó en el *comptoir:*

–¿Y mi perro?

–¿Su perro? Ha ocurrido una cosa muy rara con su perro, *monsieur* Valdivia...

Y le explicaron. A media mañana el empleado del *comptoir* había visto salir a «Kremlim», pero esto no le chocó en absoluto, porque «Kremlim» era un perro educado que en lugar de estropear las alfombras del hotel, como solían hacer otros perros, salía al *boulevard* cuando tenía que desempeñar alguna misión urgente y personal. Efectivamente, «Kremlim» había vuelto a entrar en seguida. Y de regreso a sus habitaciones, se detuvo ante el *comptoir*, donde el empleado le leía en alta voz el periódico a la señorita telefonista. «Kremlim» parecía escuchar la lectura. La telefonista y él habían comentado esto, al ver al perro con las orejas tiesas y la cabeza ladeada. Y, de pronto, ambos oían un aullido agudo y veían dar un salto a «Kremlim» y emprender una carrera desenfrenada y salir del hotel y desaparecer *boulevard* abajo:

–¡Qué extraño!

–Verdaderamente extraño, *monsieur* Valdivia.

–¿Recuerda usted lo que leía en el periódico cuando «Kremlim» pasaba por aquí?

–Sí. La sección de espectáculos de Niza.

El empleado le ofreció el diario. Y en la sección de espectáculos, a Valdivia le llamaron la atención al punto estas palabras:

GRAN CIRCO EDISSON
DE NUEVA YORK

(TOURNÉE POR EUROPA)

ÚLTIMO DÍA DE ACTUACIÓN EN NIZA

ENORME ÉXITO DE LA PERRITA

NINÍ

EN SUS ORIGINALES CREACIONES

–Está bien –dijo, devolviendo el periódico.

Y mientras subía las escaleras, pensó de «Kremlim»:

–Es viejo y se va detrás de una hembra... Ya no volverá nunca. Ahora estoy definitivamente solo.

6

LAS ÚLTIMAS CONSECUENCIAS DEL FRACASO

27 EL VERDADERO FINAL DE DON JUAN

Empezaron a retoñar en él viejas enfermedades, algunas de aquella enfermedades cuyos nombres había descubierto Vivola que eran preciosos.

Los muebles de la alcoba se coronaron de frascos y de cajitas.

Y su organismo se coronó de síntomas diversos.

. . . .

–¿Por qué me duelen los riñones, doctor?

–Amigo mío, esos son restos de una*** mal curada.

. . . .

–¿Por qué se me doblan las piernas al andar?

–A causa de haberse curado mal una***.

. . . .

–¿Por qué sufro jaquecas a diario?

–Por culpa de una*** que le curaron mal.

. . . .

A los pocos días Valdivia había adquirido dos certidumbres:

QUE CIERTAS ENFERMEDADES NUNCA SE CURAN BIEN.
Y QUE ÉL ESTABA HECHO POLVO.

. . . .

Comenzó a tener vómitos, unos vómitos encarnados aterradores.

–¿Qué es esto? ¿Sangre?

Y el médico contestó:

No, señor; esto es *rouge*.

–*¿Rouge?*

–*Rouge* de los labios, sí, señor. *Rouge* que usted absorbió al besar a las mujeres, y que ha ido depositándose en su estómago. ¿Cuántas mujeres habrá usted amado?

–Exactamente, 37.088.

–¿Y cuántos besos en la boca les habrá dado usted a cada una?

–¡Oh! Eso ha sido tan desproporcionado, que...

–En redondo. Unas con otras.

–Entonces pongamos cien a cada.

–Cien a cada una, y ellas han sido 37.088... De modo que usted ha dado en su vida *tres millones setecientos ocho mil ochocientos besos*... Vamos a suponer que en cada beso usted no ha absorbido más que un miligramo de *rouge*... Bien. Pues ¿sabe usted la cantidad de *rouge* que almacena su estómago? ¡Cerca de cuatro kilos, señor Valdivia!

–¡Cuatro kilos! –dijo él, con asombro.

–Le queda a usted *rouge* –calculó, finalmente, el médico– para treinta o cuarenta vómitos más.

–¡Qué divertido!

. . . .

Y cuando se quejaba de su ruina física, el médico le decía:

–Todo ello son consecuencias del oficio, señor Valdivia... Ha sido usted un Don Juan, y el final de Don Juan, el verdadero final de Don Juan, no es regenerarse por el amor, ni morir a manos de un esposo ultrajado, ni hacerse fraile, como hasta ahora han venido asegurando los literatos. Los literatos son gentes que no conocen el amor más que de referencias, por lo cual desvirtúan su realidad con fantasías estúpidas. El verdadero final de Don Juan no es una redondilla dirigida al cielo, ni una octava real en la que se impetra al Destino. El verdadero final de Don Juan no es una serie de suspiros emitidos en un jardín crepuscular, mientras –en lenta caravana– van pasándole ante los ojos las sombras pálidas de sus víctimas, porque no son las mujeres las víctimas de Don Juan, sino Don Juan la víctima de las mujeres. El verdadero final de Don Juan es éste, el final de usted: el artritismo, el reblandecimiento medular, la impotencia, la astenia, la nefritis, la hiperclorhidria, los vómitos de *rouge*, la insuficiencia cardiaca, la arteriosclerosis, y la *** mal curada, y la *** mal curada, y la *** mal curada.

28 CARTA DE RAMÓN Y RESPUESTA DE PEDRO

Un día Valdivia recibió carta de Ramón.

Hacía dos meses que Ramón se había casado y aquella carta, escrita a la luz de !a luna de miel, era lo que podríamos llamar (pero no lo llamamos) un *canto al amor triunfante.*

SOY FELIZ, decía Ramón en dieciocho párrafos y de dieciocho maneras.

MI MUJER ES TAMBIÉN FELIZ, explicaba en otros quince párrafos y otras quince formas.

AMBOS SOMOS FELICES, resumía en los treinta párrafos, de treinta estilos, que seguían.

Y luego refería por lo menudo lo que hacían él y su Julita al comer y al pasear y al ir al cine y al acostarse y por la mañana y por la tarde y de madrugada.

Después Ramón vertía elogios inacabables sobre su Julita. Era Julita la mujer más linda, más inteligente más honesta del mundo.

Por fin, Ramón invitaba a su ex amo a imitarle.

«Cásese el señor... Lo que el señor necesita es casarse. Pero casarse con una virgen, es decir: con una muchacha que a su belleza e inteligencia una la doncellez, la pureza, la honestidad.»

–¡Qué burro! –exclamó Valdivia al acabar la lectura de la carta–. Pero ¿es éste el hombre que ha vivido quince años junto a mí? ¿De qué le ha servido a este piel roja ver y observar todo lo que ha observado y ha visto a mi lado?

Y redactó como respuesta esta extraña carta:

«Querido Ramón: He conocido 37.088 mujeres.

«Entre estas mujeres he encontrado gran número de solteras, casadas, viudas, divorciadas, separadas del marido, intelectuales, pueblerinas, salvajes, grandes damas, modistas, horizontales, bailarinas, actrices, ecuyères, propietarias, maestras, discípulas, domadoras, aristócratas, empleadas, millonarias, vendedoras de décimos, escritoras, pintoras, escultoras, cristianas, budistas, rubias, morenas, castañas, espiritistas, lampiñas, velludas, tuberculosas, altas, bajas, medianas, protestantes, materialistas, teósofas, miopes, viriloides, lésbicas, huérfanas, mecanógrafas..

....
....
....
....

(Tres carillas repletas de definiciones así.)

....
....
....
....

.... *educandas, tanguistas, sentimentales, depravadas, tímidas, insolentes, mahometanas, bordadoras en oro, mezzosopranos y campeonas de tenis**.

»De todo eso he encontrado entre las 37.088 mujeres que he conocido. Pero lo que no he encontrado jamás ha sido vírgenes.

»Vírgenes no he encontrado ni una sola, Ramón.

»Ya no hay vírgenes en el mundo. Y empiezo a creer que no las ha habido nunca...

»He aquí por qué no puedo seguir el consejo que me das en tu carta y que te agradezco en lo que vale.

»Que seas feliz el mayor tiempo que te consientan la belleza, la inteligencia y la honestidad de tu mujer.

»Te abraza

Pedro de Valdivia.»

Dobló la carta, se la metió en el bolsillo y, como ocurre con todas las cartas que se meten en los bolsillos, ya no volvió a acordarse de ella.

29 LA CURACIÓN DE LA VEJEZ

Además del artritismo, del reblandecimiento medular, de la impotencia, de la astenia, de la nefritis, de la hiperclorhidria, de los vómitos de *rouge,* de la insuficiencia cardiaca, de la arteriosclerosis, de la *** mal curada, de la *** mal curada y de la *** mal curada, Pedro notaba los síntomas de otra enfermedad peor que todas juntas: LA VEJEZ.

Y le dijo al médico:

–Para lo demás me ha recetado usted ya docenas de medicinas, pero para la vejez, ¿qué me receta, doctor?

---

* Fin de la quinta carilla.

El médico se quedó pensativo. En treinta años de profesión nunca le había hecho nadie una pregunta tan inicua. Pero tampoco en treinta años de profesión había dejado de contestar a ninguna pregunta.

–La vejez –dijo– es la vuelta a la infancia.

–Efectivamente; eso he oído decir siempre.

–Pues bien, si usted se siente viejo, proceda como un niño. Haga lo que los niños...

–¿El qué?

–Jugar.

Y desde aquella tarde Valdivia se dedicó, como un león, a jugar a la ruleta en el Casino.

. . . .

EL CASINO

EL CASINO

EL CASINO

EL CASINO. EL CASINO. EL CASINO. EL CASINO. EL CASINO. EL CASINO. EL CASINO. EL CASINO.

El mar, metilénico, al fondo.

Una fachada estrepitosa en dorados y en mármoles, estrepitosa en escalinatas provistas de grandes macizos de farolas y estrepitosa en cúpulas y torrecillas tan embadurnadas de colorines por fuera como el Museo del Louvre por dentro.

Un atrio de columnas de jaspe, que sostienen una galería con balaustres rematados por nuevos candelabros.

Tres mamparas.

La sala de Renacimiento, irresistible como un cardenal italiano, llena de mesas de ruleta y treinta y cuarenta.

La sala de Schmit, gran rotonda central, coruscante (¿se dice así?), coruscante de oro y de columnas y pilastras de ónix, aplastada por una bóveda de cristal en cuyos cuatro rincones sendas esculturas, repugnantemente ejecutadas, representan los cuatro elementos.

Dorados y más dorados; espejos y más espejos; mesas y más mesas.

Sillerías de caoba incrustada.

Mal gusto.

Pinturas murales de un cursi elevado al cubo.

Más salones y más mesas...

Enormes arañas de metal.

Grandes lámparas de petróleo, pendientes del techo por medio de larguísimas cadenas de bronce, y destinadas a sustituir a las luces eléctricas, en caso de falta de fluido,

EL CASINO. EL CASINO. EL CASINO. EL CASINO. EL CASINO. EL CASINO. EL CASINO. EL CASINO.

para que los salones no queden a oscuras y la honorable concurrencia no se lleve el dinero... (Todo está previsto.)

Más salones aún; más mesas aún...

Y más dorados, más espejos, más pinturas murales.

Bares.

Otro salón: el de las Gracias Florentinas, donde el tamaño de los espejos llega ya a lo increíble, y el exceso de oro hace daño a los ojos, y la cantidad de mesas abruma y las pinturas murales se alargan hasta el infinito.

Cuatro balcones al fondo: la salida a las terrazas.

Y detrás de las terrazas, el mar; el mar metilénico otra vez...

EL CASINO

El primer día, Valdivia jugó durante doce horas, y ya comprobó que el juego, como medicina contra la vejez era eficaz; porque al volver de madrugada al hotel, andaba más ligero, más ágil, casi ingrávido, igual que si le hubieran quitado un peso de encima.

Y se lo habían quitado realmente.

Le habían quitado el peso de dieciocho mil francos que llevaba en la cartera al salir.

Cuando a un ser humano le pide un amigo dos pesetas, el ser humano rehúye todo diálogo con el amigo, diciéndose: «Es un sinvergüenza.»

Y cuando a un ser humano le cobran en un restaurante un duro más de lo que pensaba, el ser humano se va rugiendo: «¡Esto es una estafa!», y no vuelve más al restaurante aquél.

Pero cuando un ser humano entra en el Casino de Monte Carlo con dieciocho mil francos y sale sin ellos, entonces el ser humano se instala en el Casino, declarando: «Hasta que no me desquite, no salgo de aquí ni cloroformizado.»

Y Valdivia se instaló en el Casino.

Pronto todo aquel mundo le fue familiar. Se habituó a no dejar su puesto en las mesas, más que para dormir unas pocas horas y para almorzar y comer rápidamente; se adaptó a vivir con el pensamiento colocado únicamente en los treinta y seis números de la ruleta; a no reconocer que existieran otras cosas en el mundo; a hacer continuas combinaciones mentales con aquellos números como si fueran *girls* de revista: ya agrupándolos, ya separándolos, ya mirándolos de uno en uno o en conjunto.

Y cuando sus ojos se posaban en un rostro, o en un paisaje, o en un objeto, Valdivia no veía ya el rostro, ni el paisaje, ni el objeto.

Veía esto:

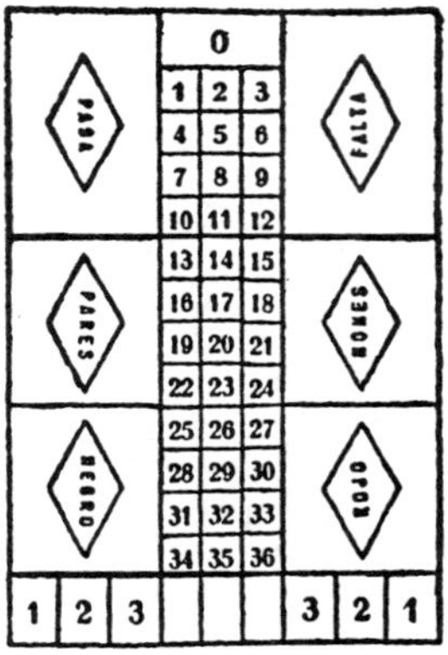

Se sumergió para siempre en los salones restallantes de oro. Oro en los techos, oro en las paredes, oro en los marcos de los espejos, oro en los candelabros, oro en las sillas. *(En todas partes había oro menos sobre las mesas; porque allí se había sustituido por fichas para que se perdiese con más facilidad e indiferencia.)*

Pedro hizo su despacho del salón Renacimiento; su comedor del salón de Schmit, y su alcoba del salón de las Gracias Florentinas

Se codeó únicamente con docenas de empleados, vestidos de levita negra, a los que sólo faltaba en la solapa la roseta de la Legión de Honor, que inspeccionaban atentamente la buena marcha de los juegos; y con centenares de criados, de calzón corto y pecheras cruzadas por cordones incomprensibles (¿quién sabe si umbilicales?) que iban y venían por los salones acatando y cumpliendo órdenes de todo el mundo; y con ejércitos de *croupiers* elegantísimos, que trabajaban sin descanso; y con usureros de los cuatro sexos *–masculino, femenino, masculino-femenino y femenino-femenino–* que recorrían el palacio dispuestos a facilitar dinero sobre alhajas, sobre fortunas próximas a heredarse, sobre amores con personas ricas, sobre apellidos ilustres y, a veces, ni siquiera sobre apellidos enteros; sino sobre simples letras: sobre letras de cambio. No se trató más que con aquella multitud trashumante y febril, lujosa y miserable, joven y vieja, de todos los cielos y todas las razas, educada y grosera, refinada y primitiva, que hacía rebosar los salones, que se agolpaba en las mesas, que se disputaba las sillas y que se hallaba unida por el apasionamiento, por el ansia de ganancia, por el temblor de la ambición, por la desesperación del lucro, por la lujuria del triunfo y por el humanitario deseo de que se arruinara y se hundiera el vecino, si ello había de servir para enriquecerse y elevarse ella.

No volvió a oír otras voces que los gangueos diversos de los *croupiers:*

–¡HAGAN JUEGO! ¡HECHO EL JUEGO! ¡NO VA MÁS!

–¡NUEVE! ¡TRES! ¡NEGRO GANA Y COLOR!

–¡SIETE! ¡OCHO! ¡ENCARNADO GANA Y COLOR!

–¡CINCO! ¡ENCARNADO, PARES, FALTA Y PRIMERA!

–¡TREINTA Y TRES, NEGRO, NONES, PASA Y TERCERA!

No volvió a bullir en su cerebro más que el abejorreo continuo del público; su run-run de entradas y salidas constantes; el rumor de las colas de las mujeres deslizándose por los *parquets;* las exclamaciones de alegría y de rabia; las risas nerviosas; los sollozos contenidos; los rezos apresurados –en los que se pedía a Dios, por ejemplo que saliera el nueve o que ganase la *contra*–; las blasfemias; los silencios emocionantes; los suspiros de alivio; los rugidos de decepción. *(Se acostumbró a oír de pronto los campanillazos, dados por uno de los empleados vestidos de levita y seguidos de la aparición de un criado que –provisto de un gancho de una linterna eléctrica– buscaba el billete o la ficha caídos debajo de las mesas, separando los pantalones de los hombres y las piernas de las mujeres, por entre los zapatos, que las grandes damas, lo mismo que las grandes prostitutas, se habían quitado, para estar más cómodas. Y se habituó a ver interrumpido el juego por un revuelo de voces agrias. Disputa. Dos jugadores que quieren asesinarse por la misma postura, recién pagada. Insultos. Los empleados de levitas negras que acuden, que ordenan pagar a ambos jugadores... Y, ante el dinero recibido, ellos que olvidan los insultos: son dos caballeros.)*

Valdivia no volvió a ver otros espectáculos que el sablazo; la súplica de préstamos usuarios; la entrega de la honra a cambio de dos *jaboncillos*;* el levantamiento de muertos; las ganancias bruscas y fabulosas; las pérdidas terribles y precipitadas; algún suicidio que otro; las supersticiones de todas clases; los rostros descompuestos; los cuellos que se alargan; las mandíbulas apretadas; las desnudeces que nadie se preocupa de tapar; el servilismo ante la moneda; la adoración al billete; la ausencia del pudor, de la dignidad y de las conveniencias sociales; las inspiraciones súbitas, que hacen perder después de destrozar el corazón; los cálculos lentos, que hacen perder después de agotar el cerebro...

Y el calor...

Y el sudor...

Y el temor...

Y el dolor...

Valdivia ha encontrado el olvido.

Valdivia no recuerda; no piensa; no analiza; no sufre.

---

* Fichas de mil francos.

Juega, juega, juega, juega, juega, juega...
Y no se siente viejo ya.

30 HE AQUÍ EL ÚLTIMO RESTO

Llegó el invierno.

Pasó como un cohete apresurado.

Llegó la primavera.

Pasó como un cometa perseguido.

Y a principio de verano, un precioso día de junio, Pedro de Valdivia oyó en una ventanilla del Banco de Niza, adonde iba por enésima vez a extraer fondos, esta frase brutal provista de toda la brutalidad de la verdad y de la lógica:

–Sus fondos se han agotado. He aquí el último resto *monsieur* Valdivia.

Y el empleado puso en sus manos treinta billetes de mil francos e hizo un gesto de desolación.

–El último resto. He aquí el último resto...

30.000 FRANCOS...

Siete meses de ruleta furiosa habían devorado todo su capital, *los tres millones doscientas mil setecientas veintiséis pesetas con ochenta,* que su administrador, después de liquidar todos sus inmuebles y propiedades, le había ingresado en el Banco de Niza.

Un hombre de lucha, al encontrase con treinta mil francos, se dice:

–Emprenderé un pequeño negocio y, a la vuelta de un año, seré rico.

Un hombre vulgar, en el mismo caso, piensa:

–Hay que trabajar y guardar este dinero, por si algún día vienen mal dadas.

Un hombre de poco espíritu, exclama:

–Viviré de la renta, estrechísimamente; pero viviré.

Una mujer experta, decide:

–Lo gastaré en ropa y, una vez bien vestida, ya surgirá *alguien.*

Una mujer sin imaginación, resuelve:

–Pondré un estanco.

Un jugador, calcula:

–Los jugaré con tiento y me reharé.

Pedro de Valdivia, jugador y hombre agotado, dijo, mientras abandonaba lentamente el edificio del Banco de Niza:

–Durarán lo que el Destino quiera, y cuando se acaben... ¡el féretro!

31 UNA SOMBRA QUE VIENE DEL PASADO

Pero como no quería exponerlos en el mariposeo vertiginoso de la ruleta ni en la lentitud delirante del treinta y cuarenta, resolvió tallarlos al *baccara*.

–De este modo me veré cara a cara con la Suerte y la haré mi esclava.

Y cuando recordó que la Suerte es mujer y que Pedro de Valdivia, el seductor, había muerto en él hacía tiempo, no pudo evitar un estremecimiento. Se estremeció tanto, que el llavero tintineó en su bolsillo.

. . . .

A media noche, perfilado con uno de los mejores *fracs* de los mejores días de sus mejores tiempos, enfiló la plaza del Casino y pisó el *hall* del Hotel de París. Cuidó de entrar con el pie izquierdo.

Un ascensor. Bajada.

Un túnel espléndidamente alumbrado con lámparas de bronce, voluptuosamente alfombrado con terciopelo de cuatro dedos y fantásticamente decorado con pinturas pompeyanas.

Otro ascensor. Subida, más larga que la bajada anterior.

Una puerta de cristales.

EL «SPORTING-CLUB»

Le franquearon la puerta y entró. Y ahora cuidó de entrar con el pie derecho.

Salones llenos de humo, de perfumes exquisitamente insoportables, de olor a éter, a opio y a flores mustias.

Una multitud selecta que en nada se parecía a la abigarrada mezcolanza del Casino. Príncipes y princesas de sangre; aristócratas de raza; cortesanas de tarifa inverosímil; millonarios que demostraban serlo sonriendo al perder; artistas que sonreían para ganar y para que todo el mundo los reconociera como artistas.

Fracs; smokings; uniformes que no se sospechaba que existieran en el mundo. Vestidos de noche, que comenzaban en la cintura, dejando al descubierto las espaldas, los brazos y los senos, para alargarse en miriamétricas colas reptantes; *georgettes* tafetanes y tules; *crêpes* brillantes o mates; muselinas; encajes; *lamés*. El negro; el verde; el rojo; el turquesa; el esmeralda; el rubí; el amarillo paja; el rosa carne; el malva; el cadmio; el grosella; el Borgoña; el rojo-cardenal. Y perlas de acero. Y lentejuelas de todos los colores. Y la plata y el oro prefulgentes.

Joyas, joyas por todas partes, en todas las gargantas, en todos los brazos, en todas las manos, en todos los pechos, en todos los tobillos. *(Las de las verdaderas aristócratas, falsas, naturalmente.)*

Como en el Casino, mesa de treinta y cuarenta y de ruleta. Y al fondo, un gran salón: el del *baccara*.

Valdivia avanzó hacia allí pisando colas.

Iba a comenzar la partida. Eran las doce de la noche.

. . . .

Extrajo del bolsillo sus treinta mil francos, separó los quince mil necesarios para tallar, guardó los otros quince mil y llamó a un empleado de cara de apache, solicitanclo la banca.

El empleado se inclinó con la finura de un *talon-rouge:*

–La banca está ya solicitada, *monsieur*. Tenga la bondad de venir a sortearla.

Y dirigiéndose a otro empleado, el cual no tenía cara de apache, sino de ladrón, le ordenó:

–Busque a la dama que solicitó la banca antes y prevéngala de que hay sorteo.

Valdivia se fue detrás del empleado. Mucho público les siguió a su vez, ansioso de no perder de la partida ni siquiera aquel trámite preliminar. Y todos entraron definitivamente en el salón del *baccara*.

El empleado de cara de apache se acercó a la enorme mesa de doble paño y se dispuso a sortear la banca sacando bolas. Antes de empezar indagó desparramando la vista sobre el público:

–¿La dama que solicitó?

–¡Aquí! –respondió una voz.

¡Una voz!... ¿De quién era aquella voz, que acababa de sacudir de arriba abajo la red nerviosa de Valdivia?

. . . .

Pedro se volvió tembloroso. Ante él se alzaba una mujer suntuosamente morena, brillante, delgada y fina como una barra de *portière,* vestida con una *toilette* de *moaré* verde adornada con encaje de plata y con un gran lazo en el descote posterior; cubiertos los cabellos negrísimos con un gorrito de piel recortado de verde, plata y negro, a cuyo costado derecho pendía una *crosse* gigantesca y calzada con unos zapatos de crespón verde claro, bordados en sedas de los que brotaban, como varas de nardos, dos piernas desnudas, de un color de luna invernal, en las cuales unos coraquenques tatuados desplegaban triunfalmente las alas.

Valdivia reconoció al punto aquellos ojos a medio entornar, y el tono andino de las carnes desnudas. Era... Era...

Era la misma mujer que años antes había estado a punto de dar al traste con su carrera de Don Juan internacional; la misma mujer que le había ido a buscar para matarle, según le advirtiera el *attaché* Interaymi, y que –enamorada– no se atrevió luego a llevar a cabo su propósito; era Aima Huira, la última descendiente de los Monarcas Incas; la mujer que él quiso tener crucificada en la alcoba de su casa en Madrid; la más interesante de cuantas había conocido, si se exceptuaba a Vivola... Era, en fin, María Cristina de Orellana, la Coya educada por el jefe de los *quipucamyas* para vengar a los Incas muertos en los descendientes de los Conquistadores.

María Cristina de Orellana, aquella sombra que venía del pasado, clavó en Valdivia una mirada hostil. Pero no le reconoció. Su hostilidad sólo nacía de la rivalidad del juego próximo. María Cristina no veía en Valdivia al descendiente de los Conquistadores; veía en él, simplemente, al jugador desconocido que le disputaba la banca.

–¡No me ha conocido! –suspiró Pedro–, ¡no me ha conocido! Más vale así...

Y entonces se dio verdadera cuenta de lo cambiado, de lo viejo, de lo acabado que estaba.

. . . .

El empleado de la cara de apache sacó dos bolas de una botellita de mimbre: la de la dama y la del caballero solicitantes. Cantó unos números. El sorteo favorecía a Valdivia.

–De usted es la banca, *monsieur*.

–¡Banco! –exclamó María Cristina.

32 LIQUIDACIÓN POR CAMBIO DE DUEÑO

Todo sucedió en menos de tres minutos.

Pedro ocupó su sitio en la banca; dos *croupiers* se le sentaron enfrente y María Cristina de Orellana se sentó a su derecha.

Los *croupiers* barajaron; ofrecieron el corte a la dama; cortó ésta. Y las dos barajas entraron en el cajetín.

Pedro, en medio de un silencio absoluto, sacó seis cartas en tres grupos de dos. María Cristina miró las dos primeras y dijo:

–¡No!

Luego miró las otras dos y agregó:

–¡Tampoco!

Valdivia destapó las suyas: dos figuras. Se sirvió otra carta: un diez.

Un murmullo corrió por el salón. Pedro acababa de perder quince mil francos. Dudó un instante en levantarse, pero sólo un instante. Era inútil querer huir al Destino, y sacando los restantes quince mil, repuso la banca.

No se oía una mosca en el salón, parte porque todo el mundo callaba impresionado y parte porque en los salones del *Sporting-Club* de Monte Carlo está reservado el derecho de admisión para las moscas.

María Cristina de Orellana miró dos de sus cartas y las arrojó descubiertas en la mesa. Un rugido brotó del público:

¡¡OCHO...!!

Una breve pausa y un caballero con aire judaico, sentado frente a Cristina, arrojó también sus otras dos cartas. Y otro rugido más intenso sonó:

¡¡NUEVE...!!

Valdivia descubrió juego. Una sola voz, la de un *croupier*, anunció, casi innecesariamente:

–LA BANCA, TRES.

Pedro había perdido sus últimos quince mil francos.

Ya no le quedaba dinero ni para pesarse.

33 «EL CLIENTE ANTE TODO»

Como un sonámbulo, como un idiota, como un deportista, Valdivia salió del *Club*.

Bajó en el ascensor; atravesó el subterráneo de las pinturas pompeyanas; subió en el ascensor opuesto; llegó al *hall* del Hotel de París; se metió en otro ascensor; caminó por un segundo subterráneo estucado en colores que perforaba de parte a parte la Plaza del Casino; se sumergió aún en un nuevo ascensor, que le dejó en el atrio de las columnas de jaspe, y se encontró en los salones del Casino otra vez.

Vagó de aquí para allá, recordando unas viejas palabras que su tío le había dicho cierta noche trágica en Constantinopla:

–Pedrito... Cuando se te acabe el dinero, pégate un tiro.

Y, como si aún hablara con él, Valdivia le preguntaba mentalmente:

–Bueno... Me parece bien. Pero, ¿cómo me lo pego,

. . . .

¿Se leía algo en su cara? ¿Había algo de singular en sus actitudes? ¿Emanaba un fluido especial de su persona? ¿Es que el pensamiento humano se materializa?

No se sabe. No se sabe nada...*.

Pero lo cierto es que, de pronto, Valdivia vio cómo se le acercaba uno de los empleados de levita negra y cómo le decía del modo más natural del mundo:

–¿Deseaba usted suicidarse, caballero?

Se paró en seco, como un nadador al que se le acaba el agua.

–Sí. Eso quería. Pero no tengo con qué...

–Venga conmigo, haga el favor.

Echaron a andar, y al través de los salones salieron a los jardines.

En la semioscuridad de un macizo el empleado habló:

–Caballero: el Casino de Monte Carlo es una Casa absolutamente seria cuya divisa, si la tuviera, sería: *el cliente ante todo*. Me interesa mucho que usted quede bien persuadido de esto, porque ello hará que su muerte tome un aspecto ordenado, consecuente y tranquilo. En nuestra Casa al cliente que reclama una postura se le paga, y al extranjero que se queda sin dinero para volver a su país se le facilita el regreso, y al que se suicida se le entierra, y al que desea suicidarse se le dan toda clase de facilidades para el caso. Pero no se trata de palabras; se trata de hechos. He aquí la mejor pistola que se fabrica *(y sacó del bolsillo una pistola automática)* provista de balas explosivas con la cual le bastará a usted una ligerísima presión sobre el gatillo para deshacerse el cráneo sin posibilidad ninguna de curación. Acéptela, caballero. *(Brindándosela.)* Acéptela; váyase a aquel rincón, desde donde gozará usted la presencia del monumento a Berlioz, y suicídese tranquilamente sin temor al escándalo.

Valdivia empuñó la pistola.

–¡Es usted muy amable!...

–Caballero, yo no soy nadie; yo soy el Casino.

---

* Ni siquiera se sabe todavía la verdadera patria de Cristóbal Colón.

Valdivia se corrigió:

–¡El Casino es muy amable! Pero...

–¿Qué?

–Que me gustaría escribir unas líneas dirigidas a las autoridades advirtiéndoles de que no se culpe a nadie de mi muerte...

–¡Por Dios, caballero! Usted no necesita molestarse escribiendo una carta de esa naturaleza... El Casino ha previsto el caso. Tenemos impresos.

–¿Que tienen impresos?

–Sí. Tome uno y llénelo.

Y le alargó un papel, en que se leía:

> **PRINCIPADO DE MÓNACO**
>
> **CASINO DE MONTE-CARLO**
>
> **JARDINES**
>
> ***Yo, don ....,***
> ***en pleno uso de mis facultades mentalcs, declaro por ésta y con mi firma al pie, que harto de la vida, de sus gocces y de sus sufrimientos, pongo fin a mi existencia por propia mano y con una pistola "Astra", fabricación española, en el día de la fecha que se indica.***
>
> ***Monte-Carlo a ...... de .... de 19......***
>
> ***El interesado:***
>
> ***A la autoridad competente.***

Valdivia encontró admirable esta previsión; llenó el impreso y lo firmó con su mejor pulso.

–Perfectamente –dijo el empleado–, yo mismo haré llegar su declaración a manos de las autoridades.

Y ahora, adiós, caballero... Le deseo un suicidio feliz.

–Adiós. Buenas noches.

Y cuando ya Valdivia se alejaba en busca del rinconcito desde donde *se gozaba la presencia del monumento a Berlioz,* el empleado se le reunió en una breve carrerilla.

–¡Un instante, *monsieur!*

–Usted dirá.
El empleado balbuceó:
–Perdóneme... pero... tengo que suplicarle un favor... un pequeño favor... Un favor insignificante que... Un...
–Explíquese –pidió Pedro.
–Pues que... ¡en fin! Quería suplicarle que... al morir no crispara demasiado la mano... ¿Comprende? ¡Es terrible cómo suelen crispar la mano los suicidas! Luego resulta dificilísimo quitarles la pistola. Y como las pistolas pertenecen al Casino, caballero...
–Descuide usted. Me crisparé lo menos posible.
–¡Tantísimas gracias, señor! El Casino le queda muy reconocido.

34 CÓMO MURIÓ PEDRO DE VALDIVIA

Jardines de Monte-Carlo bajo el nocturno...
Se oían violines lejanos; y el rumor apagado del Casino; y el ruido encendido del mar.
Los faros de Mónaco enviaban sus luces verdes y rojas contra las aguas; parecía que buscaban los restos de un naufragio, pero todo el que los veía sabía que estaban allí para denunciar la presencia del puerto, aunque en realidad para lo que brillaban aquella noche los faros de Mónaco era para que yo pudiera empezar a escribir este epílogo.

. . . .

Pedro avanzó por el jardín enarbolando la pistola
¿Triste? – ¿Deseperado? – ¿Deprimido? – ¿Nervioso?
Nada de eso. Tranquilo; perfectamente tranquilo.
Desde muchos meses antes había previsto este final. Y desde que descubrió a María Cristina de Orellana en su rival del *baccara* del *Sporting,* había adquirido la plena certidumbre de lo que iba a ocurrirle.
Sabía que iba a perder sus 30.000 francos, sus últimos 30.000 francos, desaparecidos los cuales no le quedaba más solución que el suicidio. Sabía que iba a morir...
¿No era algo inmutable?
Iba a morir igual que había vivido, igual que su tío: ¡a manos de la Mujer!

ese enemigo secular del hombre,

como había dicho en la agonía don Félix de Valdivia y Garrastazu de Oleitosingarrincacheta de Orduña y Urtubi.

Y aquella María Cristina de Orellana era –¡oh, qué diáfanamente lo vio desde el primer momento!– el instrumento de que se había servido hacía años el Destino para amenazarle y el arma que de nuevo elegía ahora para matarle definitivamente.

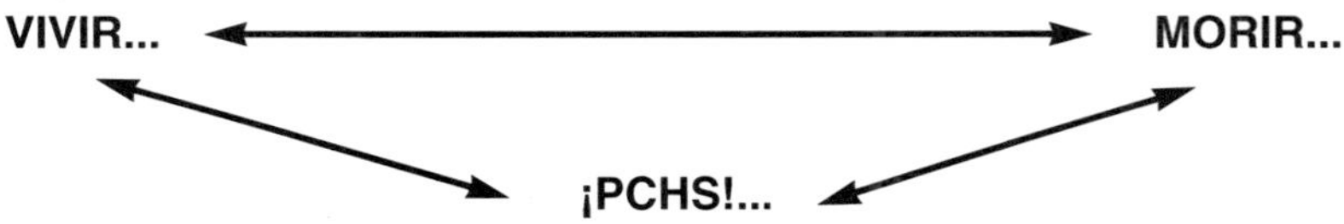

Cuando la vida nos lo ha dado todo –hasta el secreto de su vacuidad–, entonces es lo mismo morir que vivir.

¿Que estaba solo?

Sí. Estaba solo. Solo en aquel trozo de los jardines. Solo en la noche. Solo en el mundo.

Pero él pensaba:

–¿Quién no está solo? Únicamente los bobos, los simples, los que confían en el amor, en la fraternidad, en los sentimientos perennes o en la mirada vigilante de una Divinidad, creen estar acompañados a todas horas. El resto de los humanos, los analíticos, los observadores, los que no confunden el corazón con la vagina; ni toman por fraternidad lo que es interés; ni llaman sentimientos perennes al egoísmo y a la costumbre de verse a diario, ni ven la mirada vigilante de una Divinidad en los fenómenos de un azar absurdo, ciego e injusto, ésos saben de sobra que están solos... Y tienen frío...

Agregóse:

–Yo también estoy solo... y también siento frío. Pero en cuanto me mate me hallaré sumado a una multitud inmensa: los muertos. Y entrará en mi cuerpo algo muy caliente: la bala.

Se buscó el corazón con la mano izquierda y cuando se lo denunciaron los latidos, apoyó sobre aquel pájaro amaestrado el cañón del arma.

Entonces se echó a reír, porque acababa de ocurrírsele una frase más: una de tantas frases como aquéllas de que se sirviera Ramón para enamorar y hacerse admirar por su Julita.

Empezó a recitar la frase, con el dedo sobre el gatillo:

«CUANDO UN HOMBRE ... HA APUNTADO DE-
MASIADAS HORAS A LA ... RULETA, ACABA APUN-
TÁNDOSE UN BREVE ... INSTANTE AL CORAZÓN.»

En medio de la frase,
salió el tiro...

Y Pedro concluyó la frase ya en el suelo, de bruces sobre la arena de un sendero, con las últimas claridades de la vida en el espíritu y los primeros sabores a tierra en la boca.

Había muerto de ese modo helado en que mueren los Don Juanes: sin gustar del amor.

Había muerto de ese modo terrible en que mueren los Papas: sin recibir la bendición de Su Santidad.

FIN DE LA NOVELA

NO DEJE USTED DE LEER EL «APÉNDICE»,
QUE ESTO NO SE HA ACABADO,
AUNQUE LO PAREZCA.

A P É N D I C E

LA PRENSA MUNDIAL Y EL AUTOR ANTE LA MUERTE DEL DON JUAN QUE SE LLAMÓ PEDRO.

APÉNDICE

1. *EXPLICACIÓN.*–Ya ha muerto Pedro de Valdivia... ¡Pero al autor le da tanta lástima abandonarlo!

Le da tanta lástima dejarle –tieso, frío y nada crispado– allá, en los jardines de un garito internacional, que el autor, para decirle *adiós* a su héroe, añade a la novela este «Apéndice».

Nunca existió en el mundo Pedro de Valdivia, y si existió alguna vez, ni se llamó Pedro ni hizo ni dijo lo que ha hecho y ha dicho en estas 360 páginas...

Pero... ¿y si hubiera existido Pedro de Valdivia?

Imaginemos que existió. Imaginemos que todo cuanto va relatado ha sido cierto. Imaginemos que también es cierta su muerte en aquel rincón de los jardines de Monte-Carlo, frente al monumento a Berlioz y frente a los faros –rojo y verde– de Mónaco.

¿Qué habría ocurrido, al morir Valdivia, si todo eso fuera cierto?

Habría ocurrido que la Prensa mundial se hubiera ocupado de su muerte. De esta manera:

2. *EN MONTE CARLO.*–La *Revista de Monte-Carlo,* entre sus columnas de cifras y de jugadas últimamente verificadas, habría publicado este entrefilete:

. . . .

Ayer noche, y a pesar de las reiteradas súplicas que se le hicieron, se empeñó en suicidarse en nuestros jardines el súbdito español don Pedro de Valdilvia. En el bolsillo se le encontró una carta dirigida a un tal Ramón, en la que el noble caballero se mostraba desilusionado de todo y afirmaba que ni existen ni han existido nunca vírgenes en el mundo. Esta desilusión cósmica ha sido la causa del suicidio del señor Valdivia, y nos complacemos en hacerlo público para demostrar una vez más a nuestros enemigos cómo el hecho de que en Monte Carlo ocurran suicidios motivados por ruina en el juego es sólo una leyenda y una fábula.

. . . .

Y debajo de la notica, un artículo técnico en el que se desarrollaba la tesis de que después de cinco *encarnados* viene siempre un *negro.*

3. *EN NIZA.–Le Journal de Nice* y demás «queridos colegas» de la Costa Azul hubieran publicado lo siguiente:

> *MUERTE REPENTINA.–Repentinamente, en cosa de un segundo, parece ser que de un «ataque al corazón», falleció ayer en Monte-Carlo don Pedro de Valdivia, noble espanol, de cuya desaparición dimos ya cuenta hace unos meses. Murió diciendo que en el mundo no quedaban vírgenes ni las había habido nunca. ¡Estos españoles, siempre tan absurdos!*

. . . .

4. *EN EL EXTRANJERO.*–Los diarios más importantes, los de noticias facilitadas por las mejores agencias, los que cuentan con radio propia y servicio particular de aeroplanos: *The Times,* de Londres; *Le Petit Journal,* de París; *The New-York Heral Tribune,* de Nueva York; *Welt an Mutag,* de Berlín; *The Times of India,* de Bombay; *Neue Freie Presse,* de Viena, habrían dicho:

> *CELEBRIDAD QUE DESAPARECE.–En Monte-Carlo ha muerto atropellado por un auto el español Pedro de Volivio, toreador de fama. Se le encontró una carta dirigida a otro toreador amigo, en la que negaba que existan vírgenes. El toreador muerto no andaba bien de la cabeza desde una «cogida» sufrida en el Redondel de Toros del Real Sitio de Gerona.*–ASSOCIATED PRESS.

. . . .

El *Het Volk,* de Amsterdam, órgano de los socialistas, copiándolo de los anteriores periódicos, habría dicho:

> *En Praga ha fallecido, a los sesenta años, el que fue famoso bandido español Pero el de Vildobio. Al fallecer escribía una carta diciendo que las vírgenes se han*

acabado. Esto ha producido gran indignación en todas las parroquias de España. La Inquisición entiende en el asunto.

. . . .

El *Stokolms Tidninge,* de Estocolmo, hubiera escrito, copiándolo a su vez del *Het Volk:*

DISTURBIOS EN ESPAÑA.–Reina gran agitación entre las clases religiosas de España a causa de la reciente declaración de un famoso sacerdote de aquel país, que ha negado la existencia de las vírgenes y de algunos santos. El elemento ortodoxo ha protestado ruidosamente de las declaraciones y el Gobierno de España se ha visto obligado a condenar a muerte al citado sacerdote, llamado don Véspero Vildavias.

La sentencia ha quedado cumplida ayer tarde.

. . . .

Y el *Haagsche Post,* de Zarevdaj, después de consultar los demás periódicos del mundo, habría publicado lo siguiente:

REVOLUCIÓN RELIGIOSA EN ESPAÑA.–Un nuevo Lutero, el obispo español don Pedro de Vildolavia, ha lanzado su grito de rebelión contra el Dogma, ensangrentando con su cisma el bello país de Santa Teresa de Jesús y de Ignacio de Loyola. La lucha en las calles ha sido verdaderamente espantosa durante ocho días. Y en la noche de ayer, una nueva «noche de San Bartolomé», el orden quedó al fin restablecido tras la muerte del cismático Vildolavia y la entrega de armas de sus fanáticos partidarios.

Celebramos la restauración de la paz y del orden.

. . . .

5. *EN ESPAÑA.*–En España, la Prensa habría dicho sencillamente:

«ESPAÑOLES MUERTOS EN EL EXTRANJERO:

En Berlín, don Manuel García.
En París, don Emilio Méndez y doña Josefa Martínez.

En Monte-Carlo, don Pedro de Valdivia.
En Panamá..., etc.»

Y un reportero vertiginoso, literario e intuitivo –César González-Ruano–, sin haber conocido jamás a Valdivia, sin estar al tanto de su vida, con una pluma oxidada, mojada en la tinta aguada de un tintero de café de barrio, habría escrito la mejor biografía de Valdivia y la necrología más exacta, encabezada así:

HA MUERTO DON PEDRO DE VALDIVIA,
EL ÚLTIMO DON JUAN QUE SE LLAMABA
PEDRO

«Siempre le recordaré yo sentado en aquel café español de San Petersburgo, con gabán de auténticas pieles rusas. Agonizaba bajo cielos intactos el imperio oriental, bizantino y fabuloso de los zares.

»En realidad, yo no le conocí allí, entre nevadas cúpulas, sino en la Riviera, la de las nevadas cópulas. Pero desde aquella postal que me dedicó con su mejor caligrafía, yo me lo representaba en el café de San Petersburgo, delante de su copa de ajenjo, donde parecían fundirse las turbias, verdes y melancólicas miradas de los fantasmas de las mujeres que se habían colgado de su cuello hasta dejarle encorvado y vencido para siempre.

»Primavera de 1926, en Monte-Carlo. Yo, como no tenía dinero, me hospedaba en el *Negresco*. Él, millonario decepcionado de todos, de todas y de todo, en un modesto hotelito de Beausoleil. ¿No era aquel hotelito el mismo que en días de bohemia dorada había guardado el alma lírica del último D'Artagnan, Enrique Gómez Carrillo? Yo así lo creo.»

Para seguir de esta manera:

«Vestido de gris, como *monsieur* de Phocas, a quien yo conocí una tarde de estampa en casa de Richepín, venía don Pedro de Valdivia hacia mí, mientras yo permanecía quieto, enfocándole el sucio «Kodak» de las instantáneas periodísticas.

»Yo he hablado con todos, me he retratado con todos, por miedo a hablar conmigo mismo y retratarme junto a mí.

»¿Será preciso que yo diga que las rotativas esperaban aquella interviú y que cinco redactores-jefes afilaban su lápiz azul para poner en mis cuartillas A *dos columnas, primera plana* de lo trascendental? No. Ya lo sabéis.

»Teníamos los bigotes frente a frente.
»–¡Valdivia!
»–¡Querido González-Ruano!»

. . . .

Y el reportero literario, vertiginoso e intuitivo, contaría a sus lectores la vida entera de Valdivia, esa vida de la que no poseía un solo dato, pero que le resultaría absolutamente exacta, para acabar diciendo:

«¿Cómo yo no había de recordarle ahora? Yo estaba en mi café, tranquilo, fumando el mal tabaco del aburrimiento, y ¡zas!, me lo dice una vendedora de décimos, cuya hija fue amante del Don Juan...

»¡Pobre don Pedro de Valdivia!... Ha muerto cuando nada podía esperarse de él: por eso se malogra. Y muere como Larra; de un pistoletazo. ¿Quién fue su Dolores Armijo? Yo no lo sé. No me lo quiso decir nunca. Acaso no existió. El nombre de Ulloa, que a nuestros padres recordaba a Doña Inés, a nosotros sólo nos recuerda el grafito paleolítico de las carreteras: *Ulloa, óptico.*

»Hay que llorarle con`el apretado llanto con que lloramos a Don Juan los hijos seguros de nuestras madres, los solteros o los casados cuando el Don Juan no vive en nuestro país. Sólo el que no le llore se descubrirá y será llamado eso que ofende tanto cuando se dice en público: *¡Antipático!*

»Yo le recordaré mientras viva sentado en aquel café español de San Petersburgo. Su corazón fue como un hospicio: acogedor de toda alma que deseaba ser acogida.

»En su pecho lloraron las mujeres de Francia, Alemania, España, Italia, Inglaterra y demás pueblos donde exista ley de propiedad literaria, comprendidos la Suecia, la Noruega y los Países Bajos...

. . . .

6. PERO... ¿HUBO ALGUNA VEZ ONCE MIL VÍRGENES?...–Y, finalmente, si Valdivia hubiera vivido de veras y se hubiera muerto en las circunstancias en que el lector le ha visto morir (disparándose un tiro en el corazón y dejando escrita una carta, en la que confesaba

no haber conocido ninguna virgen y en la que dudaba que existan vírgenes ni hayan existido nunca) entonces el propio autor de la novela habría escrito lo siguiente al final de este libro:

«Señoras y caballeros:

»Pedro de Valdivia tenía razón al dudar.

»¿Existen hoy vírgenes?

»¿Han existido en el pasado?

»¿Existieron siquiera alguna vez las once mil de que habla la leyenda?

»Puede cada cual dar a este asunto la respuesta que le parezca mejor.

»Por mi parte, y en lo que afecta al presente, declaro lo que Pedro de Valdivia: que no he conocido una sola...

»Hay muchos elementos en el presente que destruyen la virginidad integral: el ansia de lujo, la evidente disolución del pudor, la sensualidad pervertida, el matrimonio, los largos noviazgos, el *cabaret,* el teatro degenerado, el cinematógrafo con sus infinitas lascivias en la pantalla y en la sala.

»Pero quizá también yo me equivoco...

"Quizá hay vírgenes en nuestros días; quizá el ansia de lujo, la disolución del pudor, la sensualidad pervertida, el matrimonio, los largos noviazgos, el *cabaret,* el teatro degenerado y el cinematógrafo lascivo han dejado escapar varias víctimas indemnes y haya todavía vírgenes en nuestros días; pero ¿cómo encontrarlas? Deben estar tan ocultas... y deben ser tan pocas...

»Para encontrar vírgenes en nuestros días habría que recurrir, pagándole espléndidamente, a un detective genial, a un Sherlock Holmes infalible.

»Y lo más probable es que el detective volviera cubierto de polvo, fatigado, maltrecho y con las manos vacías, confesando como un comerciante en su tienda:

»Ya no quedan... Quizá las recibamos la semana que viene... Están al llegar... Pero ahora no tenemos ni una sola, caballero...

»Eso, en lo que afecta al presente. Porque en lo que afecta al pasado...

»Para encontrar vírgenes en el pasado, para hallar las once mil vírgenes de que habla la leyenda, tendríamos que recurrir a la Historia, y aun así no quedaríamos convencidos de que haya habido alguna vez once mil vírgenes.

»Y si no, vamos a hacer la prueba. Abramos brevemente el libro, encuadernado en cartoné, de la Historia.

Recurramos a Baronio, a Rogerio Cisterciense, a Claudio de Rota, a Beda, a Adón. Abramos el *Martirologio Romano,* o las *Adiciones al Martirologio,* de Usuardo, que escribió Molano... O abramos la *Historia de las Casas de Hungría,* de Bonfinio...*.

»Y leeremos en ese estilo insoportable propio de todo historiador:

Era Emperador Graciano, hijo de Valentiniano el Mayor, cuando un capitán llamado Máximo, hombre muy valeroso, natural de la Isla de Bretaña (que ahora denominamos Inglaterra) se le rebeló, hízose proclamar Emperador por el ejército y entró en las Galias (Francia) apoderándose de la provincia de Armórica (hoy Bretaña).

Asolada y despoblada la región, por consecuencia de la guerra, y estando Máximo interesado en repoblarla y hacerla feudataria de su patria, repartió las tierras entre los soldados y, para darles esposas, mandó buscar doncellas en las islas de Bretaña (Inglaterra, Escocia e Irlanda).

Canano, lugarteniente de Máximo, pidió particularmente a Úrsula, hija de Dionocio, rey de Cornualla, y a ésta hubieron de unir, ya de grado ya por fuerza, once mil otras doncellas destinadas al resto del ejército.

Embarcadas todas ellas camino de Armórica, vientos contrarios arrastraron lejos de su destino los bajeles; los empujaron hacia el Este y, pasándolos ante la Holanda, los metieron en la desembocadura del Rhin.

Por aquellos parajes merodeaban los pictones y los hunos, que al mando de Melgo y de Gauno habían unido sus armas al derrotado Emperador Graciano; topáronse hunos y pictones con los bajeles en que viajaban Úrsula y las once mil vírgenes y cayeron sobre ellas animados de los más torpes y salvajes deseos.

La mortandad fue terrible. Murieron luchando por su pudor, Úrsula, Sentia, Gregoria, Pinnosa, Mardina, Saula, Brítula, Saturnina, Rabacia, Paladia, Clemencia y Grata y sus restos fueron llevados a Colonia, donde se elevó un convento en cuya puerta se grabó la siguiente inscripción.

SANCTA URSULÆ ET XI M.V.

---

* Da la sensación de que está uno empollado en la materia, ¿eh?

Y esto sucedió, en opinión de Wandalberto y Sigiberto, monjes del monasterio semblacense, a 21 de octubre del año del Señor de 383.

«He aquí lo que la Historia nos dice de la existencia de las once mil vírgenes... Pero ¿prueba esto que las once mil vírgenes lo fueran en su totalidad antes del encuentro con los pictones y los hunos? Y, sobre todo, ¿podemos estar seguros de que las once mil continuaran en posesión de su virginidad después de aquel feroz encuentro con tipos *animados de los más torpes y salvajes deseos*?... Nadie puede estar seguro, señoras y caballeros, ¡nadie! Y el que esté seguro es que no tiene idea de los «procedimientos» que en las orillas del Rhin solían utilizar con las damas los hunos del año 383...

»La Historia nos detalla como vírgenes y mártires, como heroínas antes muertas que mancilladas, a *Úrsula,* la Santa, y a once compañeras más: *Sentia, Gregoria, Pinnosa, Mardina, Saula, Brítula, Saturnia, Rabacia, Paladia, Clemencia y Grata.*

»Pero... ¿y el resto, hasta once mil? ¿Y las otras 10.989?

»¿Es que todas eran del temple de Úrsula y sus compañeras?

»Las once mil vírgenes habían salido de Inglaterra, *de grado o por fuerza,* destinadas a unos guerreros desconocidos –los bretones de Máximo– y el azar, arrastrando los bajeles hasta la desembocadura del Rhin, las ponía a disposición de otros guerreros igualmente desconocidos –los pictones de Melgo y los hunos de Gauno– que en nada se diferenciaban de los primeros, pues en tal época todos los guerreros del mundo eran igual de brutos.

»¿Y qué? ¿No existe la posibilidad de que las 10.989 restantes regalaran a los hunos lo que pensaban conceder a los otros?...

»Sí. Existe esa posibilidad, no cabe duda.

»Se me dirá que la inscripción latina grabada en la puerta del convento de Colonia denuncia la virginidad de las once mil:

SANCTA URSULÆ ET XI M.V.

»Y, efectivamente, traduciendo la M. por MIL, obtendremos en castellano el resultado afirmativo de:

SANTA ÚRSULA Y ONCE MIL VÍRGENES

»Pero... ¿y si la M. de la inscripción no significase MIL? ¿Y si significase, lo que es tan probable, MÁRTIRES? Entonces habría que traducir la inscripción así:

SANTA ÚRSULA Y ONCE MÁRTIRES VÍRGENES

»Y resultaría que sólo fueron vírgenes Úrsula y sus compañeras.

»Resultaría que no hubo nunca once mil vírgenes.

»Resultaría que las once mil vírgenes FUERON ONCE NADA MÁS...

»Lo que nos demostraría que Pedro de Valdivia, que tenía sus razones para dudar de la existencia de vírgenes en el presente, no carecía de razones tampoco para dudar de la existencia de vírgenes en el pasado.»

Y nada más.

Esto se ha acabado definitivamente, señoras y caballeros. ¡Hasta otra!

Madrid y otras ciudades. – Desde los primeros días de julio hasta los últimos días de noviembre, pasando por agosto, septiembre y octubre de 1930.

LITERATURA DE HUMOR/BIBLIOTECA NUEVA

TÍTULOS PUBLICADOS

Vampireso español, ÁLVARO DE ALBORNOZ
La túnica de Neso, JUAN JOSÉ DOMENCHINA
Lola, espejo oscuro, DARÍO FERNÁNDEZ FLÓREZ
Exceso de equipaje, ENRIQUE JARDIEL PONCELA
Angelina o un drama en 1880, ENRIQUE JARDIEL PONCELA
Dos farsas y una opereta, ENRIQUE JARDIEL PONCELA
El libro del convaleciente, ENRIQUE JARDIEL PONCELA (6.ª ed.)
La "Tournée" de Dios, ENRIQUE JARDIEL PONCELA
Pero... ¿hubo alguna vez once mil vírgenes?, ENRIQUE JARDIEL PONCELA
Amor se escribe sin hache, ENRIQUE JARDIEL PONCELA
La siete vidas de Tomás Portolés, RICARDO LEÓN
Viajes morrocotudos, JUAN PÉREZ ZÚÑIGA
Novia partido por dos, ANTONIO ROBLES SOLER
El hombre de los medios abrazos, SAMUEL ROS
La niña gorda, SANTIAGO RUSIÑOL